基督教的故事
The Story of Christianity

大衛・班特利・哈特 David Bentley Hart ／著

王聖棻／譯

鄭仰恩／審訂

好讀出版

基督教歷史的五十個精緻觀覽櫥窗
——誠心推薦《基督教的故事》

鄭仰恩‧美國普林斯頓神學院哲學博士

由東正教神學家哈特（David Bentley Hart）教授所規畫、撰寫的這本圖文並茂的《基督教的故事》讓我讀後深感驚喜。表面看來，這本書試圖以五十個精簡的故事來涵蓋整個兩千年的基督教歷史與傳統，似乎不太可能。然而哈特教授以他淵博的學識為基礎，非常有智慧地選擇了最具代表性、最能展示不同時代中多元傳統面貌的精彩故事，再加上歷史年表、重要引文、讓人印象深刻的彩色圖像，讓這本功力深厚的精撰書寫本，確實達到充分介紹基督教傳統並展現其豐富性的目的。閱讀此書，我們好像進入一座小型的基督教歷史博覽館，隨著作者哈特邀遊五十個櫥窗，不知不覺中已經探索、且漸次理解基督教在兩千年中所經歷的豐富奇特故事。

透過本書，我們的閱讀與瀏覽從猶太人和歷史耶穌的運動、初代基督教所面對的迫害和殉道文化、君士坦丁及基督教王國的興起、東西方基督教的多元發展、中世紀的政教衝突、十六到十七世紀的歐洲宗教戰爭，一直延續到當代科學及世俗主義的挑戰，從非洲及亞洲的古老基督教團體，延伸到現今中國的「家庭式教會」，更觸及不同時代、不同形式的宣教運動。事實上，全書內容涵蓋了東正教、羅馬天主教、聖公會、路德會、長老會、重洗派（小派）、福音派、埃及教會、敘利亞教會、衣索比亞及亞美尼亞正教會，以及印度教會等不同傳統；細心的讀者很快就會發覺，作者對「非西方基督教」的平衡報導和細緻描繪。整體而言，本書主題聚焦著眼於歷史中的關鍵性「時刻」，哈特的精采撰述兼顧了基督教歷史的豐富多元及另類發展。

本書作者哈特是當代非常出色的東正教歷史學者，先後在美國的維吉尼亞大學、聖多馬大學、杜克大學及羅耀拉學院教書，他的學術觀點開放、客觀，同時反映了傳統東正教及當代西方的大公神學傳統，他的歷史論述承襲當代大師如布朗（Peter Brown）、帕里坎（Jaroslav Pelikan）、麥基恩（Bernard Mc-Ginn）、梅岩多夫（John Meyendorff）等等，往往在舊思維中展現新意，重視傳統但不落入傳統主義。他的思路明晰，引用資料力求公平周延，且總是以「描述性」（descriptive）而非「指導性」（prescriptive）的語法來進行敘事，令人激賞。我特別要指出的是，哈特那精確、睿智且往往一針見血的用語和評論，總是會讓人茅塞頓開、大開眼界，我建議有心的讀者可以細細品味。

接下來，就讓我特別介紹哈特在本書中的一些獨特觀點和貢獻。首先，做為一個東方基督徒及學者，他總是會問一些西方學者可能沒想過的問題，結果是，讀者會停下來反思，而用心反省者往往會獲得更深刻的思想啟蒙或信仰體認。例如，在論到東方教會最具關鍵性的「聖像神學」時，他除了介紹「廢除聖像論爭」的過程之外，更為聖像的神學象徵意義及其藝術價值，提出非常豐富的神學論述。

在論到東西方教會的關係時，哈特以法蘭克人和拜占庭人彼此間越來越擴大的神學與文化差距為例，詳細說明為何東西方教會至終會走向分裂。這當中，最具象徵意義的就是引發東西方教會間之緊張的「和子說」（filioque）教義了。原本，公元四世紀的大公會議中通過的《尼西亞──君士坦丁堡信經》（381）中明確表達：聖靈是「從父而出」，然而，為了壓制盛行於日耳曼蠻族當中的亞流派思想（主張耶穌為上帝所造，本質上不同於聖父），並強調聖子的完全神性，公元四四七年在西班牙托雷多舉行的會議中卻強調聖靈是「從父和子而出」，單方面加上了「和子」這個拉丁字。後來，這個被法蘭克人和查理曼所特別喜愛的表達方式就開始盛行於西方，儘管羅馬教宗最初極力反對，但自公元十一世紀起就開始採用。我們若將此一論爭放在公元九世紀介於西方教宗（Pope）和東方牧首（Patri-arch）之間的司法管轄權之爭的歷史脈

絡中，它的象徵意義明顯可見。

　　走到近代，哈特的觀察還是同樣敏銳。在介紹「極端懷疑之年代」的公元十九世紀時，他一方面提及佛洛伊德（Freud）、馬克思（Marx）、尼采（Nietzsche）等「大懷疑家」對傳統信仰所吟唱的輓歌；另一方面，他卻又以俄羅斯的「斯拉夫文化復興運動」（Slavophilism）為例，強調十九世紀也是一個信仰熱誠深刻的年代。他特別介紹由考米雅科夫（Alexei Khomyakov）和索洛維耶夫（Vladimir Solovyov）所領導、帶有神祕主義意味的靈性復興運動，他們積極地以「普世合一」或「共同體」（Sobornost）的觀點，來對抗過度理性化的西方啟蒙思潮。而在這股靈性熱潮與氛圍當中，最具代表性的偉大思想家正是大文豪杜斯妥也夫斯基（Fyodor Dostoevsky）。

　　最後，讓我再舉一個例子來說明哈特細緻微妙的歷史觀點。二〇〇九年出品的影片《風暴佳人》（Agora）相當受到矚目，故事描寫，公元五世紀初埃及亞歷山卓古城的異教女哲學家暨數學家海帕提雅（Hypatia），因宗教偏見和敵視而遭到狂熱信徒殺害的故事。名導演亞歷山卓·阿曼納巴（Alejandro Amenabar）將這部影片拍得場面浩大、戲劇張力十足，讓人看得熱血沸騰。然而，電影故事裡有兩個讓人印象深刻但卻頗具歷史爭議性的場景：一個是基督教暴徒摧毀了亞歷山卓著名的大圖書館，另一個則是海帕提雅是被對古典學術及科學研究充滿偏見的狂熱基督徒所殺死。而哈特在本書中對這兩個事件都做了非常細膩的釐清和詮釋，相當具有說服力，讀者可以自行參閱本書內容。

　　本人誠心推薦這本《基督教的故事》，邀請有心的讀者和哈特一起邀遊探索基督教的世界，擴展我們的心靈視野，也重新形塑我們的世界觀！

瞭解基督教文化與歷史，這本書絕對是最佳選擇！

黃以文・台灣彰化旌旗教會牧師

哈特博士的這本書，是我期待已久的作品。這本書很中肯地提供了基督教與文化的歷史觀點。將基督教文化放在誠實的歷史描述中，讓讀者（無論是不是基督徒）有機會以中性的歷史觀，審視基督教這個人類文化的中心骨幹。

長久以來，我對歷史一直很有興趣。只是在幾個讀書的階段中，歷史這門課讓我吃足苦頭，也經歷了許多挫折。國中的時候，歷史課所教的，是很久很久以前發生在很遠很遠的地方的事情，一點也活潑生動不起來。高中的時候，我的歷史老師是一位慈祥的基督徒女老師，我因為老師的關係，漸漸對歷史打開自我的設限，想要一窺究竟。無奈當時升學掛帥，大學聯考不考的科目，當然是能過就好。神學院就學期間，「教會歷史」是必修科目，儘管學校是全美前十大，教授是當代名師，只可惜英文程度無法配合，老師說得精采，美國同學聽得津津有味，我卻似懂非懂，學期成績當然就是低空飛過。只是，當時對教會歷史的熱愛已經被開啓，雖然所知有限，所能背誦的歷史有限，可是我已經不再懼怕歷史，尤其是教會歷史。甚至，後來在「旌旗教會領袖發展學院」，我還開課教授教會歷史課程。這本書是我的首選教科書，不只是爲了對教會歷史有些基本概念的神學院學生，這本書也應該被推介給一般信徒，因爲這是教會生長的軌跡。此外，這本書當然也應該推介給任何對基督教有一點點興趣的人，他們可藉以瞭解，幾千年來，這個教會是如何扮演他的歷

史角色。至於那些對教會、對信仰一點興趣都沒有的人，這本書則能提供一個合理的架構，讓他瞭解這個世界。終究，沒有一個人可以自立於基督教歷史與文化之外，因為基督教歷史與文化已經深深地埋藏在這個世界的骨架之中，藉著瞭解基督教的歷史，做為一個人，可以更瞭解他當下所處的世界。

無論你是誰，無論你認不認識耶穌，無論你和上帝的關係如何，你都要瞭解你所存在的這個世界。要瞭解這個世界，不能不了解基督教文化與歷史。要瞭解基督教文化與歷史，這本書，絕對是最佳選擇！

推薦語

梁唯真・美國哲吾大學基督教史博士、雙連教會牧師

基督宗教對全球文明進展的影響，是極為巨大的，這不只是一個猶太或西方的信仰，而是融滲、影響、改變全世界許多角落的人事物的信仰，包括我們最近熱烈討論的週休議題的起源，亦是如此。因此，基督宗教歷史雖然是一個困難與宏大的領域，卻是歷史學習者、研究者不得不面對的。作者提供一個全球歷史的脈絡，來觀察人類文明與基督宗教的互動所形成的歷史演變，可以幫助許多好奇這個議題的學生。

寫這樣一本書永遠是一種誘惑

大衛・班特利・哈特

不用說，沒有任何一本書能夠容納基督教全部的故事。

這個宗教綿延了二十個世紀的歷史，到達了全世界每一個角落，呈現出無數制度上和文化上的形式，今日有三分之一的地球人口（至少在名義上）都屬於這個信仰。不過這本書能夠做到的，或許是提供一個基督教歷史的概觀，以篇幅能夠容許的程度詳細說明，並且不讓任何單一角度凌駕於歷史故事之上。我知道這不是個容易達成的目標。畢竟大多數基督徒所意識到的基督教傳統、信仰和儀式只是很小的一部分，而且很少人有機會去研究其他不熟悉的基督教派別有何不同。相當可能的是，一個東正教徒、羅馬天主教徒、長老教會信徒、福音教會信徒、英國聖公會信徒、科普特教會信徒、迦勒底教會信徒、衣索比亞正教會教徒、亞美尼亞正教會教徒，或是瑪蘭卡基督徒（這裡提到的只是諸多可能性中的一些）……對於自己的傳統教義有相當充分的了解，卻對範圍較大的基督徒思想和信仰所知甚少。但撰寫這樣一本書永遠是一種誘惑，畢竟一個人能如此全神貫注於基督教的各個流派（例如西方的教會團體），並感受到基督教傳統真正的豐富內涵，以及深藏在底下的經驗。

然而，這是一個應該要抗拒的誘惑，因為假如以宏觀角度來述說，真正的基督教故事非常迷人。有些人也許會以「相當奇特」來形容。這個信仰始於羅馬人占領下的猶太行省，是猶太教內一支短暫興起的小支派，並且遭到當時法律的禁止，時間長達幾個世紀，有時甚至經歷了死亡的痛苦，而後在信徒的堅持下逐漸成長茁壯，最終「征服」了那個曾經想要滅絕它的帝國。接著經歷了幾個世紀，信仰到達了許多地方，也成為新的文明出現、發展、汲取穩定養分的重要來源。有時候，這個信仰的地理範圍急遽擴張，有時候則嚴重縮減。有時候，教會就像英雄般證實自己忠於最深刻的道德準則，有時候則無法原諒地背叛了它們。但到了故事的尾聲（至少到目前為止），儘管它的世俗力

量在歷史的原生地已經減弱，但這個一開始如此脆弱、後來卻變得如此強大的信仰，所傳播廣及的範圍和種類的多樣都是所有宗教之最。同時，它也快速地在一些文化中扎根，它們與這個信仰剛誕生時的文化大不相同，和過去因這個信仰而興盛起來的文化也不一樣——這個信仰，正呈現出一個世紀以前無法想像的模樣。

若是說故事時希望抱著公平公正的態度，去處理一些存在尚有疑義或各式各樣的事件，那麼必須考慮的就不只是大範圍的重點，也要留心細膩之處；不只是歷史上輝煌成功的時期，也要關注最沒沒無聞與經常被人遺忘的一頁；不只是大眾最為熟悉的教會，也要兼顧最奇特的派別。無論如何，我在接下來的故事中，試著給予東方教會和西方教會相等的「時間」，關注亞洲和非洲裡規模較小、但歷史悠久的基督教團體，也提及了那些存於基督教世界某種空白區域的當代宗教團體（如中國的家庭式教會）。如果我在任何一方面做得不盡

完善，實在是因篇幅有限的問題無法克服。

基督教的故事，不僅僅是屬於西方文明固有宗教的故事，從某種相當真切的意義來說，這是文明本身的故事。一個人若是不了解創造文明的信仰，也就沒有辦法真正體會文明所代表的價值，而那些文明原先就是從基督教國度中孕育出來的。即使明白宣示忠於基督信仰的國家正逐漸減少，但基督徒所認知的「人類」仍持續塑造最深層的想像和願望，決定大多數我們所能夠掌握的珍貴事物，以及大多數對自己和他人的道德期望。單就這個因素，就應該深入了解基督教的故事。

儘管如此，也許應該留心一個警訊。基督教的手寫歷史必然涉及歷史，也就是，社會與政治上的事物如國家與統治者、階級與法令、妥協與戰爭等

等。正因為如此，有人也許會提出反對意見，認為──「這樣的一本書無法如實地將基督教的故事真正記錄下來，像是基督教信仰灌輸在每個男性和女性心中的信念、理想和價值。這樣一本書能夠做到的頂多是描述一連串文化與制度發展過程中的事件，而這些事件，剛好與一群碰巧受了洗的人有關。」這樣的反對意見是完全公平的。也許，基督教真正的故事只能從信徒的內心和精神顯現；即便如此，仍有一些精神上隱而不見的活動，讓這些信徒從基督教歷史的外表事件突顯了出來，即使這樣的人物不是一直都有。因此，像這樣的一本書也許仍然有能力去敘述其他更神祕玄奇的故事，這些故事零星地發生在每個地方，而且不藉著這種方式無法述說。

目錄 | 基督教的故事

CH 1 以色列人，恆久的榮耀

摩西帶領上帝的子民脫離埃及的奴役控制，他在荒野中擊打一塊岩石以求得飲水，由此可看出上帝一直信守對以色列人的承諾。此為17世紀義大利畫家喬凡尼·卡斯蒂利歐內（Giovanni Castiglione，1616～1670）畫作中的一景。

《希伯來聖經》（Hebrew Bible），也就是基督教的《舊約聖經》（Old Testament），其內容來自許多時期，書寫風格不一，是一部集結了許多作者筆觸的作品。因此，書中的故事並不單純亦不連貫，但從整體來看，這本書要述說的是一個偉大的事蹟、一段壯闊的史詩，所指的正是——上帝的榮耀降臨人間。

這份榮耀指的是一種存在，這個存在不是別的，正是真實又神祕、無可匹敵的上帝本身，後來猶太傳統以「夏凱納」（Shekhinah）稱之，意為「那居住著的」或是「那停留著的」。有時，榮耀會伴隨著光線無法穿透的一片烏雲，降臨在約櫃（Ark of the Covenant）上；這是一只神聖的鍍金箱子，摩西（Moses）用以安放刻了上帝律法的石板。約櫃是上帝的王座，一開始是放在摩西為它準備的帳幕中|1，不過，後來移到一座聖殿內部的聖室，那是所羅門王（King Solomon）專為約櫃所興建。

以 色 列 的 呼 喚

聖經同時描述上帝如何選擇了一群特定的人，而這個選擇又為何不可避免地變得越來越狹隘；換句話說，上帝一開始創造了所有的人類，彼此相處融洽，但最後，由於人類犯了罪，上帝決定另外為自己創造一群特定的人，並和這群人形成一種牢不可破的聯繫，藉此建立上帝在人世間的家園。以色列因此成為這股神聖力量特別關注的對象，以聖經中的比喻來說，就像父親對孩子或是丈夫對妻子的愛。從故事裡可以清楚看見，以色列人對上帝的忠誠與背叛，以及上帝對這一切的震怒與仁慈；人與神之間的關係破裂了又再修好，這是因為以色列人有時會受到奇怪的神祇引誘，而只有回到上帝的懷抱才能得到寬恕。上帝施以懲罰，也赦免他們，祂的榮耀遠離又復歸，但是祂從來沒有遺棄祂的子民。

聖 經 故 事 的 一 開 始

《希伯來聖經》解釋了以色列歷史中的所有重大事件，自此，聖經成了猶太人的神聖故事。等到耶穌誕生的時候，這些故事已流傳了近兩千年——故事最初是從祖先（Patriarchs）的年代開始，當時，猶太人的祖先不過是個過著半遊牧生活的部落。部落的第一位祖先是亞

註1：帳幕（Tabernacle），或作「會幕」（Tent of Meeting）。

伯拉罕（Abraham），一開始名叫亞伯蘭（Abram），在上帝的召喚下，他從美索不達米亞地區一座名為吾珥（Ur）的城市啟程前往一塊未知的土地，在那裡，他的後裔將繁榮興盛，成為一個大國。這是上帝和亞伯拉罕之間一個特別的約定，這個約定可說是用整個部落的人的身體加以締結，也就是──部落裡的所有男子都要行割禮。亞伯拉罕的妻子年事已高，早就過了生育的年紀，卻在上帝的幫助下懷孕、並生下以撒（Isaac）；後來，亞伯拉罕的位置就由兒子以撒繼承，以撒的位置則由他的兒子雅各（Jacob）繼承。

　　祖先們的故事於以色列人遷入埃及時畫下句點，當時的以色列人是由雅各的兒子約瑟（Joseph）加以保護。約瑟小時候曾被心懷妒意的哥哥們賣為奴隸，長大後竟成了埃及法老宮殿裡極有影響力的大官。

▌王的年代

　　不過，約瑟的時代過去之後，以色列人所仰賴的庇護也消失了，以色列人被奴役受苦了許多個世紀，直到公元前十四或十三世紀左右，才出現了先知與立法者──摩西，帶領他們獲得自由。上帝，就是在摩西面前首度說出了自己的「全名」，即那神祕的「四字神名」──**YHWH**；據〈出埃及記〉記載，這個名字來自一個更神祕的詞彙「Eyeh asher Eyeh」，意為「自有永有者」，英譯為「I am that I am」或「I will be as I will be」。在摩西的管理下，猶太人的神職人員和會幕儀式得以成形，可以說，上帝經由摩西將律法帶入以色列，成為引領以色列人宗教、道德和社會規範的實體。

　　接下來的聖經故事，便說到以色列人如何征服、並定居在迦南地（Canaan），也就是「應許之地」（Promised Land），此時他們已離開埃及四十年，而摩西也過世了。之後大約兩百年間，以色列一直維持

著一種鬆散的聯邦形式──由十二個截然不同的部落共同組成，部落由審判官治理。但在公元前十世紀剛開始時，興起了一個王國，一開始由掃羅王（King Saul，約卒於公元前一〇〇七年）統治，後來由大衛王（King David，約卒於公元前九六五年）掌權。大衛王是一名卓越的戰士和領袖，他將以色列整合成一股團結的軍事和文化力量，也是他將約櫃從示羅（Shiloh）的帳幕帶回了耶路撒冷（Jerusalem）。

不過，一直要等到大衛的兒子、那位聰明絕頂又富有的所羅門王（約卒於公元前九二八年）繼位，才興建了偉大的聖殿，最終將約櫃安放於其中的內室「至聖所」（Holy of Holies）。之後，只有大祭司有權進入內室「面聖」，而且一年只進去一次，也就是「贖罪日」這一天，希伯來文為「Yom Kippur」。

▌ 先 知 的 年 代

儘管所羅門王立下了無數豐功偉業，但他的治理整體來說是失敗的。為了寵溺其諸多外國妻妾，他容許崇拜外來宗教，這不只加速了他本身的敗亡，更導致猶太人分裂為兩個王國──北邊的以色列王國和南邊的猶大王國。以色列王國持續了兩個世紀，但在公元前七二二年被亞述人（Assyrians）征服，最終消散於歷史之中，因為這個緣故，後來的猶太人都是來自南邊的猶大王國。

但這個時期也是「先知」的年代，受到上帝召喚的人挺身而出，或為窮苦和受到壓迫的人伸張正義，或斥責偶像崇拜。有人警告，上帝神聖的懲罰將至；也有人宣告，以色列的上帝慈愛統治全世界的日子即將來到。

年 表

公元前539年
波斯的古列王一世征服巴比倫，為以色列人帶來自由與回歸。

公元前168年
猶大‧馬加比挺身而出對抗安提阿哥四世王，終令猶太行省得以獨立。

公元前63年
羅馬將軍龐培（Pompey）征服巴勒斯坦。

以 色 列 人 受 到 統 治

猶大王國於公元前五八七年至五八六年被巴比倫人（Babylonians）踐踏蹂躪，神殿遭到毀壞，財寶被掠奪一空（儘管如此，約櫃顯然逃過了一劫），絕大多數居民被俘而流放至外地。但公元前五三九年，巴比倫敗給波斯（Persia），波斯的古列王（Cyrus）允許猶太人回到以色列重建神殿，重建工作完成於公元前五一六年至五一五年。公元前三三二年，亞歷山大大帝征服了波斯，於是希臘化時期（Hellenistic）、或稱後希臘時期（Late Greek）的猶太教開始興起。

在托勒密家族（Ptolemies）的「希臘—埃及」王朝統治下，猶太人被賦予祭祀的自由。超過一百五十年的時間裡，猶太文化無論在巴勒斯坦或其他地方都和希臘化的文化和平共處。但到了公元前一九八年，「希臘—敘利亞」亞的塞琉西王朝（Seleucid）征服了以色列；公元前一六八年，安提阿哥四世王依皮法尼（King Antiochus IV Epiphanes）開始禁絕猶太教，他褻瀆神殿，在耶路撒冷進行異教獻祭，對堅拒不從的猶太人予以無情迫害。

於是，對抗塞琉西王朝的反抗行動展開了，一開始是由哈斯摩尼王朝（Hasmonean）的猶大·馬加比（Judas Maccabeus）帶領，這個反抗行動迫使塞琉西政權承認猶太教，並於公元前一六四年允許重新進行祭祀活動。三十年後，哈斯馬尼亞家族甚至為猶太行省（Judaea，當時羅馬的一個行省）成功爭取獨立，這樣的情形持續了一個世紀，直到公元前六三年被羅馬征服。

這塊石頭浮雕來自一個猶太教堂遺址，上面可以看見一輛轉動著輪子的馬車正載運著約櫃，這只神聖的箱子裡放著摩西自西奈山（Mount Sinai）帶下來的律法石板（即十誡）。

所羅門王的聖殿

「神真的住在地上嗎？看哪！天和天上的天，尚且不能容納你，何況我建造的這殿呢？」

——〈列王記上8:27〉

以現在的標準來看，這座由所羅門王興建、坐落於耶路撒冷的聖殿並不能算是一座龐大的建築物（約三十公尺長，十一公尺寬，殿高十五公尺），但就當時而言（約公元前九五七年），確然是個壯觀的成就。聖殿的外圍有一片寬敞的前院，當中設置了一座用以焚燒祭品的大型聖壇，另外還有一個叫做「銅海」（the molten sea）的神祕物品，這可能是只大型銅盆，用以進行潔淨儀式。

聖殿本身由三個主要區域組成——入口處有一座前廊，希伯來文為「′Ulam」，前方設置了第二座銅製聖壇，入口兩側聳立著巨大支柱，分別名為雅斤（Jachin）與波阿斯（Boaz）。後方則是聖所（Holy Space），希伯來文稱為「Hekhal」，是主要進行祭祀的地方，這裡另外安放了三個祭壇，其中一個正對著最深處的房間門口，也就是「至聖所」，希伯來文稱為「Devir」，約櫃就安放在此，隔絕了世人的目光；一般相信，神聖的「夏凱納」就居住在約櫃之中。

聖殿的內部裝潢精美，每扇門、每道門楣都有華麗的裝飾，內牆為布滿雕飾的香柏木，再覆上精金。至聖所裡，則立著兩座以橄欖木雕成的基路伯（Cherubim）巨像，以其翅膀遮蓋著約櫃；基路伯是天堂的生物，可能有四隻翅膀，兼具了人類和動物的特徵。

耶路撒冷第一聖殿的模型。這座聖殿的重要性在於，它代表了猶太人所建立的國家，以及以色列人生命與目的所繫的全副中心思想。

〈在教師之中的耶穌〉（Christ among the Doctors），為里貝拉（Jusepe de Ribera）繪於公元1635年的作品。耶穌在辯論方面的技巧很早就顯現出來，十二歲時便能和聖殿中的教師進行學術討論，〈路加福音2：47〉曾提到：「所有聽見他的人，都希奇他的聰明和應對。」。

《新約聖經》（New Testament）延續了「神聖榮耀降臨人世」的故事，但故事的敘述重點卻截然不同。只因在基督徒的認知裡，上帝不僅僅以「夏凱納」那樣令人敬畏而無形的方式出現，更會以一種有形的存在，也就是以一個活人之姿來到人間。

在〈路加福音〉裡，報喜的天使告知馬利亞（Mary），說她懷了耶穌（Jesus Christ），這番話讓人明確回想起，那片總是伴隨著上帝進入他居所（也就是約櫃）的烏雲——「聖靈要臨到你，至高者的能力要覆庇你……」（〈路加福音1:35〉）。〈約翰福音〉則表明，聖子其實是「暫時」化為肉身降臨人世，因此「我們見過他的榮光，正是從父而來的獨生子的榮光」（〈約翰福音1:14〉）。耶穌，將自己比喻為聖殿。三本對觀福音書[1]都提了耶穌改變容貌（Christ's Transfiguration）的那一幕——他，以人類的外貌，短暫地發出自身神聖的榮光[2]。

▌耶穌，人類和宇宙歷史的中心

　　對早期的教會來說，上帝降臨人世的整個過程，於耶穌誕生時達到了最高點，因為耶穌代表了上帝本質的「眞象」，一種非比尋常的「神榮耀的光輝」（〈希伯來書1:3〉）。在希伯來的經文中可以看到，神的榮耀有時被描繪成某種來自天堂的「人」，外型就像普通的人類（在〈以西結書〉當中最明顯）。但基督徒相信，那份榮耀現在已然化為一個人，上帝的榮光將透過他來到人類心中，與人心產生密切聯繫。

　　結果是，現在所有的人類都能成為承載神聖存在的器皿；基督徒認為，總有一天，上帝的榮耀將顯現在那些認同基督的人身上，萬物的形貌也將因此改變。在基督徒心中，成長於拿撒勒（Nazareth）這個地方的耶穌，儼然成為所有人類和宇宙歷史的中心，實現了上帝創造萬物的所有目的。

　　不難想見，在基督教信仰以外的人看來，基督徒所宣揚的那些誇張放肆的教義如「基督的重要性」等等，似乎只是無稽之談。的確，在教會興起的最初幾個世紀，非基督徒的福音批評家只要一有機會就會指出，上帝選擇以如此卑微低下的形式，在人類面前最後一次彰

註1：對觀福音書（Synoptic Gospels），指的是〈馬太福音〉、〈馬可福音〉和〈路加福音〉這三本福音書，由於它們在故事內容、敘事風格和順序、語句的結構上有許多共通性，許多學者相信這三本福音書有很明顯的關聯。

註2：耶穌改變容貌（Transfiguration of Jesus）是《新約聖經》中記載的一個神蹟，分別出現於〈馬太福音17:1-9〉、〈馬可福音9:2-8〉和〈路加福音9:28-36〉，另外〈彼得後書1:16-18〉也有提到。「耶穌在他們面前改變了形象，臉好像太陽一樣照耀，衣服潔白像光。」——〈馬太福音17:2〉

顯自己，是件多麼怪異的事。意指，他生於受人統治的種族，只是個四處遊歷的傳教者；既非出身貴族，也非德高望重的公議會高官；短暫的一生都在帝國的偏遠地區度過；親朋好友之中連一個哲學家都沒有。但基督徒卻對上帝企圖混淆權貴的期待，而選擇在貧窮的人、默默無名的人、受歧視的人、遭遺忘的人當中彰顯自己，感到由衷的喜悅。

▎猶太信仰吸收了希臘文化

當時，羅馬帝國統治下的猶太行省，絕非落後荒僻之地。耶穌誕生時，猶太人已忍受了長達好幾世紀外來政權的統治，有巴比倫人、波斯人、希臘人與羅馬人，由此深深受到外來文化的影響，而得以在更寬廣的希臘化和羅馬世界中四處建立聚落。猶太教教堂的外觀有很多便是於巴比倫流放時期發展出來的，那時沒有聖殿，也不能進行任何祭祀，公開祈禱、研讀律法及先知的話，因而成了猶太教的主要宗教活動。

不只如此，波斯的祆教（Persian Zoroastrianism）裡幾種具代表性的觀念如死後的生活、人死復生、審判日、善惡之間巨大的衝突等等都融入了大多數猶太人的信仰之中，連帶影響了法利賽人（Pharisees）這個支派；不過，其他猶太人如撒都該人Saducees則排斥這樣的思想。

尤為重要的是，在長達三個世紀的光景裡，無論是猶太行省或異鄉的猶太聚落|3，猶太教信仰都深受希臘文化和思想的深遠影響，像是和耶穌同時代的人物中，有一位比較年長的斐羅，或稱為亞歷山卓的斐羅（Philo of Alexandria，約公元前十五～約公元五○年）便是典型異鄉猶太聚落的產物。他運用希臘的解釋方法闡釋《希伯來聖經》，並大量借用了希臘的形上學，甚至發展出一套神

聖邏各斯（Logos）理論[4]，也就是對於上帝的第二種解釋；這個理論為「神子」，或稱「永恆之子」，認為上帝創造神子是希望透過他和世界對話。所有這些「外來（文化）的」影響無不反映在耶穌的傳道之旅，或是教會對他的身分認同上。

耶穌的傳道之旅

然而，耶穌的早期生活並沒有留下太多記錄。〈馬太福音〉和〈路加福音〉都說處女馬利亞奇蹟似地受孕，而後生下了耶穌。〈馬太福音〉提及東方三博士（the Magi）來訪，神子一家逃往埃及，後來再度回到拿撒勒。〈路加福音〉則說耶穌誕生在馬廄之中，牧羊人在馬槽找到他們敬仰的神子；還有之後耶穌來到聖殿，與聖殿庭院裡的學者進行對話，當時他的年紀是十二歲。除此之外，我們對耶穌的早年生活一無所知。

福音書裡詳盡描述耶穌的生平，則始於他在約旦河（Jordan）接受表哥約翰（John）的施洗，這也是他傳道的開端；實際上，〈馬可福音〉和〈約翰福音〉的故事就是從這個地方開始（不過，比較後面的福音書都會有一段「永恆真理」做為序言）。而在對觀福音書裡，耶穌則是先進入曠野，經過了四十個晝夜的祈禱和禁食，儘管魔鬼企圖使他偏離傳道的使命，他仍不為所動；接著，他聚集門徒，包括和他最親近的十二使徒（Apostles）在內，他們開始於猶太行省的鄉間旅行傳道。

耶穌傳道，辯證高手

在當時的時空背景裡，耶穌所教導的事物揉合了諸多熟悉又奇特的元素。從許多方面看來，他和其他的拉比[5]（Rabbi）並無不同，他詳盡地解釋聖經，呼喚人們回歸律法的中心訓誡，並且對貧窮的人、受壓迫的人、遭遺棄的人宣揚上帝的愛。他顯然是擅長利用「辯

註3：猶太聚落(Jewish Diaspora，或簡稱Diaspora)，意為散居各地的猶太人。

註4：邏各斯，在此表示上帝的旨意或話語，在天主教譯為「聖言」，在基督新教譯為「道」或「話語」。

註5：拉比，猶太教《摩西五經》（Torah）的老師，也是智者，有學問的人。

註6：儘管《新約聖經》記載耶穌是先受洗，再受試探，然而，新約福音書的記載（敘述方式）並沒有明確的時間進程概念。作者在此很可能是提出一種「詮釋」，認定耶穌是先受試探，再接受洗禮。

註7：天國八福，見於〈馬太福音5:3-12〉——1. 心靈貧乏的人有福了，因為天國是他們的／2. 哀慟的人有福了，因為他們必得安慰／3. 溫柔的人有福了，因為他們必承受地土／4. 愛慕公義如飢如渴的人有福了，因為他們必得飽足／5. 憐憫人的人有福了，因為他們必蒙憐憫／6. 內心清潔的人有福了，因為他們必看見神／7. 使人和平的人有福了，因為他們必稱為神的兒子／8. 為義遭受迫害的人有福了，因為天國是他們的。

證」來指引他人的高手，尤其善於回答疑問；無論發問者是帶著誠心或敵意，他總是提出另一個問題去補充前一個問題，引導發問者自己回答問題。而他傳道最重要的一點在於宣稱「上主的日子」（the Day of the Lord）即將來臨，以及上帝將在地上建立國度；就這點來看，他所要傳遞的訊息是有急迫性的。

　　和耶穌教導信徒的內容相比，更值得注意的是他提到天國的景象和範圍時，採用了何種方式。意即，他不只經常採取簡略的隱喻法和喚醒眾人的寓言，同時更絕不妥協地強調人必須捨棄暴力手段，只因所有的美德當中最重要的是慈悲心，以及上帝的愛是無遠弗屆、不分對象的；最為特別的是，耶穌在描述天國的模樣時是很有想像空間的，其中不可或缺的便是信徒必須不計前嫌、減輕他人的負擔、寬恕罪過、要愛你的仇敵，並禁止議論別人的罪。他也堅持，門徒們必須和社會上最被憎惡的一群人為伴，這些人甚至包括了稅吏、撒瑪利亞人（Samaritans）和妓女在內。

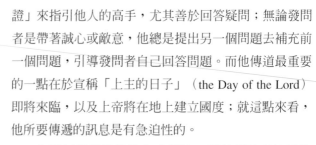

這幅〈處女馬利亞〉赤土浮雕位於義大利的米蘭。而關於耶穌母親的所有事蹟，於〈路加福音〉和〈馬太福音〉有著完整記載。

人子，所指為何？

在福音書中，耶穌常常略帶神祕地提到「人子」（the Son of Man）這個詞。他偶爾會用這個詞表示上帝從天堂派來的使者，而這名使者將在審判日（Judgement Day）審判列國，並召集義人前往天國。不過，在他傳道的早期，耶穌會則於其他時刻裡明白地以這個詞來表示自己。

在《希伯來聖經》中，「人子」（希伯來文為「ben Adam」）是個相當平常的詞，和「人類」（human being）這個詞的差別不大。在〈約伯記〉和〈詩篇〉當中，它只是個帶有詩意、委婉表示「人」這個概念的詞，像是〈約伯記25:6〉便提到：「如蟲的人，像蛆的世人呢？」[8]。而上帝（或上帝的使者）也用這個詞稱呼先知「以西結」（Ezekiel），為的是不時提醒這位先知，他只是一個凡人的軀體。

在〈但以理書〉中，但以理描述他於夢中見到審判日的異象，提到萬古常存者（Ancient of Days）坐上寶座，「有一位像人子的人」駕著天雲而來，到了寶座面前，領受了永遠的權柄，世間所有的國度都事奉他。

對觀福音書裡詳述了耶穌改變容貌、發出神聖光芒的故事。這是巴洛克時期畫家蘭法蘭克（Giovanni Lanfranco，1582～1647）的作品。

以上這兩種意義在《新約聖經》中都能見到，某些地方則同時出現兩種意義，這一點確有其巧妙之處。畢竟，在基督徒的認知裡，耶穌是高高在上的，但同時又出身低微，有如天上與地下，兩者是密不可分的。由此，「人子」這個詞一方面可用以表示耶穌降為凡人的謙卑，同時又能顯示耶穌身為歷史上神聖天主的榮耀，這個詞優雅地將基督徒對於「轉生為人」這個最難解的祕密，兼容於自身當中。

註8：根據聖經的英文欽定譯本，〈約伯記25:6〉的原文如下：「How much less man, that is a worm? and the son of man, which is a worm?」本書作者引用這段經文來證明son of man原是指一般的人，而無神聖人子的意義。

彌賽亞之死

CH 3

達文西（Leonardo da Vinci）的著名畫作〈最後的晚餐〉（Last Supper，繪於公元1497年左右）。畫中可見加略人猶大坐在耶穌的左邊，手上抓著一個小袋子，裡面裝著出賣耶穌所得的三十塊銀子。從這頓晚餐〔一場由耶穌所創、藉著分享麵包和酒的聖餐（Communion）〕開始，直到耶穌被釘死在十字架上這段時間，便是眾所周知的「耶穌受難」（Passion）。

從聖經上的文字判斷，我們可得知，對於和耶穌同時代的人而言，耶穌傳道的癥結在於他所展現的力量，以及他說話時的影響力；說得更明白一點，問題並不在於他的力量或影響力究竟是真是假，而是它們究竟從何而來。

在福音書中，與耶穌敵對的人極少懷疑他是否真有能力行神蹟、治療病人、使盲人重見光明、讓瘸子行走如常、施行驅魔儀式等等；他們懷疑的是，他做的這些事是否源自於神聖的力量，有人甚至妄下斷言，指稱他驅趕惡魔實際上是利用了邪惡的力量。出於同一個理由，法利賽人以及常和耶穌辯論的經學家，都不否認他非凡的個人魅力或是他的教導所帶來的影響力，但他們仍希望知道是什麼力量讓他傳道，向世人宣揚上帝的信念，給予人們道德的教誨，或者說最關鍵的一項疑問是——他何以能寬恕人類的罪（畢竟只有上帝能做到這件事）。

耶 穌 的 力 量 之 謎

其實，比起他擅自解讀以色列律法，耶穌那出了名的施行神蹟能力並未太讓人感到驚異，也許該說——沒有太大的新鮮感。公元一世紀時，有人能控制某種程度的自然現象（或至少能讓人這麼覺得），倒不至於是件太令人意外的事；然而，這樣的能力也可能被視為邪惡力量，或是源自於魔法。〈約翰福音〉裡描述耶穌所行的奇蹟，不像對觀福音書中那樣單純指涉「神蹟／奇事」（wonders，希伯來文為「thaumata」），它更代表了一種「記號」（signs，希伯來文為「semeia」）；意即，這些神蹟清楚證實了耶穌傳道時所說——天國是存在的。但〈約翰福音〉同時也提到，並不是每個人都這樣看待神蹟，例如最後、也最偉大的神蹟便是拉撒路（Lazarus）的死而復生，但那些持續和耶穌作對的人知道之後，並未就此放下心中疑慮，承認他真是上帝國度派來的先驅，他們的反應是要——密謀殺了他。

此外，耶穌傳道引起的反感，以及為何特定的經學家和法利賽人會對他抱持敵意，主要是因為他解讀摩西法典（Mosaic code）時的態度相當高傲，不按牌理出牌。照他自己的說法，他無意背棄法典，但就其行為來看，

耶穌很清楚地表現出他所認定的信念，意即人們就是因為不知變通、過度堅守字面意義，而經常違背律法的真正精神——為此，他不斷痛斥守法主義和公平正義之間何以會有牴觸；當他被人指責在安息日（Sabbath）為人治病，他回答，安息日是為了人而定的，可不是要人被安息日給限制住；他和有罪的人同行；儀式性的沐浴淨身在他看來，不如心靈純淨重要。

福音書中曾提到一名犯了姦淫罪的婦人，也許該章節最能生動描繪出耶穌對律法的見解——他不否認婦人依照律法該判死罪，但他轉而將律法放在一個更為基本的道德基礎上，他的要求是，唯有沒有罪的人才能執行這個死刑，最後因此取消了判決（或者該說，是將公理正義轉化成慈悲寬大）。

他 就 是 彌 賽 亞

事情很清楚，那些追隨耶穌的人堅信，他的言談舉止所展現出的影響力，根本就是來自上帝本身；也就是說，那是塗上了上帝的「香膏」才有的影響力，這表示他是上帝派來的「彌賽亞」或「救世主」。福音書中沒有證據顯示耶穌是否曾以此頭銜自稱，但書士提到，行至該撒利亞·腓利比（Caesarea Philippi）這個地方時，彼得（Peter）說他的主人是彌賽亞，耶穌並未否認他的說法。更能證明這個說法的是，當耶穌最後一次進入耶路撒冷

時，那些聚集起來夾道歡呼的群眾明顯受到了「期待救世主到來」的鼓舞。無可否認，許多猶太人衷心期盼的救世主不僅僅是個宗教領袖，他還必須是一位解放民族的英雄，一位有如猶大·馬克比的化身，一個能夠激勵人心、驍勇善戰，而且比馬克比還要偉大的人；但從徹底摒棄暴力這一點來看，耶穌完全不適合這樣的角色。不久後，隨著彼得的懺悔，耶穌做了預測，他的預測並不是羅馬人會大獲全勝，而是自己將死在他們手中。

耶穌激起了人們的希望，以色列人期待的解放者已然到來，這讓他成為統治階級眼中嚴重威脅猶大行省政治穩定的人物。原則上，維護耶路撒冷的和平，是以色列的大祭司（High Priest）與聖殿守衛的責任，但最終權力仍歸屬於羅馬總督，意即，任何平民暴動的徵兆，或僅僅只是一點風吹草動都可能帶來災難性的後果。當耶穌嚴厲地將兌換銀錢的人趕出聖殿時，似乎正代表了他對於自己的原則絕不妥協，也完全確立了他施行這些原則時的影響力[1]。

深 夜 的 背 叛

福音書中並未完全解釋，加略人猶大（Judas Iscariot）是出於什麼動機而背叛耶穌，僅僅描述耶穌聲勢浩大地來到耶路撒冷，過沒多久，猶大就去找祭司長，並同意將自己的主人交給聖殿守衛。

根據對觀福音書（〈約翰福音〉中的記載不同）的敘述，耶穌和門徒一起享用的最後晚餐是一場逾越節的家宴（Passover seder），席間，他預言自己即將被逮捕和死亡（儘管門徒並不同意），接著他將麵包和酒分享給門徒，表明這是自己的身體和血，要門徒先吃下他所預言的犧牲奉獻。

同一天晚上，耶穌帶著除了猶大以外的所有門徒，來到橄欖山（Mount of Olives）上的客西馬尼園（Garde of Gethsemane）。他的苦難由此開始，他離開門徒獨自向上帝禱告，希望能免於即將到來的痛苦和死亡。

而在猶大的指引下，聖殿守衛在這裡找到他，並以親吻做爲暗號指認出耶穌。當時，有位門徒（〈約翰福音〉說是彼得）拔劍砍下一名奴隸的耳朵，那是現場其中一名大祭司的奴隸，然耶穌卻斥責門徒不該使用暴力（根據〈路加福音〉，耶穌治好了那位受傷的人）。後來，門徒四散奔逃，耶穌未加反抗，讓守衛帶走自己。

耶穌被大祭司該亞法（Caiaphas），以及猶大公會的祭司和長老徹夜訊問，直到破曉。許多人前來作證指控耶穌，卻都無法證實自己的證詞。但當該亞法直接詢問耶穌，他是否就是彌賽亞，甚至是上帝之子時，耶穌回答「是」，並預言眼前這些審判他的人將會見到人子坐在全能的上帝右邊；這樣的說法，足以使該亞法相信耶穌有罪。

在羅馬時代，釘十字架處死是一種很不名譽的死法（只要看看耶穌在各各他被處死時，是釘在兩名小竊的中間便能了解），但也從此讓十字架成為基督教不變的象徵。

註1：這件事出自〈馬太福音21:10-13〉。耶穌來到耶路撒冷，引起了全城人民的注意。當他來到聖殿，發現聖殿裡有很多小販和兌換錢的人，便將他們的桌子推倒，把這些人都趕出聖殿。因為耶穌認為聖殿是用來禱告的，這些人在這裡做生意是對聖殿的褻瀆。

耶穌在十字架上死去

到了清晨，猶太公會派人將耶穌帶到羅馬總督本丟·彼拉多面前，指控耶穌煽惑群眾，說自己是「猶太人的王」。根據〈路加福音〉的記載，彼拉多打算把問題推給希律王（King Herod），畢竟他才是在加利利（Galilee）「土生土長」的統治者，但希律卻很快就把耶穌送回來。福音書上提到，彼拉多並不相信耶穌真的造成了什麼威脅，甚至因為正在過逾越節，他提議釋放耶穌。但最終他還是屈服於群眾的要求，釋放了殺人犯巴拉巴（Barabbas），而將耶穌交給士兵。這些士兵鞭打耶穌，為他戴上荊棘冠冕，戲弄毆打他，逼他背負自己的十字架走到耶路撒冷郊外一處名叫各各他（意為「髑髏地」）的小山丘，在那裡將他釘在十字架上處死。

> 「總督的士兵將耶穌帶到總督府，召集全隊士兵到他面前。他們脫去他的衣服，給他披上朱紅色的外袍，又用荊棘編成冠冕，戴在他的頭上，把一根蘆葦放在他的右手，跪在他面前譏笑他說：『猶太人的王萬歲！』」
> ——〈馬太福音27:27-29〉

在當時羅馬人統治的世界裡，每個人都很清楚，沒有一種處死的方式會比釘在十字架上更羞辱和痛苦。這種死刑是用來處置最惡劣的罪犯，受刑之人會慢慢地死去，過程中將經歷難以忍受的痛苦、身體的疲憊，以及緩慢的窒息。所有福音書都一致提及耶穌於十字架上所說的話——〈路加福音〉提到，他答應其中一名同樣被釘上十字架的犯人：「今天你必定同我在樂園裡了。」以及他的禱告：「父啊，赦免他們！因為他們不知道自己所做的是什麼。」〈馬太福音〉和〈馬可福音〉都記錄了耶穌的大聲呼叫：「我的神，我的神，你為什麼離棄我？」〈路加福音〉則提到他大呼：「父啊，我把我的靈魂交在你的手裡。」而〈約翰福音〉則除了上面這些「遺言」，還記下一句最精簡、最能表現耶穌當時心情的一句話——「成了！」

彼得的眼淚

四部福音書上都提到，耶穌遭到背叛的那天晚上，耶穌預言，在危機時刻，他的門徒都會遺棄他。彼得不這麼認為，他向耶穌保證，即使其他門徒全因膽怯而逃跑，他，彼得，一定會和耶穌同生共死。聽到彼得這麼說，耶穌卻預言事情發生的那個夜晚，彼得在雞鳴之前會三次不認他。

後來，彼得的確三次否認自己是耶穌的門徒。耶穌被捕，彼得為了不被抓，逃到大祭司的院子裡，但此舉仍引來其他人的懷疑，認為他是耶穌的追隨者。雞鳴聲一起，他跑到了院子外頭，而後根據對觀福音書的記載，彼得因意識到自己所做的事而痛哭失聲。

這段插曲也許看來很不尋常，不僅讓人感動，且其中隱含著重要意義。就我們今日的思維來看，一個說故事的人，此時似乎應先停下故事的腳步，務必針對此一事件鄭重其事地加以描述才是。不過，在福音書成書的那個年代，一個普通人的眼淚實在沒有多加關注的必要。對於大多數的作家來說，淚水頂多代表了歡樂的情緒，只有貴族的哀戚才是悲慟的、崇高的，甚或彷彿完人一般。

因此，若從想像和感受的角度來看，彼得的眼淚代表了一種道德的全然轉移。某種先前

彼得原本是加利利海邊的一名漁夫，本名叫做西門（Simon），他是在耶穌的召喚下成為門徒。哥雅（Francisco de Goya，1746～1828）這幅作品生動描繪了「彼得因為不認耶穌，而悔恨自責」的神情。

隱而不見的東西，現在浮現出來了。在基督教的思維裡，上帝選擇在為數不多的男女面前顯現，並賦予這些人等同於自己兒女的地位。結果是，世人對於每個靈魂要歸向何處有了新的想像，而這種想像也影響了非猶太人世界對基督教的認知。

過了幾個小時，耶穌死去，此時那些一心置他於死的人確定事情已經「成了」，也衷心相信拿撒勒的耶穌故事到此為止。而實際上，故事才剛剛開始。

宣告復活

耶穌露出傷口讓門徒觀看。這幅作於15世紀晚期的手抄本插圖，是由文藝復興時期米蘭的藝術家克里斯多佛羅·德·普雷迪斯（Cristoforo de Predis）所繪。

福音書裡如此描述著基督被釘在十字架上處死的景象——大地一片黑暗，地面震動，士兵朝他的肋旁刺了一槍，血和水不斷流出來等等。對觀福音書更提到，聖殿裡至聖所入口的幔子從上到下裂為兩半，彷彿上帝的永恆榮耀已經用某種方式散布到整個世界。

儘管如此，單從歷史角度來看，基督的死亡表示他傳道的使命就此結束，以他為中心聚合發展起來的活動遭受了挫敗——上帝的彌賽亞被當成奴隸般處死；信徒失去領導，四散奔逃，倉皇躲避；有一名信徒背叛了他們，根據〈馬太福音〉，說他之後便自殺身亡……到最後只剩下幾位女性追隨者，她們領走了基督的屍體，慎重妥當地予以安葬。而其他相信彌賽亞的信徒也有不少遭到類似被處死的迫害，這個以耶穌為中心的教派想必很快就會從歷史上消失。

可是就在基督死後不久，他的門徒興奮地宣布，他已從墳墓復生，再次回到人世。很明顯地，這是個不可思議的宣告，而同樣幾近神奇的是，耶穌的追隨者很快便從失去領導的巨大傷痛中恢復，並重新整合起來——他們開始公開宣揚這個戰勝死亡的消息。

▌人去「墓」空

每一部福音書都提到幾位特定的女性追隨者，如何在基督被釘十字架處死之後，於星期日一早前往察看埋葬耶穌的墳墓（當中，全都提到抹大拉的馬利亞 Mary Magdalene，〈約翰福音〉甚至只提到她一人）。根據最早的記載（也就是〈馬可福音〉），她們先是發現擋住墳墓的大石頭滾落在一旁，進墳墓之後，發現一位「身穿白袍的青年」，他告訴她們「耶穌已經復活」，要她們去告訴其他門徒，「只要到加利利便可以見到基督」。

〈馬太福音〉則說到，為防止耶穌的信徒偷走屍體，墳墓入口有守衛看守。她們來的時候，大地震動，一位面帶聖光的天使把墓石滾開，露出空蕩蕩的墳墓，並對她們說了一樣的話。〈路加福音〉寫的是，她們發現墓石已經滾在一邊，進墳墓時發現了兩個身穿閃爍耀目服飾的人，這兩人問她們為什麼在死人當中尋找活人，並對她們說耶穌已經復活了。她們回去把事情告訴門徒，但眾人認為這是無稽之談（不過，彼得的確前往確認墳墓真是空的）。

〈約翰福音〉的說法比較簡單，只說到，抹大拉的馬利亞一發現墳墓是空的，便跑去通知彼得和約翰，兩人一聽也親自跑去看。不過，等到彼得和約翰離開後，只剩馬利亞獨自一人時，她便看見兩位天使坐在墳墓裡面。從文學上的潤飾，以及故事傳承轉述的可能性來考量，這裡顯然使用了某種敘事手法——一開始是由女性發現墳墓是空的，接著才去告訴男性。

▌ 復 活 的 主 耶 穌

不過，光用一個空的墳墓並無法證實早期基督徒所宣揚的事——「基督復活了」。因為他們並非單純地相信，他只是回復成如拉撒路那樣的凡人生命形態（總有一天還是會死），他們更相信的是，基督已完全超越了死亡，戰勝了死亡，成為一種全新而永恆的生命。

當復活的基督出現在追隨者面前，他可以說是、也可以說不再是之前大家看到他傳道時的模樣。他的身體不僅僅復生了，更轉變為一種「屬靈的身體」（套用聖保羅St. Paul的話）；他的身體是實實在在的，卻又與眾不同，不受一般時間和空間的限制，可以隨心所欲地現身與消失。

在〈馬太福音〉裡，女性追隨者從墳墓返回的路上，他「突然」就迎面而來；在〈路加福音〉中，他忽然出現在信徒之間；〈約翰福音〉則說門窗都上了鎖，他卻能在門徒之中現身又離開。與此同時，他也絕非鬼魂，因為〈路加福音〉和〈約翰福音〉都強調，他是能夠讓人用手觸碰的，他身上帶著明顯的傷口，甚至可以分享食物給門徒，而且最後離開門徒時，他是整個身體被接往了天堂。簡單地說，他的身體已經用某種方式進到上帝天國那片理想化的世界中，也由於他的復生，天國，自此在歷史上「占據」了一席之地。

▌戰 勝 死 亡 、 削 弱 死 亡 國 度

這便是教會傳揚「福音」（evangel，亦做gospel或 good tiding）的最早形式，換句話說，耶穌即為主。他的復生代表了上帝的天國大獲全勝，他也成為不受時間限制的統治者；更重要的是，他毅然決然克服了之前束縛著人類的罪惡、死亡和惡魔的力量。對早期的教會來說，復活節是一個現實生活裡每個層面都獲致神聖勝利的節日。根據〈以弗所書4:8-10〉，基督降到地上又升上高天（「擄了許多俘虜」），是「為了要使他充滿萬有」。甚至，耶穌在死亡時便開始了這項偉大的克服行動；〈彼得前書〉中兩次提到，身在地獄的耶穌對亡者傳福音：「他們的靈卻靠神活著」（4:6），書上還提到他前往地獄向那些「監管中、不順從的靈」宣講，那些靈魂好比耶穌常在寓言中提到的富人，他希望能為那些因罪惡而被摒除在「亞伯拉罕懷抱」之外的靈魂，提供忠告。

基督的死，讓基督徒相信他已經付出一筆贖金，讓人類得以掙脫死亡一族的束縛。稍後的時期裡，尤其在某些西方教會的神學理論中，「贖金」這個詞有時會和「償還人類罪行而應付予上帝的罰金」這個觀念混淆。但在《新約聖經》以及早期教會的教義中，「贖金」這個比喻是更容易理解的，就好像是為了奴隸的自由，而必須支付一筆費用給奴隸的主人（在我們說的情況裡，指的是死亡和惡魔）。

儘管耶穌付出了自己的生命做為代價，死亡的國度因此遭到重挫。同時，不公不

一面19世紀的鑲嵌玻璃，表現了耶穌復生時的情景。這幅鑲嵌畫乃依循所有福音書中的記載而作，意即，耶穌復活後首次現身於門徒，是在他的女性追隨者面前。

義、殘暴不仁、欺騙和罪惡的古代帝國也因他而覆滅。自此之後，那股隔開人類與上帝之間的萬物力量受到了動搖，教會正是以此「宣告復活」的福音進入了歷史軌跡之中，也以此福音最終取得整個羅馬帝國世界。

▌「宣告復活」福音，影響力深遠

若純粹從罕見的歷史事件來看，耶穌的眾追隨者從一敗塗地、理想破滅的態勢，一下子轉變成歡欣鼓舞地宣揚勝利，這整件事還真是令人費解的謎團。說起來，使徒所扮演的角色不只是繼續他們拉比的傳道之旅、向世人傳遞精神哲學而已，傳揚「宣告復活」這個福音顯然有著截然不同的本質。看看他們花了這麼多年時間堅持不輟地宣揚這件事，以及當他們面對許多情況時寧捨生命、也不願否定這件事的堅強意志，我們可以很肯定地說，「基督復活了」這件事加諸於使徒身上的影響力，歷史上絕無其他類似事件能出其右。

關於這個事件，最重要的歷史評斷在於，這段由信徒共享的深刻經驗轉化成了一種體會——他們從拉比身上（也就是耶穌）深刻體會到生和死的意義，並對他存於人世的這段時間有了更深刻的思索，亦對他們自身生命的方向與目標有了更深刻的體認。

很清楚地，某種極不尋常、而且前所未有的事情發生了！

〈不要摸我〉（Noli me tangere）這幅作品，乃由文藝復興時期的畫家安基利軻修士（Fra Angelico）繪於公元1425～1430年間。根據〈約翰福音〉記載，耶穌對抹大拉的馬利亞說了這句話，意思是「不要摸我」（Don't touch me）。之後不久，同一部福音書卻又寫著，耶穌要多馬（Thomas）碰觸自己肋旁的傷口，希望以此證明他的確是死而復生。

受到赦免的彼得

根據〈約翰福音〉，耶穌在大祭司家被審訊的那天晚上很冷，僕人和差役們在院子裡等待時生了一盆火，眾人於是站在火堆旁取暖，而彼得當時也站在眾人之中，想驅走身上的寒意。彼得就是在這裡被人問了三次是否為耶穌的門徒，但每一次他都予以否認。

很明顯地，從此刻開始直到耶穌死亡的這段時間，彼得一直沒有機會和耶穌說話，以懺悔自己的失敗，尋求寬恕，並重新向他的拉比宣誓；意即，在凡人世界的規則下，彼得不可能有機會反悔他所做的事情。

眾多福音書之中，尤以〈約翰福音〉最善於進行細膩深刻的文學描述，在故事結尾的部分更可見其精妙之處。像是復活的耶穌在加利利海邊（即提比里亞湖Lake Tiberias）現身時，門徒們正在船上整理漁網。當他奇蹟似地讓網子裡裝了滿滿的魚之後，大家才認出他是誰，並且一起走到岸邊。耶穌在那裡生了一堆炭火，

〈彼得行傳〉記述彼得被釘在十字架上處死時，在他的要求下，以頭下腳上的姿態被釘在十字架，表示他不配和他的主（基督）以同樣方式死去。

準備早飯。待大家都吃飽之後，耶穌便在火堆邊（正如耶穌受難時，大祭司家院子裡那堆炭火）三次問彼得是否愛他；每問一次，耶穌都會接著說：「你餵養我的羊。」就在此刻，彼得先前對他的拉比所做的事、那彷彿無法逆轉的罪行，已然消失無蹤。

〈約翰福音〉的最後這一段對話，似乎可看做是這本福音書送給於復活節重獲新生之人的禮物。意即，在此當下，眼看似乎毫無希望的和解將會出現轉圜；通常絕不可能癒合的傷口也會復原；而當一切希望彷彿破滅殆盡時，正是新希望萌芽之際。

CH 5　使徒的教會

聖保羅在小亞細亞的以弗所（Ephesus）對市民傳教時滔滔不絕的英姿，然而此時有一些「行巫術的人」把書帶來，當眾燒掉。法蘭德斯畫家馬爾騰·德·沃斯（Maarten de Vos）這幅作於公元1568年的畫作，正描繪了這個景象。

根據〈約翰福音〉所載，基督應許門徒，在他離開這個世界後，他會派聖靈來帶領他們「進入一切真理」；而在復生之後，他告訴門徒，天父交代他來，他則同樣交代給他們，接著便呼出一口氣讓門徒們領受聖靈，並告訴他們，他已將自己的力量賦予眾人，讓他們去赦免世人的罪。

從〈使徒行傳〉（一般相信是路加所著）可以看出，基督是在升天之後才將「聖靈」這個最後的禮物送給門徒，就某方面來說——「教會自此而誕生」，這一天正是聖靈降臨節|1。書中如此記載著，基督的另一位門徒馬提亞（Matthias）被提升爲使徒，取代了之前猶大的位置，使徒的數目再度回到「十二」人，並且全都聽從基督的指示待在耶路撒冷，等待聖靈的到來。

五旬節來到那天，他們聚集在一起時，屋裡忽然充滿一陣強風，「好像從天而來」，每個人頭上都出現火焰般的舌頭，他們隨即被賦予了使用各國語言的能力。他們來到街上傳道，許多來自各地的猶太人紛紛圍過來，聽見這些加利利人說著自己家鄉的方言全都驚奇不已（不過也有人誤解他們的話，認爲他們是喝醉了胡言亂語）。以彼得爲首的使徒，宣揚著基督的復活，並且將以聖靈澆灌所有的人。那天，他們成功說服了約三千名猶太人受洗，接受了基督。

教 會 ， 由 十 二 使 徒 創 立

教會一開始位於耶路撒冷，主要由彼得擔任領導工作。教會就像一個社群，就某方面來說，鄙視財富是這個社群的特點。基督徒通常持有全部的財產，教徒中富有的人有義務變賣資產以協助社群裡貧窮的成員。同時，教會一開始只限猶太人參加；事實上，使徒教會經過了一段時間才逐漸認定非猶太人也能接受福音，而不需額外要求他們成爲猶太人，受摩西律法的約束。不過，彼得確實批准了使徒腓利（Philip）向撒瑪利亞人傳教的任務，而傳統的猶太人是不喜和撒瑪利亞人往來的，彼得甚至和約翰一起到撒瑪利亞人的村莊傳講福音。

〈使徒行傳〉中，關於彼得「完全接受非猶太人成爲基督徒」的相關記載，僅有一處。一名「虔誠並敬畏著神」的羅馬百夫長「哥尼流」（Cornelius）見到了天使，在天使的促使下邀請彼得前來談話。儘管一

註1：聖靈降臨節（Pentecost），在猶太教爲五旬節，希伯來文爲「Shavuot」，也就是逾越節之後的第五十天。五旬節之由來，一旬爲十天，五十天即爲五旬，由此稱五旬節。摩西在這一天於西奈山上領取了上帝的《十誡》，因此是紀念律法的日子。這一天也是感謝上帝賜與收穫的日子，因而又稱「收割節」或「初熟節」，爲猶太人三大節期之一。

般情況下,受限於對方並非自己的同族,通常會拒絕拜訪非猶太人的家,但彼得同意了。他之所以答應,是因為在這份邀請到來之前,他看見了異象——不管是否合於猶太戒律,上帝命令他把所有食物吃光。後來在他們談話之中,聖靈降臨在哥尼流和他家中所有聽道的人身上,每一個人都開始說起方言,彼得由此同意為他們施洗。

從掃羅變保羅,虔誠非常的使徒

教會的觸角之所以能延伸至「非猶太人」的範圍,或許更關鍵的原因是其中一位使徒的出現。耶穌在人間傳道時,他們從來沒見過面,儘管如此,此人卻非常清楚自己是一個使徒,而且基督是直接將傳講福音的任務託付給他。他是散居外地的猶太人,來自小亞細亞 |**2** 的大數(Tarsus),名叫掃羅(Saul)。掃羅是個熱切又細心的法利賽人,雖然出身自「希臘化時期」地區讓他得以自然熟練地使用希臘文,但他也是著名的「耶路撒冷拉比——迦瑪列」(Rabbi Gamaliel of Jerusalem)的學生,因此同時精通《希伯來聖經》。

此外,有一段時間裡,他可說是基督徒最害怕的敵人,因為他全心全意致力於消滅新生的基督教。他甚至欣然目睹司提反(Stephen)被殺;司提反是基督教的第一位殉道者,是個懂希臘文的猶太人,因為被控褻瀆神廟而遭眾人用石頭打死。

保羅,做為復活基督的使徒

不過,掃羅幾乎在極短時間內就換了個人,從一個迫害教會最不遺餘力的人變成最孜孜不倦的傳道者。根據〈使徒行傳〉記載,事情發生在他前往敘利亞(Syria)的大馬士革(Damascus)路上,他正準備

註2:小亞細亞(Asia Minor),又稱安那托利亞(Anatolia)或西亞美尼亞,是亞洲西南部的一個半島,目前屬於土耳其。

剷除當地的教會組織。他碰到了主耶穌，一陣強烈的光芒照射著他，令他的眼睛瞎了好幾天，後來，是一位來自大馬士革的基督徒亞拿尼亞（Ananias）讓他重見光明。很快地，他開始在城裡的猶太教堂傳揚耶穌復生的事。由於他是如此堅定且公開地傳教，致使他必須逃亡才能留下一命，而在那之後，他從未停下傳教的腳步。掃羅往來於羅馬帝國的各個城市，每到一座城市就會尋找教堂做為歇腳處。或許是為了表示基督讓他重獲新生，後來便把自己的名字改成保羅（Paul）。在他轉變之後，有可能是離開大馬士革之後立刻動身，也有可能是三年之後，他來到了耶路撒冷，和彼得、耶穌的弟弟雅各（James），以及教會的其他成員見面，他的使徒身分在這裡獲得確認，並被交付了「向非猶太人傳道」這個特別的任務。

　　如果考慮到保羅在轉變前曾不遺餘力地維護猶太教的純正性，便會注意到他在傳教時的一個特點，意即──他對「福音絕對涵蓋了所有人」這一點，是十分堅持、且毫無妥協餘地的。但其實不難想見，做為一名希臘化的猶太人，保羅生長在羅馬帝國知識與文化發展更為興盛的環境下，自然會有此完全開放的思想，只是他所持「福音對所有人都熱情地張開雙手」這樣的理解，卻遠遠超出了世界主義者的限度。他不僅相信教會應該接納猶太人和非猶太人，且深信基督已完全消弭了兩者之間的差異。基督教在保羅眼中是一種新的普世準則，這個準則令猶太人與希臘人毫無差別；也可以說，有沒有行過割禮已然變得無關緊要。由此，保羅不僅反對非猶太人改信猶太教、遵守猶太戒律，他甚至將這樣的行為視為對福音的背離。

年 表

公元58年～60年
保羅在耶路撒冷被捕，並被羅馬人囚禁在該撒利亞。由於身為羅馬公民，他要求自己有權在羅馬受審。

公元64年
該年羅馬發生第一次大火，摧毀了皇帝尼祿（Nero）的羅馬城，基督徒被視為代罪羔羊而遭受迫害，彼得受到牽連在羅馬被處決。

約公元67年
保羅在羅馬殉道。

「弟兄們，我憑著我們主耶穌基督的名，勸你們大家要同心，在你們中間不要分黨……正如身體是一個，卻有許多肢體，而肢體雖然很多，身體仍是一個：基督也是這樣。」──聖保羅，〈哥林多前書1:10與12:12〉

▌ 復活基督的福音，對所有人一視同仁

　　保羅在傳道之旅中遇到、並找到了許多不同的教會組織，他寫給這些教會的信中提到一個神學理論，他認為，上帝應許給以色列的所有承諾都已在基督身上實現，而世上所有國家某種程度來說也都奇蹟似地囊括在這些承諾之內。先知們所預期的情況已然成為事實，世上諸國都將前來敬仰以色列的上帝，但在此同時，也顯出猶太律法在本質上的不合時宜。這是因為，猶太人和非猶太人之所以能以同樣方式成為「上帝與亞伯拉罕之間誓約」的繼承者，在於兩者一起參與了亞伯拉罕的信仰，而非共同遵守摩西法典。正如保羅強調，誓約的存在畢竟比律法早了好幾個世紀，律法乃因誓約而生，而非誓約要依附在律法之上。

　　但對於一名虔誠的猶太人（又碰巧是基督徒）的人來說，要接受這樣的訊息有其困難，同時也容易引起誤解；從保羅所寫下的文字便可見佐證，在《新約聖經》裡的其他福音書中也可見到。有人認為，他們的信仰不只是將他們從「律法的事」之中解放出來，更減輕了道德義務上的

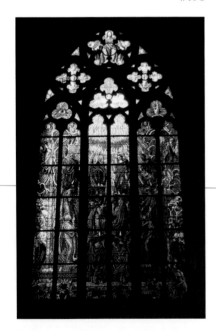

這座位於布拉格的聖維特教堂（St. Vitus' Cathedral），有一面鑲嵌玻璃窗戶，上頭呈現的是聖靈降臨節。這個節日在基督教當中，是慶祝聖靈於復活節之後的第五十天降臨在使徒身上。

負擔，例如〈雅各書〉（The Epistle of James）中便用了很多篇幅提醒基督徒必須行善，以及教會永遠為窮人、寡婦和孤兒服務，並譴責不公不義之事，為這個世界提供一個完美無缺的榜樣。

　　如果早期的教會沒將本身的福音與摩西法典的教條切斷關係，那麼基督教將只會是猶太教內一個地區性的教派；若是如此，幾乎可以肯定，基督教不到幾個世代就會消失殆盡。即使存在著「身分」這個最關鍵的差異，復活基督的福音對任何人都仍適用，也就是說，無論你是亞伯拉罕的子民或不歸摩西律法管轄的人，都能夠獲得救贖。唯有發掘出這條道路，教會才能成為改變世界的力量。

彼得和保羅的殉道

根據傳說，使徒彼得和保羅兩人都是在羅馬城結束生命，都是因信仰而被處死。早期教會的文件經常引用這個說法，因此沒有人質疑其真實性。

〈使徒行傳〉說到，耶路撒冷爆發飢荒（公元五七年），保羅帶著救援物品（絕大部分是非猶太基督徒所送）來到耶路撒冷。停留期間，他受到不實指控，說他帶了一些同行的希臘人進入聖殿，指

神父巴托羅米歐 (Fra Bartolommeo) 所畫的插畫原稿，畫中人物是教會早期兩位使徒暨殉道者——聖彼得和聖保羅。

責他破壞了猶太律法，由此在聖殿裡被憤怒的群眾攻擊，後因羅馬士兵的到來才獲救。士兵準備將他關起來，但在此之前答應讓他對群眾演講（後來證明這麼做實在很不智），結果越發無法平息紛亂。由於保羅出生時即為羅馬公民，羅馬軍隊的指揮官無權鞭打訊問他，便在隔天早晨將他交給猶太公會訊問，不過，這麼做的結果反倒令保羅成功地將猶太公會分裂為兩派——法利賽人對抗撒都該人。最後，羅馬軍隊得知一項謀害保羅的陰謀，因此將他送到該撒利亞（Caesarea），保羅於此地被囚禁了兩年。

最後，保羅要求，身為羅馬公民的他有權在皇帝面前受審，於是得以搭船前往羅馬。旅程中風波不斷，他所搭的船甚至損壞，而擱淺在馬爾他（Malta）。到達羅馬之後，保羅在自己的屋子裡遭軟禁兩年，期間他依然活躍，

為教會宣講福音。聖經上的記載到此為止。後來傳言他在尼祿執政期間被處決，是由於公元六四年羅馬發生大火，城市盡毀，之後尼祿便開始迫害基督徒，保羅因此受到牽連。不過，由於他具備羅馬公民身分，並未被釘在十字架上，而是死在行刑的劊子手刀下。

根據傳說，彼得也是在尼祿肅清基督徒時被處死。但他為什麼會在羅馬，我們無法確知；後來的說法是，他在羅馬住了二十五年。關於他的殉難，聖經只在〈約翰福音〉中清楚記載，也就是復活的基督對彼得預言：「到了年老的時候，你要伸出手來，別人把你綁著，帶你到他不願去的地方。」[3] 而作者不詳的〈彼得行傳〉（Acts of Peter）則記述了他被釘在十字架上處死，但在彼得的要求下，他是以頭下腳上的姿態被釘在十字架，表示他不配和他的主以同樣方式死去[4]。

註3：此段預言，可見於〈約翰福音21:18〉。

註4：〈彼得行傳〉是最早的使徒行傳之一，作者不詳。內容主要是行邪術的西門（Simon Magus）和使徒彼得在羅馬的一場行使奇蹟比賽，當中也包括了彼得被釘上十字架的過程。不過，〈彼得行傳〉的書寫方式並不符合教會規定。

早期教會的成長

〈**安提阿的伊格那丟殉道**〉，
由喬凡尼·巴蒂斯塔·克雷斯比
（Giovanni Battista Crespi，
1575～1633）所繪。伊格納丟，安
提阿的第三任主教，也是使徒約
翰的門徒，他慘死在羅馬的競技
場（Colosseum）。

早期的基督教，主要是透過猶太教堂來宣傳教
義。基督教傳播至希臘化的猶太聚落（至少是比
較外圍的猶太人世界），也等於是福音首度突破
教會的本地化限制，對外散布。此外，外地的猶
太教堂經常在可容許的條件下，允許非猶太人加
入，這些人都遵循著猶太習俗與信仰，而他們當
中有許多人正準備完全轉變為基督徒。

不過，在外地由於基督徒沒有屬於自己的地方可進行禮拜，便只好利用私人住宅，因此，聚會時自然而然包括了上主的聖餐，以及另有一頓大家一起吃的晚餐。他們在每星期的第一天，也就是耶穌復活的星期天碰面，聚會時的禮拜儀式通常包括〈詩篇〉（Psalms）和讚歌的頌唱、互相告誡與宣講、進行預言、方言禱告[1]和治癒疾病。基督教，這個新興的信仰便以此形式在羅馬帝國的東半部擴展開來，並且進入帝國的西半部像是安提阿（Antioch）、亞歷山卓[2]這些城市，以及羅馬本地。

▌主教，神聖的授權

隨著教會成長，「授權」問題變得越來越重要。當第一代的基督徒和使徒們都凋零殆盡，基督教的社群便有賴主教和長老制度[3]，與耶路撒冷的第一個教會之間保持傳承關係，並同時維持神學與道德的正當性。這個制度早在使徒時代便已建立，無論教會在哪裡扎根，主教或長老在執事（deacon）的協助下負責為改信基督教的人施洗、進行聖餐禮、分送救濟品給窮人，並管理教會本身。

早期的基督徒通常都相信，基督很快就會回到人間，因此他們很少去思考「主教」這個職位的重要性可能涵蓋些什麼。但隨著第一代信徒逝去，主教逐漸成為維持教會整體與下達命令的一個不可或缺角色。公元二世紀初，安提阿的主教伊格那丟（Ignatius）因其信仰而被押解到羅馬處死；途中，他寫了一連串書信，強調——唯有找到一位經過適當指派的主教，才有教會的存在。而主教得經由聖靈特別指派才能擔任，這樣一來才能被認定是信徒與使徒之間活生生的連結；沒有主教就不能舉行聖餐儀式，也不可建立教會組織。

伊格那丟之所以特別強調主教的獨特權力，有部分原因是基督教世界的「偽教師」（false teachers）層出

註1：根據〈使徒行傳〉，「說方言」（Glossolalia，或稱Speaking in Tongues）是接受聖靈之後的證據，也有人認為是聖靈的恩賜，並非接受聖靈的人都會有。此外，有人認為方言是一種和神溝通的語言，並不是人人都能懂；但也有人認為，方言應該是可以聽懂的語言。早期的教會普遍都是以方言進行禱告。

註2：亞歷山卓（Alexandria）在聖經中的譯名為「亞歷山太」，現今多譯為「亞歷山卓」，也有人譯為「亞歷山大城」。為避免混淆，本書統一以「亞歷山卓」為譯名。

註3：主教（episkopos），英文為bishop或overseer。長老（presbyteros），英文為priest或elder。episkopos與presbyteros皆為希臘文的音譯。Bishop在聖經中的翻譯為「監督」，但一般常見譯為「主教」，羅馬的主教則是教宗（Pope）。另外，Priest在聖經中的翻譯為「祭司」，後來則多翻譯成「神父」或「牧師」；elder則是多譯成「長老」。本書譯文視情況做適當調整。

不窮，例如幻影派信徒|4。這一派的人宣稱基督的肉身並非眞實，只是看起來很像人的血肉之軀，因此他身體所受的苦難只是表面而已。主教制度對於抗衡異議與分裂，能做的事有限，因此打從一開始，派別的分裂就是教會發展的一部分。

和其他宗教相比，基督教教會很早就在某些重要城市中享有較高的社會地位。至少在公元二世紀末期之後，位於羅馬的教會即開始認爲自己別具重要性，且地位尊貴。早在公元三世紀中期，羅馬的主教司提反（Bishop Stephen of Rome）就已宣稱，基督賦予彼得的權力乃是羅馬主教的神聖遺產。

▌ 聖經，教會另一個權威

當然，教會裡另一個權威和團結的來源就是聖經，只是，基督教的聖經花了相當長的時間才出現最後形式。一開始，基督教的聖經就是《希伯來聖經》，以希臘文翻譯，一般是指亞歷山卓的猶太人所翻譯的版本，稱爲「七十士聖經譯本」|5。這個譯本包含了一些後期的經書，這些經書原以希臘文寫成，可是卻未出現在《希伯來聖經》的正典當中，而這些多出來的經書究竟該如何定位，一直眾說紛紜。教會早期的某些神學家只將它們視爲從聖經得到靈感的著作，有些人則傾向賦予次要的、或說「次於正典」的價值，也有一些人顯然對它們幾乎不感興趣（不過，沒有人像後來的新教徒那樣予以否定，或是將之歸類爲「僞經」）。

《新約聖經》的正典經歷了一段堪稱混亂的發展過程，在公元一世紀結束之前，有著各式各樣的基督教文獻，而且多多少少都被公認爲「源自聖經」。四部福音書雖然在閱讀時經常給人一種敘事不連貫的感覺，而且像是經過組合和「協調」，但它們很早就被視爲權威；這些整理綜合過後的作品中，最精湛的是《四福音

合參》|**6**，此爲基督教哲學家他提安（Tatian，約卒於公元一八五年）的作品，他是一名希臘化的敘利亞人。到了公元一世紀末期，保羅的許多書信也收錄其中，並在教會之間流傳。不過，明確決定哪一部經書才是合於規定的基督教聖經，促成原因很可能是由於敵對勢力的「聖經」版本越來越廣爲流傳，以及公元二世紀與三世紀僞教師的興起，由此越來越需要加以分辨，哪些經書確實和使徒的傳統相連，而哪一些不是。

達成共識的過程歷時相當長，例如，許多教會認爲講述異象的〈黑馬牧人書〉（The Shepherd of Hermas）是《新約聖經》的一部分，在某些地方，此觀點一直持續到公元四世紀末期；而其他確定成爲基督教正典的經書，卻經過很久才受到廣泛認同，如〈希伯來書〉（the Book of Hebrews）、〈雅各書〉和〈猶大書〉（the epistles of James and Jude），以及〈約翰三書〉（the third epistle of John）。

▋ 與衆不同的基督徒

從形式上來看，早期教會就像是「神祕宗教」，換言之，這是一個需要儀式才能加入的信仰，參與一連串特殊的「神祕活動」（也就是聖禮）便能得到救贖，而且並不對信仰圈以外的人洩露教會的教條與活動。此外，教會的追隨者不得已得在私人住家聚會，往往採祕密進行方式，因此關於早期基督教的謠言一直不斷。如果全然從一般人的說法加以評斷，基督教看起來就像個古怪、也許帶點邪門的教派；此外，還有一些粗鄙低俗的故事四處流傳，例如有人說基督徒縱慾狂歡，或者會舉行殺嬰、甚至食人儀式。但隨著基督徒的數目增加，在羅馬帝國內逐漸成爲一形象清楚而平實的組織，一般民眾也由此對教會有了更明確的了解。

註4：幻影派信徒（docetists），源自希臘文dokein，意為「顯現」，信奉幻影派（Docetism）。

註5：七十士聖經譯本（Septuagint），這個字源自拉丁文的septuaginta，意為「七十」，用以表示曾有這麼多位學者參與翻譯聖經的工作。

註6：《四福音合參》（Diatessaron），字面上的意義便是「從四個當中擷取」。

儘管異教徒評論家們大多譴責基督徒尊崇上帝是一種不愛國、不理性的行為，甚至對那些一窩蜂往教會跑的「下等人」感到厭惡，但最終，對於這個新興的信仰，他們也不得不承認基督徒在許多方面深具特色——冷靜自重、謙沖有禮、對伴侶忠誠、關心窮人，即使是瘟疫盛行也願意照料重病患者，展現了人類的美德（如勇氣和自制）；而一般總認為，沒有經過理性訓練的下等階層人民是不可能做到這些事情的。這正是基督徒與眾不同之處——他們以一種極為深切的方式宣揚福音，做為吸引信徒的主要力量。

聖凱瑟琳修道院（St. Catherine's Monastery），坐落於埃及的西奈山山腳下，興建於公元6世紀。院中收藏了基督教早期的許多經卷與手抄本，其中包括一些現存最古老的福音書版本，相關典籍的藏書量為世界第二。

對立教宗

雖然早期教會為了團結信眾花了許多心力，並賦予「主教」特別的權力，視其為團結之所繫。但各個城市裡的基督徒對於誰該擔任當地主教，看法卻非永遠一致。即便在羅馬，在教會初始的最早幾個世紀裡，也常有幾個人同時宣稱自己的主教身分，此即「對立教宗」[7]。

眾「對立教宗」之中最有名的，可能是希坡律陀（Hippolytus，約公元一六五年～二三五年）。他是一名基督教學者和神學家，博學多聞、脾氣暴躁。當時羅馬的教會由主教則斐琳（Bishop Zephyrinus）管轄，其在位期間約為公元一九九年～二一七年。希坡律陀一直嚴厲批評則斐琳的神學理論（從後來教會對於教義的決議來看，希坡律陀的批評並沒有錯）。等到則斐琳過世，羅馬教會選擇了希坡律陀眼中另外一個「異端者」加理多（Calixtus）繼任主教，他因而認定主教制度已完全失去威信。

結果，希坡律陀和新任主教斷絕往來，並說服一些基督徒加入自己的行列。希坡律陀被支持者選為主教，並行使職務直到公元二三五年；這段期間，羅馬教會經歷了三任「其他的」主教，分別是加理多、烏爾巴諾一世（Urban I）、彭謙（Pontian）。

也許是機運，也許是天意，公元二三五年，羅馬皇帝馬克西米努斯（Maximinus）繼位，在他的迫害下，兩位「教宗」一起被捕——希坡律陀和彭謙被判流放到薩丁尼亞

在教會最初發展的時期裡，對於「該由誰來擔任當地主教」引發了許多爭端，其中又以希坡律陀這位基督教學者暨神學家的行事風格最為劇烈。羅馬教會選出的多位主教，都被脾氣暴躁的他指為異端，並斷絕往來。

（Sardinia）的礦坑服數年苦役。在他們一起為信仰而死之前，他們彼此和解了。兩人都放棄了自己教區的職位，主教安塞羅（Anterus）被選為兩人的繼任者，兩派也由此重新歸入單一教宗的轄下。儘管安塞羅的任期很短暫，只到公元二三六年，但接任的主教法比盎（Fabian，任期至公元二五〇年）隨後則安排將希坡律陀和彭謙的遺體運回羅馬安葬，並封兩人為教會神聖的殉道者。

註7：對立教宗（Anti-pope），也就是羅馬的另外一位主教或教宗。

殉道者的時代

此為19世紀的一幅雕刻，表達出公元34年基督教第一位殉道者聖司提反被眾人用石頭打死的情景。以石頭將犯人打死是死刑的一種，摩西律法中載明，犯了褻瀆罪時處以此刑。

在希臘文裡，「殉道者」（Martyr）這個字的意義只是「見證人」（Witness）[1]，但基督教使用這個詞彙的時候，很快就特別用來指那些因懷抱信仰而受到苦難或死亡的人，例如基督。正如基督藉著釘十字架讓「萬民歸向他」，早期教會的殉道者也聲稱，上帝真實存在於他們的生命中。他們呼喚其他人成為耶穌的同伴，而且無論旁人如何以暴力手段挑戰其信仰，他們依舊心懷虔誠，直到生命的最後一刻。

基督教最早的殉道者如司提反和使徒雅各，都是死於自己的猶太同胞之手，猶太人譴責他們破壞了亞伯拉罕的信仰，他們二人分別在公元三四年和六二年被眾人用石頭打死。不過，大多數的殉道者都是被異教徒迫害的受害者。可以想見，羅馬政府一開始其實不太能分辨基督徒和其他的猶太人有何差異，但羅馬（大致上來說）是容許猶太教的，原因在於猶太教對於自身歷史悠久的信仰和儀式極其引以為榮。許多羅馬人或許不那麼在乎猶太人的上帝，也不太理會上帝如何要求信徒須全心全意地信仰，但他們認同信徒所進行的儀式與傳統，是古老且值得尊敬的。由此，猶太人無須遵守被奴役之人一般都得奉行的要求——他們並不需要尊崇帝國的神祇，不需要敬拜羅馬皇帝的守護靈（Genius，一種神靈），也不需要為了帝國的安寧而向神祇禱告。

▌第 一 次 受 到 異 教 徒 迫 害

隨著基督徒發展成一個分離的組織，脫離了猶太教堂之後，信徒開始不分猶太人或非猶太人，自此便逐漸失去猶太教不受帝國法律約束的那份保護。此外，基督教所表現出的異教文化清楚表明了它是個不同的宗教，是個有著新教條的宗教，因此跟其他的新宗教一樣，都是有問題的。羅馬人眼中看到的是這個新宗教一派神祕兮兮，聽到的是追隨者偶爾迸出的怪異宗教用語，他們有充分理由懷疑，基督徒所進行的是邪惡的活動。

第一次對基督教進行有系統的迫害，是公元六四年的羅馬。當時剛發生了一場大火，城市幾乎燒毀殆盡。羅馬皇帝尼祿發現，規模不大、作風奇特、普遍令民眾感到疑慮的基督教正是最好的代罪羔羊。根據歷史記錄，為數不少的基督徒因而遭到逮捕處死（但很難確認人數究竟有多少），處刑的方式相當可怕殘酷。不過，尼祿的肅清行動頂多只能算是一時興起的屠殺，就我們所知，他後來並未將這種系統性的迫害當做羅馬帝國的

註1：聖經的中文和合本，以及新譯本都將「Martyr」譯為「見證人」。

政策加以推行。雖然如此，這個屠殺行動確實建立了一項通則，那就是——基督徒的宗教活動不受法律保護，因此基督徒要是拒絕提出適當的獻禮以榮耀羅馬皇帝或帝國的神祇，就會被當成罪犯，並得背負煽動群眾、不遵守市民責任的罪名。不久後，帝國便正式宣布信奉基督教，是死罪。

▌小普林尼寫信給羅馬皇帝

但迫害基督徒的事情只是偶爾發生，而當地行政首長往往牽涉其中。有時是出於非基督教人士的不滿情緒，有時是運氣不好；或是出現一些神祇不悅的徵兆，便看似理所當然地歸咎於基督徒對帝國神祇不敬。公元二世紀初期，通常而言平安無事，偶有悲慘的迫害事件，但整個情勢卻是不穩定的；從一封信的內容，尤其能看出當時基督徒的處境，這是羅馬的作家兼行政官小普林尼（Pliny the Younger）在比西尼亞省省長任內（公元一一一年～一一三年）寫給皇帝圖拉眞（Trajan）的信。小普林尼在信中提到近來處理行政事務時（他的行省位於黑海邊的阿瑪斯特里斯Amastris），自己對控告基督徒案子的審理作法，他審判被控告的人，並予以相應的懲罰，但對於接下來該怎麼做，他仍希望得到指示。他坦承自己在面對案子時，不確定哪些該調查或處罰，是否應視被告的年齡做一些處置上的區分，是否應寬恕那些已經放棄基督教的人，以及是否一個人只要背負了基督徒的名，即便沒有任何犯行，就已符合法律裡判處死刑的條件。

但這封信並不表示，小普林尼眞的覺得需要等候皇帝的指示。他在信中繼續說到，他審訊了許多被指控爲

> 「親愛的普林尼：你對那些因信奉基督教而被控告的人所做的審查，已然克盡了職責。但想針對一特殊的活動制定一項通則，這是沒有道理的。但不可搜捕他們；若他們在你面前被審判，只要罪證確鑿就該處罰；若某人否認自己是基督徒，並藉由向我們的神祇獻祭以爲證明，那麼就算他過去曾被懷疑是基督徒，也該爲他放棄了基督教而獲得赦免。此外，未經作者本人署名的小冊子不可做爲指控的證物，它們之前已有過很糟的先例，且完全不符合我們這個時代的精神。」
>
> ——圖拉眞，給小普林尼的回信

基督徒的人。那些坦承不諱的人，他會再審訊兩次，希望以威嚇的力量勸阻他們放棄信仰；而那些拒絕妥協的人，他則必須處之以死刑，因為他們是那麼冥頑不靈應被判決死刑；至於具有羅馬公民身分的基督徒，法律規定不能由他來審訊判刑，因此他把這些人送至羅馬。

他說，遺憾的是，當這些審判的消息流出去，又會出現更多的指控，而且很多都是匿名指控。那些否認指控的人，或否認自己仍是基督徒的人，會對著皇帝的畫像禱告、焚香、敬酒以證明他們的真誠，有時他們還會咒罵基督以表明心跡。小普林尼回報，在他調查的過程中，他發現基督徒的「怪異行徑」只不過是每個星期的早晨聚集在一塊兒，「就像朝著上帝般」對基督唱頌讚歌，發誓絕不欺騙、通姦或背信，並共享一頓平常的晚餐。為了查證是否果真如此，小普林尼嚴刑拷問了兩個原先擔任執事的女奴隸，確實發現基督教除了過度迷信之外沒有什麼怪異。

在回覆小普林尼的信中，圖拉真對於這位省長的作法大加讚許，他只囑咐——不可大肆搜捕基督徒；而那些被指控並且確實有罪的人應依法處置，除非他們藉由向羅馬神祇獻祭以證明自己的悔悟；另外，匿名的指控，應該不予理會。對於「基督徒所進行的活動看起來顯然無害」這一點，則似乎沒有引起皇帝的注意。

▌羅 馬 帝 國 的 肅 清 行 動

不過，並非所有的迫害都是地區性的。公元三世紀，帝國發動了幾次消滅教會的行動，後又平息下來，這些行動有時會對信仰造成相當程度的傷害，但最終只能讓教會比之前更強盛。例如在公元二三五年，皇帝馬克西米努斯·色雷克斯（Maximinus Thrax）嘗試將教會連根拔除，卻以失敗告終；公元二五〇年，皇帝德西烏斯（Decius）昭告天下，每位市民都必須來到一個非基

督教的聖壇，在一個官方證人的面前獻上一份祭禮。這個命令導致幾位重要的基督徒因違抗法律而遭處決；公元二五七年，皇帝瓦勒良（Valerian）再度以更殘酷的手段迫害基督徒，受害者包括了迦太基（Carthage）的主教居普良（Cyprian，公元二〇〇年～二五八年）、羅馬主教西斯篤二世（Sixtus II）。殉道的實際人數並不很多，但他們做為一種模範，深深影響了教會的意識。

更重要的是，儘管有許多基督徒出於恐懼而想放棄信仰，但仍有教徒因眼見殉道者所受的苦難而更形堅定自己的信仰。幾乎就在小普林尼審判比西尼亞省（Bithynia）基督徒的同時，安提阿的主教伊格那丟也正於前往羅馬的途中，他的折磨與處決即將到來。伊格那丟在路上寫給幾個不同教會的信裡提到，他將逼近的磨難和死亡視為自己參與了基督的受難，而這也是與他的上主進行更深刻結合的一種方式。他甚至懇求友人不要費心拯救他，只希望他們能為他禱告，讓他能帶著平靜的決心面對死亡。最終，信徒願為基督捨棄生命的意志，不僅讓人見識到他們的頑強，更以勇氣和純潔的靈魂為自己博得了名聲。

迦太基的特土良（Tertullian，約公元一五五年～二三〇年），這位北非的基督教神學家和護教者對後世影響相當深遠。殉道者，正如他以下這段簡潔扼要的文字所形容──「剷除得越多，我們長得越茂盛。殉道者之血，是教會的種子。」

以繪畫方式表現一群基督徒在羅馬競技場殉道的景象。 這座巨大的競技場，由皇帝維斯帕先（Vespasian）興建於公元79年。這裡不只是鬥劍表演的場所，同時也是用來處決罪犯和其他「不受歡迎人士」以做為公開娛樂的地方；其中一種很受歡迎的行刑方式，是把人「放在野獸面前」。

主教坡旅甲之死

士每拿這個地方位於小亞細亞（現在的土耳其），出生於公元六九年的坡旅甲則是當地受人敬重的教會主教，他和安提阿的主教伊格那丟屬於同一個時代，兩人彼此為友。坡旅甲認為幻影派信徒「否定基督擁有真實肉身」的這種想法偏離了基督教義，對此他提出嚴厲抨擊。坡旅甲同時也是聖保羅的神學和著作的忠實擁護者，影響後世深遠。此外，他的為人處世亦無可挑剔。

一本中世紀手抄本裡的插圖，畫面中，聖坡旅甲（St Polycarp）、聖巴斯蒂盎（St. Sebastian）正在破壞神像，因為羅馬官員要求基督徒對著神像獻祭。

殉道當時，年事已高的他（傳統說法是八十六歲），在士每拿與其他許多基督徒一起被捕。帝國的行政官要求坡旅甲放棄信仰，向凱撒的守護靈獻祭。他拒絕了，因此被判火刑處死。

關於他的殉道過程，在《坡旅甲殉道記》（Martyrdom of Polycarp）當中存有一段可能經過後人修飾的描述。我們看到的這個版本並不是最早的，儘管如此，這類以男女信徒英勇殉道故事來教誨人心的書籍，在早期教會可說相當盛行，而這本書正是最佳範例。

根據書中記載，坡旅甲被帶到城裡的競技場，已有許多基督徒在此慘遭殺害。行政官以野獸和烈火威脅年邁的坡旅甲，但仍無法說服他放棄基督、向皇帝的守護靈宣誓，也無法要他勸服別人改變信仰，於是坡旅甲被判處火刑。當這位老人被綁在柴堆上時，他向上帝禱告，感謝祂的許多仁慈與祝福，尤其感激自己有這份榮幸為基督而死。

這本書裡也宣稱，處刑的火焰像鼓著強風的船帆在坡旅甲四周升起，他立於火焰之中，彷彿熔爐裡那些將被重新鍛造的黃金或白銀，火堆裡也飄出一股有如乳香的香味。眼見火焰似乎無法燒死坡旅甲，行刑的劊子手只得用匕首刺入他的身體，他的身上流出了大量的血，多到連火焰都被血熄滅了。

撇開這生動的故事敘述不論，極為諷刺的是，即使迫害者以最殘酷的手段一再想消滅教會，結果卻反倒造就出充盈全副勝利意念的基督教文學作品。

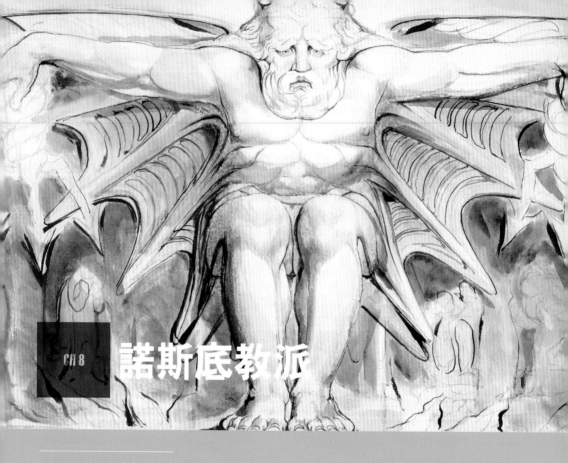

CH 8　諾斯底教派

〈毀滅神〉（A Destorying Deity），是英國浪漫主義時期的藝術家暨詩人威廉·布萊克（William Blake，1757～1827）的一幅速寫。諾斯底主義認為，這個世界由一位冷酷的神祇所創造，祂執行正義時無情而嚴厲，祂的身分正是《舊約聖經》中的上帝。而真正的救贖則在眼前這個人世之外，且只有少數被揀選之人才能獲得。

公元紀年一開始的最初三個世紀，教會所面臨的威脅不只是內部的分離與外界的迫害，還要面對「為世人提供救贖」的其他競爭對手，而且當中還有一些宣稱自己的基督教義更正確，更具啟發性。公元二世紀至三世紀，興起了數個學派，傳統上稱之為「諾斯底」（Gnostic）教派；這個名稱的由來是，他們宣稱能提供「gnosis」，意為「靈知」，得到啟示的人將由此獲得救贖。

很多諾斯底思想都主張自己能夠讓信徒了解到，以往許多基督徒都不知道的「使徒傳統」。一些當代學者也許會偏好將「諾斯底主義」（Gnosticism）這個部分整個拿掉，改用「非主流基督教派」來論述；意即，這是基督信仰的一個變體，歷經嚴酷的歷史磨難，最終退出了主流的「正教」。但在當時，它確實和教會同屬早期基督教裡廣受支持的一支，只是，要為這樣的說法辯護並不容易。

諾斯底主義（甚至該稱之為「基督教的諾斯底主義」）顯然不是從使徒教會架構自然發展出來的產物，它更接近一種融合了諸多思想、跨越宗教的神智學[1]，這些思想的源頭來自基督徒、猶太人、希臘人、敘利亞人、美索不達米亞人、埃及人和波斯人，而融合的時間點經常是同時的。由於這個緣故，它可能被比喻成現代的「新世紀」靈性思想，例如，拿賽派（The Naassene sect）崇拜「基督」，卻混合了迪奧尼索斯（Dionysus）與阿提斯（Attis）[2]一塊兒崇拜。這些學派聲稱自己所使用的非正典福音書、各類使徒行傳、神祕的宣講文書，全是基督徒教派的經籍，且這些經籍如傳統般深深連結著它們；然而，這些經籍大多是後來才有的創作，與歷史上的「使徒教會」毫無任何可信的連結證據。甚至即便不是基督徒也能清楚分辨兩者之間的差異，以新柏拉圖主義（Neoplatonism）的偉大哲學家普羅提諾（Plotinus，公元二〇五年～二七〇年）為例，他不僅毫不保留地攻擊諾斯底主義，更從不曾視它為基督教的一脈。

▎ 神 聖 世 界 內 的 傾 頹

就我們現在所知，最早的諾斯底或「諾斯底原型」導師是於〈使徒行傳〉中短暫現身的西門‧馬吉斯（Simon Magus），即行邪術的西門，他在書中試圖用錢向使徒彼得和約翰購買超自然能力。根據西門教導的思想體系，天父上帝在太初便擁有「恩諾雅」（即「思想」，希臘文為「Ennoia」），這是上帝神聖智慧的一部分，並以某種女性形式顯現出來；她接著創造了各個階級的天使，而天使則創造了這個世界。但天使後來反叛，將恩諾雅因禁在這個肉身的世界，讓她注定在這個世界不斷化為肉身〔特洛伊的海倫（Helen

註1：神智學（Theosophy），一般用來指稱上帝的知識，認為這種知識的獲得應經由神聖的本質直接察覺；神學（Theology），則是經由啟示而獲取上帝的知識，兩者取得知識的方式不同；而哲學（Philosophy）是經由人類推論辯證所得知有關神聖事物的知識。神智學，經常被人誤認為是神祕主義。

註2：迪奧尼索斯是希臘神話中的酒神和植物神，阿提斯則為自然之神。

of Troy）便是其中之一〕受苦受難，而逐漸遺忘自己原本所屬的神聖世界。最後，上帝化為西門的模樣來到人間拯救她，隨著故事情節的發展，上帝最後在推羅（Tyre）的一間妓院找到她。西門一讓她回想起自己神聖的歸處後，兩人便一同出發回到神性之中，並於旅途中將救贖帶給那些願意接受他們想法且與之隨行的人。

西門的故事和後來發展得更為成熟的諾斯底思想學派有一些共通元素，它們都認為──神聖世界的內部，在初始時發生了一些崩壞；聲稱這個世界並非由上帝，而是由次一級的靈所創造；認為逃離統治這個世界的力量之後，「救贖」這樣的心靈甦醒才會發生。

而由華倫提努（Valentius）、巴西里德斯（Basilides）及其他諾斯底智者，於公元二世紀所建構出的巨大思想體系都認定──真實的上帝和這個世界是沒有聯繫的，這個肉身的世界是「阿肯」（意為「統治者」，希臘文為「archons」）創造出的一個邪惡、或說不完美的作品，阿肯這些統治者所支配的，正是在這個世界之上有如行星般環繞的球體；另有一說，這個世界是由統治者之長「德謬哥」（Demiurge，意為「造物主」，經常被認為是《舊約聖經》中的上帝）所創。而常常被提到的，還有一個充滿光的神聖空間「普雷訥土」（Plenitude，希臘文為「Pleroma」），裡頭有名為「以央」（希臘文為「Aeon」）的聖靈在當中聚集，以此成為一個早於宇宙形成的社群。「以央」是神聖的天父在永恆之中所生，天父本身則維持一種永遠無法接近的狀態，即便是他自己的子女也一樣。根據一些諾斯底思想體系，最低階的以央「蘇菲亞」（即「智慧」，希臘文為「Sophia」）懷有一種不當的渴望，她希望能了解隱身的天父，於是她從完整的神性中分離出來，接著以某種方式產生了德謬哥和層次較低的能力；後來，可能

是出於意外或上帝的詭計，少數幾個聖靈就這麼被困在造物主所造的世界之中。

▌ 被 揀 選 之 人 才 能 獲 救 贖

但諾斯底思想體系的教條並非平等主義，他們聲稱的「救贖」只保留給一小群經過精挑細選的人，這是因為諾斯底教條只將極少數的人視為全知的人類，其〈多馬福音〉甚至表明女性天生不配進入天國。根據諾斯底多數思想體系來看，人類的本質最多由三個不同的元素組成——身體（希臘文為「soma」）、靈魂（希臘文為「psyche」）、精神（希臘文為「pneuma」）。身體與靈魂這兩個元素是德謬哥創世時便賦予的，因此會受到阿肯的影響，但精神元素則純粹發自神聖世界，與這個人世沒有天然的聯繫，而大多數的人類都只由一或兩個元素組成。有一種人稱為「索馬提柯」（somatikoi），是沒有靈魂、宛如野獸的人，死亡後便消散在這個世界中；另一種人稱為「賽奇柯」（psychikoi），這樣的人擁有較高的意志和智力，不過仍臣服於德謬哥；只有「紐馬提柯」（pneuma-tikoi）這種人天生擁有「精神」，也就是體內具備一絲永恆特性的人才有可能獲得救贖（不過，有些諾斯底學派認為，某些屬於賽奇柯的人也有獲得救贖的可能）。

自己本身，以及這個世界，都是禁錮「精神」的迷宮，直到「精神」從遺忘的狀態被喚醒。而所謂的救贖，主要是指原先低迷不振的「精神」從內在甦醒，在此之前，「精神」沉睡在自身最深沉之處，不僅被肉體所困，也為靈魂或多個靈魂所囚，而靈魂正是阿肯為「精神」創造出來的。有些諾斯底思想體系認為，「精

「這是永活的耶穌所講的祕密的話，由迪迪摩斯·猶大·多馬（Didymus Judas Thomas）所記錄。他說：『獨身而被揀選的人有福了，因為你們將找到天國。』」——〈多馬福音〉

註3：開除教籍即為逐出教會，是教會最嚴厲的處分，這個詞目前主要由天主教使用。

這幅手抄本中的插圖描繪的是，尼祿皇帝坐在王座上，正與聖彼得和聖保羅談話，西門‧馬吉斯則站在後方。尼祿和「諾斯底原型」導師的西門都是早期教會厭惡的對象，且兩者都被認為是敵對基督。

神」被層層不同的「靈魂外衣」包裹著，每一層外衣對應一層天國，只要一進入該層天國，相對應的外衣就會脫落。因此，要從下方的人世獲得救贖，必須上升穿越每一層天國，過程中不僅要把肉身丟棄，更要脫去一層「靈魂」。對於某些諾斯底思想體系而言，這表示一共得脫去七層靈魂，因為天國共有七個如行星般運行的球體；不過，諾斯底的其他思想體系就沒有這麼樂觀了，像巴西里德斯就認為，天國的層數與其相對應的靈魂數是三百六十五。

此外，這段升天的過程還將伴隨重重危機，因為眾多的阿肯對於獲得救贖的人心生妒忌，會奮力阻止「紐馬提柯」回到「普雷訥土」。於是，救世主的任務中有極大部分是要將某種祕密知識傳授給子民，讓他們能平安回到天國的家園。這種祕密知識包括——熟練運用魔法的化身或本領高超的特殊裝扮，而獲得救贖的「精神」必須牢記這些知識，才能在死後通過每一層行星球體時，巧妙避開每一層天國的阿肯。

▌諾斯底主義，缺乏出色文學

諾斯底主義雖然充滿令人驚嘆不已的元素，可是卻未能產生出色的文學作品。沉悶繁複的神話傳說是大多數諾斯底文章的特色，其中多為發明，卻缺乏想像力。這類文學很多都因文辭青澀且語帶惡毒而蒙上污點，

善良上帝的福音

出身於西諾普的馬吉安（Marcion of Sinope，約公元一一〇年～一六〇年）是公元二世紀一位極具影響力的神學家，有時被稱為「半諾斯底主義者」。實際上，他的信仰（或至少是他的道德教條）相較於奇特而厭世的紐馬提柯思想體系，更為接近《新約聖經》的基督教。

一如諾斯底主義者，馬吉安的教導是——上帝有兩個，一個是《舊約聖經》裡的上帝，祂創造了這個世界，也是一個憤怒的神，只以服不服從他做為衡量的標準；另一個是《新約聖經》裡善良的上帝，一個擁有愛和慈悲、也是階級更高的神。

不過，和諾斯底主義者不同的是，馬吉安相信，透過基督，全人類都可以獲得救贖，他並不認為某些人天生神聖。所有人類都是德謬哥創造出來的，無「權」獲得救贖，善良的上帝因而派他的兒子來到人世，這個決定是一個至高無上的恩典；意即，我們不只因為獲得神祕的知識而被拯救，也是因為對基督的虔誠信仰，是他的自我犧牲，才把我們從德謬哥的控制力量中解救出來（也可以說是「買」回來）。

馬吉安也許是第一位試圖建立基督教正典的人，他拒絕《舊約聖經》，認為它只適用於那些仍受德謬哥控制的人。對於使徒時代的神學家，他獨尊保羅，因此馬吉安的聖經只收錄了由他確認無誤的「保羅書信」以及〈路加福音〉，其餘經典都被他排除在外。但即使只收錄了這些，馬吉安還是認為當中的文字已遭竄改，於是動手進行編纂，而只要是提到「基督的天父上帝和猶太人的上帝，是同一個上帝」的文句，皆難逃被刪除的命運。一些學者推測，正是馬吉安的「正典」造成了挑釁，才促使教會試圖建立自己的正典。

例如在《偉大的賽特第二篇》（Second Treatise of the Great Seth），基督提到如何讓古利奈人西門（Simon of Cyrene）化成他的容貌，藉此瞞過這個世界的掌權者阿肯，更讓西門代替他被釘上十字架，與此同時，他則在高處俯瞰，嘲笑著阿肯的愚蠢。

某些特定性格、內心有特殊精神方面匱乏的人，確實會被諾斯底主義觸動，然而它卻無法為身處苦難的人心帶來希望的訊息。

基督教早期的亞歷山卓城

托勒密王朝的亞歷山卓大圖書館內部重建圖，當時的情景可能如圖中的樣貌，學者們正細細鑽研著壁龕上成排的羊皮卷。

毫無疑問，古代地中海世界最偉大的城市是埃及的亞歷山卓（Alexandria）。這座城市於公元前三三二年由亞歷山大大帝（Alexandria the Great）興建，公元前三二三年亞歷山大大帝駕崩，便由托勒密家族的希臘王朝統治，直到公元前三〇年最後一位托勒密家族的克麗奧佩脫拉七世（Cleopatra VII）死去，埃及成為羅馬帝國的一個行省為止。

許多世紀以來，這座亞歷山卓城一直是希臘化科學與學術的重鎮，也是個深受異教徒、猶太人、基督徒精神文化滋養的城市，而來自印度、波斯、非洲、歐洲的思想觀念更是從無間斷地融入這個地方。那個時代，最動盪不安的城市非此莫屬。這麼說一點都不誇張，在亞歷山卓，受過教育和未受教育的階層之間存在著巨大差異，而同一個階層裡的異教徒、猶太人、基督徒也各自聚集信徒，彼此之間有著極深的嫌隙。要描述亞歷山卓這個地方「多種信仰之間的關係」，於公元三八年發生的反猶太運動正是最好的例子；當時，異教徒集團在城裡的猶太教堂樹立起「神聖」皇帝卡利古拉（Caligula）的雕像，猶太人的家園被毀，市民權遭剝奪，被逼著退入貧民窟，要是膽敢跨出一步便會被毆打或殺害……但就亞歷山卓人的標準來看，這只不過是一場稍微激烈了點的小衝突。公元四世紀時，異教徒與基督徒之間偶然會爆發街頭戰爭，場面之激烈幾可和內戰相比。

▌ 亞 歷 山 卓 ， 學 者 之 城

即使衝突不斷，但亞歷山卓幾乎從建城之初便是個集合了學問與高度文化的地方，沒有別的城市能出其右。托勒密王朝最早的兩位國王在城裡的布魯卻姆（Brucheium，皇室居住的地區）興建了一座雄偉的「博物館」（用來存放所有關於藝術、人文、科學的作品），以及它附屬的「大圖書館」（Great Library），這個巨大的藏書寶庫則收藏了希臘化時期每一片土地與文化的典籍。雖然大圖書館在基督教時期開始之前就已消失（儘管有一當代傳說的看法不同），但它所開創的學術傳統卻一直延續到公元七世紀初期。

數百年來，每一種傳統思想裡最偉大的學者出身於亞歷山卓者眾。在亞歷山卓人較高的社會階層裡，異教徒、猶太人、基督徒可以自由自在地結交為友，他們狂熱地追求哲學、文學、科學、修辭學上的學問，與此同

這幅拜占庭壁畫中的人物為亞歷山卓的革利免。他是一位影響後世深遠的導師，也是「亞歷山卓教導學院」的院長，他最重要的貢獻是將希臘哲學與基督教教義的解釋加以整合。

時，卻對社會低層那群狂熱激昂、不時打打殺殺的暴民
漠不關心。

基督教在羅馬帝國內的第一所高等研究機構——
「亞歷山卓教導學院」（Catechetical School of Alexan-
dria）也是設在亞歷山卓，於公元二世紀中期由哲學家
潘代諾（Pantaenus，約卒於公元二〇〇年左右）創設。
他原先為斯多噶（Stoicism）學派，後來改信基督教。
潘代諾之後，一開始由亞歷山卓的革利免（Clement of
Alexandria，約公元一五〇年～約二一三年）接任院
長，之後繼任的是俄利根（Origen Adamantius，約公元
一八五年～約二五四年）。

亞歷山卓的革利免和俄利根這兩位學問淵博之士在
教學時，總是自由自在地使用希臘哲學與希臘方法闡述
聖經原文。事實上，俄利根希望學生明白，沒有哪一條
智慧之路是不可行的，而且不僅得全心全意研究幾何學
和天文學等學問，更要將精神放在異教徒文化中所有與
宗教、哲學相關的著作。

▌ 俄 利 根 ， 教 父 中 的 教 父

說俄利根在神學歷史上具有非常深遠的影響，這一
點絲毫不誇張。他是採用寓意方式闡述聖經的第一人，
如此一來，古代以及中世紀的基督徒便能以閱讀基督教
聖經的心態來看《舊約聖經》。同時，他也是第一個對
《希伯來聖經》進行科學研究的人，他在《六文本合
參》（Hexapla）中，將聖經的許多希臘文翻譯與希伯
來經文並列，希望有助學者了解原文的確實意義。俄利
根是一位努力不懈的護教者、詮釋聖經的專家，以及深
思熟慮的神學家、哲學家、教師，他還以豐富的文句與
詞語影響了後世的神學發展。

不過，教會卻從未將「聖人」的頭銜封給俄利根，有很大一部分原因是他對聖經的特定見解，令他在死後很長一段時間裡一直被教會視為異端。例如，他相信靈魂居於人類的身體之前便已存在，並且在永恆之中背離了上帝，上帝於是將這個世界創造成某種道德學校，要讓這些墮落的靈魂回到原來的純淨無罪。他也教導學生，世界萬物都將獲得救贖；意即，最終的拯救不只限於人類，連惡魔與天使也包括其中。據說俄利根還讓一位外科醫生為他去勢，雖然對於公元三世紀亞歷山卓城那些滿腦子「哲學」與「心靈」的人來說，這並非前所未聞之事，但在他那個年代的大多數基督徒眼中，此舉被視為毀壞了上帝所創造的身體。

此外，俄利根也是教會的殉道者；公元二五〇年，德西烏斯迫害基督徒期間，住在小亞細亞的他儘管年事已高，仍舊受到殘酷折磨，而後他的身體一直沒有完全復原，幾年後便過世了。

禁止異教崇拜——拆毀塞拉潘神廟

於亞歷山卓發生的宗教衝突，最慘烈的一次或許是在公元三九一年，那時，基督教剛成為羅馬帝國的國教。皇帝狄奧多西一世（Theodosius I，公元三四七年～三九五年）才剛頒布命令禁止所有的異教崇拜，許多神廟因無人使用而漸顯荒蕪。亞歷山卓的主教提阿斐羅（Bishop Theophilus）決定將其中一間神廟改建為教堂，但工人施工時在神廟底下發現了祕密洞穴，並挖出一些人類的頭骨，當地的異教徒視此舉為褻瀆聖地，便開始在城裡攻擊基督徒。基督徒亦不甘示弱地加以報復，衝突很快就在城內的街道爆發，有群異教徒受

「在亞歷山卓有無比珍貴的圖書館，內有經過鑑別無誤的古代經卷，數量號稱七十萬卷之多，這是托勒密王朝從無間斷地努力收集而得。在亞歷山卓的戰役中，城市遭到獨裁官凱撒洗劫，書籍也付之一炬。」——阿米阿努斯·馬爾切利努斯，《後期的羅馬帝國，公元390年～391年》（The Later Roman Empire, 390-91）

到一波攻擊之後退入塞拉潘（Serapeum）神廟堅固的內室躲避。

塞拉潘神廟是一座巨大的建築物，專門用來祭祀塞拉比斯[1]（Serapis）。當異教徒撤退進入神廟之際，他們還劫持了一群基督徒做為人質，這群基督徒隨後遭到凌虐及殺害。皇帝狄奧多西聽到這個消息後，寬恕了這群異教暴徒，他認為這些死在神廟的基督徒都是殉道者，不希望他們的光榮殉道因復仇行動而蒙上污點；同時，他也下令拆除塞拉潘神廟。

一群士兵在信奉基督教的市民擁護下，只花了一天便完成工作。有位特別英勇的士兵自願拿起斧頭，朝塞拉比斯巨型神像的臉砸下拆除的第一擊；照理說，如果神像被褻瀆的手碰到，塞拉比斯有能力讓世界末日來臨，結果，不只這個世界仍完好如初，拆除過程中，據說還從腐朽的神像內部跑出成千上萬隻老鼠，許多旁觀的異教徒一看，當場就改信了基督教。

公元三九一年的這場暴動並未立刻平息下來，許多人因此喪生，也有很多人（尤其是異教徒聚集地的居民）紛紛逃離城市。等到和平降臨，一些原為異教徒的神廟已被夷為平地，在皇帝的命令下，神像被熔化，重新製成日常生活器皿分給窮人。接下來的兩個世紀裡，亞歷山卓依舊做為學術與科學的重鎮，不同的是，它已成了基督徒占絕大多數的城市；但十分難得的，治理這座城市的是一股慈悲與仁愛的力量。

註1：塞拉比斯，是托勒密王朝早期發明的一個神祇，融合了希臘與埃及神祇的特點。

塞拉比斯神的頭部半身像，融合了希臘與埃及神祇的特點。祭祀塞拉比斯的宗教活動，遭到羅馬皇帝狄奧多西一世明令禁止。

大圖書館的毀滅之謎

某個眾人口耳相傳的故事是這樣說的——「一群基督教暴徒於公元三九一年毀掉亞歷山卓的大圖書館，並在街道上燒毀圖書館的藏書。」其中有些說法是，「被毀掉的那個是位在布魯卻姆區域的主館，也有人說是塞拉潘神廟裡的分館。」這則傳說

深入人心，甚至連一些著名史書也有相關記載。不過，大圖書館的毀滅其實是個虛構的故事，這個故事源自於公元十八世紀末的偉大歷史學家愛德華‧吉朋（Edward Gibbon）；他將過去一名基督教編年史家保羅‧歐洛修斯（Paul Orosius，活躍於公元四一四年～四一七年）一段毫無根據的話，當成了一個重要訊息。

這段傳說有個弦外之音，意指公元四世紀的基督徒對於古典文化中的科學、宗教、學問等懷抱強烈敵意，只因那是亞歷山卓的異教徒特別保存下來的東西；然而，這個說法即便在十八世紀當時也沒有事實根據。過去，亞歷山卓的學者與科學研究階層，都是由基督徒和異教徒共同組成，且基督徒學者、修辭學家、哲學家和科學家一直都很活躍，直到公元六四二年亞歷山卓遭阿拉伯回教徒攻陷為止。

而單從布魯卻姆的圖書館（整個規模依然無法確實得知）來說，許多古代的歷史學家相信，圖書館（或者說大部分的藏書）已在公元前四八或四七年付之一炬。當時，尤利烏斯‧凱撒（Julius Caesar）正與龐培打仗，他襲擊

該城之後便燒毀了圖書館。現在有些歷史學家聲稱，就算主館殘留下任何遺址，也已在公元二七二年羅馬皇帝奧勒良（Aurelian）統一帝國的戰役中摧毀殆盡。無論哪個故事屬實，由托勒密王朝所興建的大圖書館，早在公元四世紀末期前就就已消失。

至於分館，很可能坐落於塞拉潘神廟內部，不管發生什麼事，神廟裡應該會留存著圖書館的書架。但異教徒歷史學家阿米阿努斯‧馬爾切利努斯（Ammianus Marcellinus，約公元三三〇年～三九五年）指出，無論圖書館是否曾位在神廟內部，隨著塞拉潘神廟於公元三九一年被毀，一切都已灰飛煙滅。更重要的是，神廟毀滅的原始記錄中完全沒提到圖書館的部分，甚至連薩迪斯的尤納皮烏斯（Eunapius of Sardis，約公元三四五年～四二〇年）這位虔誠異教徒所寫的史料都沒有記載；照理說，這名鄙視基督徒的博學之人必定會因諸多珍貴典籍被焚毀而暴跳如雷。

之後的中世紀傳說則提到，亞歷山卓大圖書館的毀滅實際上得歸咎於公元七世紀時的阿拉伯征服者。只是，針對這個說法，在公元十二世紀之前並沒有任何書寫的史料留存下來。

無論實際情況是什麼，「大圖書館毀於基督徒之手」這個粗糙的故事並非事實。它所能傳達的，也許只是現代對於過去的誤解，而完全無法呈現出古代基督徒與異教徒之間的點點滴滴。

君士坦丁大帝與
基督教世界的誕生

CH 10

這幅〈基督的記號顯現於君士坦丁前〉（The Emblem of Christ Appearing to Constantine），是魯本斯（Peter Paul Rubens）於公元1622年的作品。基督教史學家優西比烏（Eusebius，約公元275年～339年）描述了這個事件：「主耶穌的記號顯現在君士坦丁面前，這個記號出現在天上，同時強烈要求他將這個記號謄錄下來……並使用這個記號來保護自己，以抵抗敵人的攻擊。」

公元四世紀之初，羅馬世界的基督徒從事宗教活動時仍會被官方明令禁止，但他們人數眾多、組織完善，不需要擔心來自官方的騷擾。雖然偶爾還是會發生一些暴力衝突，不過自從公元二五〇年皇帝德西烏斯、公元二五七年皇帝瓦勒良對基督徒進行迫害之後，便再也沒發生過帝國主導的計畫性鎮壓。多位知名主教在這兩次迫害中喪生，但這兩次肅清行動的結果證明毫無成效，因此很快便平息下來。

到了公元三○三年，基督徒有充分理由認為自己的地位已然穩固。不過就在那一年，發生了最後一次、也最慘烈的一次迫害教會的行動。羅馬皇帝戴克里先[1]（Diocletian，公元二四五年～三一六年），也就是羅馬帝國東半部的奧古斯都（或稱主皇帝Chief Emperor）頒布了一項命令，他要求所有基督徒都要向羅馬的舊神祇獻祭；根據推測，戴克里先此舉目的是要重拾先人反對基督教的作法。

原來，他有一次前往迪迪姆（Didyma）的阿波羅神殿拜訪先知，希望能求取神諭，但先知告訴他，羅馬帝國裡的基督徒讓神明緘默不語，因此他決定將這些褻瀆神明的外人一口氣趕盡殺絕，以重獲神明的愛護。這場針對基督徒的迫害行動，在戴克里先的助手、也就是副皇帝伽列里烏斯（Galerius，卒於公元三一一年）特別積極的態度下展開，因為此人原本就很厭惡基督徒（據說，他的母親是以前某個異教宗派的女祭司）。

這場「大迫害」真的是一段恐怖時期，信徒們被囚禁、凌虐，然後殺害；殉道者的墳墓遭到破壞褻瀆、教堂被毀、基督教的典籍也付之一炬。

戴克里先於公元三○五年因健康因素退位，伽列里烏斯成了帝國東部的「奧古斯都」，並任命和他自己同樣生性殘暴的外甥馬克西米努斯（Maximinus）為凱撒（即副皇帝），而後兩人聯手迫害教會達六年之久。但到了公元三一一年，伽列里烏斯染上惡疾（可能是腸癌），他認為是基督教上帝給他的懲罰，因此在死前他頒布了一項命令，免除基督徒必須敬拜羅馬神祇的規定。到了隔年多天，整個迫害行動才大致平息。

然而，對羅馬帝國內的基督徒來說，殘酷迫害已成事實，他們深刻體會到，自己不過是一個沒有合法權利的弱勢族群。他們幾乎想像不到，就在伽列里烏斯死後兩年，會有一個基督徒當上了羅馬皇帝。

註1：戴克里先為羅馬帝國建立了「四帝共治制」，他將帝國分為東西兩部，各有一個主皇帝與副皇帝；主皇帝稱為「奧古斯都」，副皇帝稱為「凱撒」。戴克里先則是任命自己為帝國東部的主皇帝。

這個記號叫做「拉布蘭」（La-barum）或是「Chi-Rho」（即希臘文的「X」與「P」）。君士坦丁所說他看到出現在天上的，便是這個記號，但也有可能是一個簡單的十字架。他是在夢中受到指引，並在「穆維爾大橋之戰」之前要求每個士兵的盾牌都畫上這個記號。

天上的記號

君士坦丁大帝（Constantine the Great，約公元二八〇年～三三七年）為君士坦提烏斯‧克羅爾（Constantius Chlorus）之子。君士坦丁大帝的父親是於公元二九三年成為帝國西部的凱撒，公元三〇五年升為奧古斯都；他死於公元三〇六年，當時他正與兒子在不列顛打仗，君士坦丁由此被部隊擁護為帝。接著便是長達六年的內戰，公元三一二年，他在鄰近羅馬的「穆維爾大橋之戰」（Battle of the Milvian Bridge）中擊敗連襟馬克森提烏斯（Maxentius），戰事達到了最高點。

然而在這場決定性戰役之前，君士坦丁經歷了一件事，他因此改信基督教，並促使他在士兵的盾牌畫上基督徒的記號，以此與敵人交戰。這個記號可能是希臘字母「X」（英文為「chi」）與「P」（英文為「rho」）的組合，這是基督的希臘文「Christos」的前兩個字母。有一個故事是這麼說的，君士坦丁是在夢中受到指引，並接受了這個記號；另一個說法是（似乎是出自君士坦丁本人），他和他的軍隊在戰事開始前的某一刻，看到天上出現了一個巨大的十字架。

無論哪個說法為真，帝國西部的新奧古斯都「君士坦丁」和東部的奧古斯都「李錫尼」（Licinius，卒於公元三二五年）共同頒布了《米蘭敕令》（Edict of Milan），這道命令給予基督徒完全的信仰自由與完整的法律權利。

君士坦丁大帝統一帝國東西部

公元三二四年，君士坦丁擊敗李錫尼，成為羅馬帝國東部與西部的皇帝。君士坦丁在位長久，他將國有資助與財產從舊的異教轉到教會，對異教的偶像崇拜偶爾

在博斯普魯斯海峽的東方，君士坦丁為羅馬帝國建立了新首都，這座稱為「新羅馬」的都城（即君士坦丁堡）很快發展成一個壯麗的城市，到處可見大型建築與華麗的藝術作品。這幅名為〈宇宙主宰基督〉（Christ　Pantokrator）的馬賽克壁畫，來自伊斯坦堡的聖索菲亞大教堂（Hagia　Sophia，英文為Holy Wisdom）。

表達出不喜的態度，此外還建造了許多教堂，種種舉措都表現出他對新信仰的忠誠。

公元三二五年，他召集了第一次基督教「大公會議」（或稱「普世會議」）以解決教會內部對於教義的歧異想法。公元三三〇年，他遷都至小亞細亞的古都——拜占庭（Byzantium），後改名為君士坦丁堡|2（Constantinople），這個「新羅馬」不同於舊的羅馬城，是專為基督所興建的城市。

君士坦丁在世時受到的頌揚已與使徒不相上下，他並且致力於以某種普世福音來鞏固整個羅馬帝國。若不從其他方面看，那麼他的確可謂嚴格實踐自己的信仰，意即，他實在無法做為基督徒仁慈寬厚的好榜樣。例如，他擅長以軍事威壓的殘暴手段強迫推行自己的政策；此外，他很可能於公元三二六年謀害了自己妻子法烏斯塔（Fausta）和兒子克里斯普斯（Crispus）。可是從另外一方面來看，他確實嘗試了許多方式，而且顯然是想讓帝國政策更為接近基督教的教義——他將權力與資源交予教會，讓教會能為許多窮人與病人服務；關心寡婦與孤兒；廢除一些較為野蠻的刑罰，其中包括釘十字架處死；讓一家之主能更容易地釋放奴隸，就某方面來說，這等同於將解放的合法權力賦予教會。

君士坦丁直到臨終前夕才接受了洗禮，這是因為他身為皇帝，受職責所迫，行事無法完全符合基督所訂規範的緣故。而當他染上致命惡疾，不得不臥床靜候最後時刻來臨時，他換下了紫色的帝王服，穿上白色洗禮衣，有如一位仰慕基督之道的「慕道友」，他接受了洗禮，不久後即撒手人寰。

> 「君士坦丁堡的主教應該擁有首席權這份榮耀，位列於羅馬主教之後，因為君士坦丁堡是新羅馬。」——「君士坦丁堡大公會議」（準則3），公元381年

註2：即今日的伊斯坦堡。

▌ 背教者朱利安，最後一位異教皇帝

君士坦丁在位期間為羅馬帝國制定的新方向，是無法逆轉的。他的兒子君士坦提烏斯二世（Constantius II，公元三一七年～三六一年）沿襲了他的方針，信念雖然沒有那麼堅定，但也保持了政治上的謹慎。不過還是有一次，也是最後一次，有人努力試圖復興式微的異教信仰。

君士坦丁的姪兒朱利安（Julian，公元三三二年～三六三年），於公元三五一年祕密地改信異教，後世因而稱之「背教者朱利安」；由於其父，及其年紀較大的兄長可能成為爭奪王位的競爭者，而遭到君士坦提烏斯二世謀害。純屬巧合之下，君士坦提烏斯二世出於私利，於公元三五五年任命朱利安為凱撒，並派遣他去高盧平定蠻族法蘭克人（Franks）與阿拉曼人（Alamanni）。從這些戰役可看出，朱利安是位出人意料的傑出好將領，驍勇善戰且統御有方。

公元三六〇年，帝國方面企圖免除他的兵權，軍隊內部卻擁立他為奧古斯都。眼看內戰勢不可挽，恰巧君士坦提烏斯二世於此時病死，內戰因而得以倖免。繼承了大統之後，朱利安公開宣布自己改宗古老信仰，並將其執政的絕大多數時間（公元三六一年十一月～三六三年六月），花在扭轉羅馬社會受那些信仰基督教的「加利利人」（Galilean）控制局面上。

▌ 以另類方式打壓基督教

朱利安是位聰明而令人敬畏的皇帝，他有旺盛的精力，對人慷慨大方，同時擁有相當不錯的文學天賦與哲學熱情（哲學方面天賦則不是太高）。他也是個有點會記恨和極度迷信的人，對於魔法、祕傳事物和動物獻

年表

公元359年
在里米尼（Rimini）舉行的宗教會議中，君士坦提烏斯二世最後一次嘗試將修正過的《尼西亞信經》（Nicene Creed），強制做為東西教會共同的信仰論述。

公元361年
君士坦提烏斯二世逝世，羅馬帝國最後一位異教皇帝——背教者朱利安繼任。

「朱利安很清楚，讓各基督教派擁有全然的信仰自由將會加速它們的分裂……經驗告訴他，對基督徒來說，最大的威脅便是其他教派的基督徒，這遠甚於最危險的野獸。」——阿米阿努斯·馬爾切利努斯《羅馬人的歷史，公元390年～391年》（*The Roman History, 390-391*）

祭懷有不可自拔的迷戀；簡單地說，他是個異教狂熱者。私底下，他贊同任何針對基督徒的暴力行為；檯面上，他頒布各種政策，對基督徒施以差別待遇，例如有一條法律便是禁止基督徒教授古典經籍。不過，朱利安並未試圖壓迫教會，他甚至命令「所有」基督教派都擁有同等的信仰自由，此用意在於挑起基督教當中更大的分歧。

最後，朱利安的這股強大信念終告失敗，一部分原因是他僅僅執政二十個月就過世了，但最重要的原因是，他所希望的異教復興未能獲得群眾高度熱情支持，意即，許多異教徒也都將他視為一個輕信人言的極端分子。他不只為異教賦予了教義與制度上的一貫性（一如教會的模式），更比照基督教將道德層面灌注於其中，希望藉此吸引那些遺忘了古老羅馬信仰的人。但，這是不可能達成的計畫，正如他寫給一位異教祭司的信中不得不喟嘆，道：「真是恥辱，這些不敬的加利利人不只關心他們自己的窮人，連我們的也不放過。」

在一場與波斯帝國之間傷亡慘重的大會戰中，朱利安中了標槍，他拖著傷撤退到底格里斯河（River Tigris），最後傷重而亡。謠傳臨終之際，他曾仰天大叫：「喔，加利利人，你們贏了！」從各種可能性來看，他絕不可能喊出這些話；不過，倒是說的一點都沒錯。

魔法與宗教

背教者朱利安指責基督教「不理性」，但他所認同「更具崇高理性」的異教學說卻充斥了被教會視為最低劣不堪的「迷信」，如祕密的啟蒙儀式、血的獻祭、占星學、占卜、「祈神」（也就是祈禱神明賜與魔力，這種神力有時會降臨在小孩身上，有時是在雕像中），以及一種和「神聖諭示」相關的單純信仰，這當中會包含一段神祕文字，如《迦勒底神諭》（Chaldean Oracles）就是一段混合了希臘化與亞洲化赫密斯派（Hermeticism）的迷人文字。

公元三世紀與四世紀，大多數的異教學說都具備一種特徵，也就是對所有異國風情和奇特的事物懷有特殊迷戀，例如東方的祈禱方式和哲學、煉金術、埃及和迦勒底的魔法神祕主義、向亡魂問卜的巫術與魔鬼信仰。然而，異教並非只在庶民階級才受歡迎，社會的每個階層（無論有沒有受過教育）無不渴望從現世生活中得到救贖，都期待找到任何能幫助靈魂昇華的精神技巧與深奧智慧。

許多神祕宗教都會承諾信徒，讓他們能從肉體世界無窮無盡的生死循環中解脫。許多哲學教派也會給予同樣的承諾，例如後期的柏拉圖學派（尤其是楊布里科斯至普洛克拉斯這段時期[3]）會使用魔法儀式和神祇、善良的靈體通話，尋求神聖力量的協助，以擊退那些守在天堂之路的邪靈，因它們可能會阻撓靈魂升天、回到上帝的懷抱。

這段時期自然成為一些魔術師、江湖術士、狂妄騙徒大展身手的好時機。許多神廟經過特別設計，用來「協助」信徒看見或聽見他們所篤信的神祇。巧妙機關如機械裝置、視覺把戲與可燃的化學物質，都被用以製造奇蹟和神祇來訪的假象——為了讓人感覺偶像因接收神聖力量而有了生命，他們會使用發條裝置機械人；隱藏的喇叭型擴音器則可以讓無形的神祇發出聲音；準備一個隱藏水盤，令其反射光線映照在神廟天花板上，便代表神聖的存在；一個巧手打造的蠟製骷髏頭會在發出神諭後「奇蹟般」融化；原本一片黑暗的神廟拱頂，能在瞬間化為繁星點點的壯麗蒼穹，但那其實是嵌著魚鱗的石造拱頂所反射出的光。

不用說，這類裝置之所以成效卓著，自是出於信眾們熱切期待、並相信奇蹟發生的心理。

註3：楊布里科斯（Iamblichus），約公元250年～330年。普洛克拉斯（Proclus）約公元410年～485年。

大漠之城，
修道制度的興起

居住在沙漠與世隔絕的這段時間，據說聖安東尼忍受了惡魔所有可能的侵襲，包括女人方面的綺思妄想或是凶暴可怖的野獸幻覺，甚至還有魔鬼出手攻擊他的身體。他受到魔鬼引誘的這段故事為許多畫家提供了豐富的創作題材，這幅作於1647年的畫作便是出自法蘭德斯畫家特尼爾茲二世（David Teniers the Younger）之手。

地點在埃及的沙漠，時間是公元三世紀末，基督教的禁慾主義（Asceticism）誕生了。一開始，基督徒各自撤退到這片荒蕪的土地，旅程的目的不只是遠離人世的誘惑，更是為了避開一個充滿敵意的世界。《米蘭敕令》頒布後，社會上開始接受基督徒，但這群隱士的數量卻不減反增，簡直就像在回應教會的新面貌。

修道生活在公元四世紀和五世紀極為盛行，蔚為風潮，正如一則知名的諺語所形容：「沙漠因此變成了城市。」無論是基督徒或異教徒都很崇尚禁慾生活，因而基督教的「沙漠教父」（Desert Fathers）來自社會各個階層，有著各式各樣的身分（就這點來說，參與的人也有「沙漠教母」）。他們對於貧困甘之如飴，將心力奉獻在祈禱與禁食上；在他們眼中，這不僅是遵守基督的戒律，同時也是仿效基督與施洗約翰的作為，以他們為榜樣。

如 何 走 向 純 潔 的 內 心

　　禁慾主義者首要注重的是，內心的淨化和慈悲思想的完善。要淨化內心，需遠離世間俗務，拋棄所有，去除靈魂中的貪念、忌妒、野心和憤怒，節制內心和慾望，抵抗魔鬼的誘惑，並培養真正的謙卑。要完善慈悲思想，則需為他人無私地奉獻，拒絕評斷他人，以及實踐徹底的寬恕。是的，許多沙漠教父的故事與格言都被留存了下來，是他們讓沙漠化身成一所傑出非凡的學校，專門用以學習「毫無保留地寬恕他人」這門藝術。

　　這類宗教運動的問題在於，當它成為一股流行之後，這份一窩蜂趕時髦的志業可能會吸引一些並不真正適合此種生活方式的人。從公元四世紀末到五世紀前期，有些僧侶完全未遵照偉大的沙漠禁慾主義者所制定的慈悲戒律來生活，他們是埃及城市周邊粗俗低下階層所衍生出的典型產物。像這樣的人，儘管他們參與修道生活的動機是百分之百出於良知，但無論在基督教與異教徒衝突時期、或教會出現教條爭議時，他們總是毫不猶豫地沉迷於破壞，甚至以暴力捍衛他們眼中真實的信仰。不過，雖然這些古裡古怪的人令修道制度染上了污名，但仍無法遏止沙漠教父的初衷延續至後世，得而開花結果。

「隱修之父」聖安東尼

最早的沙漠教父是隱士，他們大多離群索居，追求心靈上的修練，其中最有名的一位便是埃及的聖安東尼（St. Anthony of Egypt，公元二五一年～三五六年）。他雖出身富裕家庭，但打從年輕時便能自我節制，過著簡樸的生活；公元二八五年更賣掉所有俗世財物，將所得的錢送給窮人，之後到亞歷山卓西邊的沙漠隱居，後又轉往尼羅河附近山上一座廢棄老舊的羅馬要塞。他在那裡停留了二十年，由當地的基督教村民供養；他們透過牆上一個小孔把食物送進去，同時接受聖安東尼對於心靈方面的忠告。

公元三○五年，聖安東尼自隱居的小室走出來，神智相當清明，氣色紅潤。其他隱士已在他的隱居地附近聚集了好幾年，因此他將這些人組織起來，成為一個更有秩序的修道群體。平時，他為人講道、給予來訪者精神上的建言、參與神學方面的討論、和非基督徒辯論，甚至很可能拜訪了亞歷山卓兩次。《米蘭敕令》頒布之後，他隱居到沙漠更深遠的地方，有時接見訪客，有時冒著風險外出探訪他所組織的修道院，並將全部心力奉獻於祈禱與冥想上，最終以一百零五歲的高齡逝世。

誠如偉大的亞歷山卓主教聖亞他那修（St. Athanasius，約公元二九三年～三七三年）所說，聖安東尼的一生已然成為基督教歷史中最為人所知、最廣為流傳，以及最具影響力的一頁。

執修道制度牛耳：帕科繆、馬卡里烏斯

若要提到影響後來基督教修道制度發展的人物，而重要性幾乎和聖安東尼不相上下的，或許是聖帕科繆（St Pachomius，約公元二九○年～三四六年）。他以前是軍人，後來在公元三一四年左右赴沙漠隱居，開創

了「群居式」修道制度，也就是將隱士集中起來生活，並加以約束管理。他是第一位興建修道用建築物的人，所有僧侶的小室都位於同一面牆上，每日指定固定時間祈禱、用餐、工作和睡眠。

聖帕科繆一生，共興建了九座修道院、兩座女修道院，總計容納超過七千人。他所訂定的修道戒律，也被後世建立修道院的人奉為圭臬──如東方該撒利亞的聖巴西流（St. Basil the Great，公元三二九～三七九年）和西方努西亞的聖本篤（St. Benedict of Nursia，約公元四八〇年～約五四七年）。

和聖安東尼同樣受到敬愛、對基督教修道制度於冥想方面的發展更為重要的人，或許是聖馬卡里烏斯（St Macarius the Great，公元三〇〇年～三九一年）。他在三十歲左右開始了隱士生活，儘管名聲非他所求，卻仍很快以精神導師、心靈演說的宗師、治療者，以及先知等稱號遠近馳名。他其實是個「神祕的神學家」，文字總是帶著上帝的光芒，閃耀著神聖的靈魂，有如上帝親臨，包含了因愛而變得美麗的心。

不過，關於聖馬卡里烏斯的著作，許多學者認為真正出自其手的只有《給上帝之友書》（Epistle to the Friends of God）；而很可能由他本人、抑或是接受了他教導的門徒所寫成的《馬卡里安五十戒律》（50 Macarian Homilies），則在基督教冥想著作傳統上享有崇高地位；另外，有些經文雖然歸在他名下，但也許納入更廣義的「符合馬卡里安傳統的著作」之中較好。而所有他的這些著作，在今日東方基督教世界是備受珍視的。

「據說帕科繆最初在一個洞穴獨自修行，但有位神聖的天使出現在他面前，命令他召集一些年輕的僧侶……天使交給他一塊石板，這塊石板目前仍被小心地保存著。石板上刻著訓示，內容是說他有責任安排每位修行之人的用餐、飲水、工作和禁食。」──索佐曼（Sozomen），《教會的歷史》（The Ecclesiastical History）3:14，約公元440年

埃瓦格里烏斯，受過正統神學訓練

　　加入沙漠教父行列的人當中，最非凡的當屬埃瓦格里烏斯・龐督斯（Evagrius Ponticus，公元三四六年～三九九年）。他受過某種程度的正統哲學與神學訓練，這是當時大多數僧侶所缺乏的。他甚至放棄了君士坦丁堡的一份神學職位，只為了從事禁慾生活。埃瓦格里烏斯的著作之所以傑出，不單是因哲學內涵豐富，更因他鉅細靡遺地描述了冥想生活的方法、心理的狀態，以及特別體驗到的實質。例如，他提出八種對精神具毀滅性的「邏輯思魔」[1]（logismoi，此為希臘文，意為「思維」或「思想」），也就是自身體驗到的一連串慾望、想像、意志和理智上的企圖。他的闡述展現出一種心理學方面的精妙見解與道德方面的深刻觀察，這無論在基督教或異教的冥想文學上，都是前所未有的。

這座**聖西蒙修道院**（St Simeon Monastery）建於公元6世紀，坐落於上埃及的亞斯文市（Aswan）附近一座山頂上。自從有位隱士退居沙漠，來到這裡仿效「沙漠教父」聖安東尼的生活方式之後，阿拉伯與科普特人的文獻便開始稱這座修道院為「Anba Hatre」。

好一個卓然有成的惡魔

從公元四世紀末開始，出現了各種關於沙漠教父的短篇文集，內容大多是紀念性質的精神訓示和個人生平故事，這樣的文集便是後來通稱的《沙漠教父的箴言與故事》（Sayings of the Fathers，拉丁文為「Apophthegmata Patrum」）。它們生動描繪了當時基督徒居住的上埃及底比斯（Thebaid）周邊區域的生活情況，以及許多僧侶的故事，如聖安東尼、聖馬卡里烏斯、埃瓦格里烏斯、西索斯（Abba Sisois）、矮人約翰（Abba John the Dwarf）等等。文集也收錄了一些傳說軼事，鮮活傳達出沙漠教父所堅持的熱切情操。

有一個故事說到，某日，撒旦和惡魔部下聊天，他一面接受部下的頌揚，一面詢問大家最近做了什麼壞事。第一個惡魔走到王座前報告，說自己促成了暴動、戰爭和流血事件，不過當他表明花了一個月才做到這些事之後，撒旦重重地處罰了他。第二個惡魔說自己如何在海上掀起風暴，讓船隻沉沒，許多人因此喪生，但在得知他花了二十天才做到之後，撒旦給了他嚴厲的懲罰。第三個惡魔說他如何在婚禮上散布謠言，新郎因此死亡，這花了他十天的時間，撒旦同樣因他的懶散而給予嚴懲。第四個惡魔接著說，他花了四十年的時間折磨沙漠裡的一名僧侶，最後終於成功讓這位隱士在晚上有了綺思幻想。撒旦一聽，便從王座上站起來親吻這名部下，接著將自己的王冠摘下來戴在部下的頭上，命令部下坐在他的王座邊，最後說：「你的所作所為實在是太英勇、太了不起了！」

埃瓦格里烏斯對後世基督教思想發展有著深遠而重大的影響，但如同俄利根，他從未被封為聖人，有許多原因亦如出一轍。從神學的角度來看，埃瓦格里烏斯繼承了俄利根學派的傳統，因此他的許多教導連同俄利根的學說，都在公元五五三年「第二次君士坦丁堡大公會議」（Second Council of Constantinople）中被定為異端。然而，他的學說卻化為後來幾個世紀神學發展的一股暗流，直到十八世紀東正教神祕文集《慕善集》（Philokalia）的出現，它們才清楚地重新浮現出來。

註1：這八種邪惡的思想分別是暴食（Gluttony）、貪婪（Greed）、懶惰（Sloth）、悲嘆（Sorrow）、色慾（Lust）、暴怒（Anger）、自負（Vainglory）和傲慢（Pride），亦稱八種「致命的激情」。公元6世紀後期，教宗額我略一世將八種罪行減至七項，成為目前較廣為人知的「七宗罪」（Seven Deadly Sins）。

亞美尼亞與印度的
基督教發展

啟蒙者聖格列高利（圖右下），
將基督教帶到了熱中異教信仰
的亞美尼亞，更進一步使其成為
國教。

許多現代基督徒不是很清楚早期教會的福音傳播
得有多深遠，也不很明瞭廣大的基督教世界其實
是由各式各樣的文化所組成，而且這個組合過程
直到現在仍未停止。西方的基督徒也許特別容易
忘記，在信仰發展初期，向東傳播的過程比起向
西要順利一些，福音也隨希臘化文化所開展的繁
榮商業航線遠播出去。

所有的基督教國度之中，亞美尼亞（Armenia）是最古老的。這裡所謂的基督教國度，不只是人民以基督教、或曾以基督教做為信仰，而是以整個國家是否信奉基督教來判別。大約在公元三〇〇年左右，亞美尼亞的皇室便接受了洗禮，立基督教為皇室宗教；一直要到十三年後，羅馬帝國的基督徒才因《米蘭敕令》頒布而獲得信仰的權利。

亞美尼亞，第一個基督教王國

古亞美尼亞的歷史在許多方面都和猶太行省相似。在基督教的時代開始之前，它是一個被奴役的國家。大流士一世（Darius I，公元前五五〇年～前四八六年）的波斯帝國、亞歷山大大帝、塞琉西王朝都曾征服過這裡；而在一段短暫的獨立時期之後，羅馬人於公元前六六年在此稱雄。這之後的許多個世紀，由於亞美尼亞的地理位置夾在羅馬帝國和波斯帝國之間，時有一方為主，時有另一方為霸，甚至偶爾還會出現兩方共同治理的情況，亞美尼亞由此吸收了雙方宗教的影響。

不過根據傳統說法，基督教對這個地方的影響最早始於使徒時代。據說使徒撒迪斯（Apostle Thaddeus）是於公元四三年抵達亞美尼亞，公元六〇年更有另一位使徒巴多羅買（Apostle Bartholomew）前來加入，這兩位使徒和許多基督徒皆以身殉道；而公元二世紀初期和三世紀初期，還有更多亞美尼亞的基督徒死於波斯人之手。

啟蒙者聖格列高利的努力

但是，亞美尼亞基督教的實際開創者為啟蒙者聖格列高利（St Gregory the Illuminator，公元二四〇年～三三二年），他讓基督教在當地的制度架構中成為國教。他原是安息帝國|1的王子，年輕時為逃避波斯人入侵，和許多難民一起逃離家鄉，後來在該撒利亞接受基督徒的教育。

註1：安息帝國（Parthian Empire），又稱帕提亞帝國。

公元二八七年，梯里達底三世（Tiridates III）復興了亞美尼亞君主政權，格列高利隨後回到家鄉傳揚福音。梯里達底三世是個熱中崇拜舊神祇的人，他逮捕了格列高利，打下地牢，一關就是十三年；期間，格列高利的基督教夥伴飽嚐殘酷迫害。根據傳說，身染重病的國王後來被格列高利治癒，最終釋放了他，並且帶著整個皇室的人改信了基督教。而後格列高利回到該撒利亞，受命為亞美尼亞的「宗主教」（或稱「卡托利科斯」）[2]，並在回到家鄉時受到皇帝以全套皇室禮儀迎接。據說，後來許多人民因此受洗，改信了基督教。

廣建教堂、翻譯基督教經籍

這則全國皆知的傳奇故事也許誇大了事實，將基督教的艱苦勝利說得輕巧容易。亞美尼亞地方上的異教信仰持續了許多年，但在格列高利的努力下，一座全國性的亞美尼亞東正教教堂興建了，組織架構極為清楚分明。此外，他還建立了許多教堂，逐漸將異教神壇改建成教堂，也興建了修道院，並在埃奇米艾津（Echmiadzin）建立了宗主教使用的主教座堂……所有證據都顯示，這個新的信仰極為深入人心。

公元三六五年的一場活動則令亞美尼亞的基督教更形健全——「宗主教納瑟斯（Nerses，為格列高利的繼任者）召開了一場宗教會議，他在會中制定法律以革除弊端，並決議為盲人、痲瘋病患、寡婦和孤兒，分別建立醫院、孤兒院與住家。」宗主教撒哈克一世（Sahak I）則於任內授命一位名為梅斯洛普（Mesrop）的博學多聞牧師，為亞美尼亞的語言創立字母。許多以敘利亞語和希臘語寫成的基督教經籍得以在此偉大時期開始進行翻譯，其中包括了公元四〇四年至四三三年翻譯的聖經，而神學院也於此時建立。

公元四五一年的迦克墩大公會議
（Council of Chalcedon）之後，亞美尼
亞教會和其他幾個特定的「東方教會」
（Oriental Churches）一同對帝國所屬的
君士坦丁堡教會、羅馬教會斷絕關係|3；
亞美尼亞教會更於公元五〇六年正式宣告
抵制。這次的分裂令亞美尼亞基督教變得
有些孤立，而在公元七世紀伊斯蘭征服亞
美尼亞之後，孤立的情況就更加嚴重了。

> 「我們使徒……被分配到這個世上傳
> 道……前往印度的籤是由迪迪摩斯‧猶
> 大‧多馬（Didymus Judas Thomas）抽
> 中。他不願去，認為自己身體不佳，並
> 說：『我一個希伯來人，要如何向印度
> 人宣揚真理？』……當天晚上，救世主
> 向他顯現，說：『別怕，多馬。出發去
> 印度傳道，我的恩典將與你同在。』」
>
> ——《多馬行傳》

▌ 公元一世紀，印度即有基督信仰

而和古老的亞美尼亞基督教相比毫不遜色的，或許
可說是印度本土的基督教。從非常遙遠的時代起，位於
喀拉拉邦（Kerala）西南方的馬拉巴爾（Malabar）海岸
就有一個完整的基督教聚落，當地語言為馬拉雅拉姆語
（Malayalam）。他們大多是東敘利亞商人的後代，這
些商人沿著貿易路線旅行，通過紅海之後便定居在此。
一般人稱他們為「納塞拉人」（Nasranis）或「瑪蘭卡
東方正教基督徒」（Malankara Orthodox Christian），
但他們自稱「多馬基督徒」（Thomas Christian）；因
為他們相信，一開始是使徒多馬於公元五二年將基督教
帶到喀拉拉邦，此後便一直待在印度，直到大約公元
七二年於馬德拉斯|4（Madras）南方的麥拉坡（Myla-
pur）殉道。

我們無須將這個故事貶為傳說，畢竟公元一世紀時
通往印度的貿易路線已然相當古老，來自近東、和更廣
大地中海世界的商人確實經常使用這條路線。而早在基
督教時期之前，也已經有一小群猶太人居住在喀拉拉邦
地區。公元二世紀晚期或三世紀初期，諾斯底教派的經

註2：卡托利科斯（Catholicos），
東正教一些特定教會的主教所使用
的頭銜。使用這個頭銜的主教通常
會有其他頭銜，像是宗主教（或譯
為「牧首」）。

註3：與羅馬帝國教會分裂的原因，
請見第十九章（東正教基督論的形
成）。

註4：現稱「清奈」（Chennai）。

書《多馬行傳》（The Acts of Thomas），曾提到多馬前
往印度的這段旅程；公元四世紀，基督教史學家優西比
烏記載道，亞歷山卓教導學院的創始人潘代諾曾於公元
二世紀前往印度傳教，卻發現基督教早已在印度生根。

　　不過我們可以肯定地說，東方敘利亞基督教的難
民為了逃避波斯皇帝沙普爾二世（Shapur II，公元三〇
九年～三七九年）的迫害，而大批前往喀拉拉邦。到
了公元五世紀晚期，印度教會已與敘利亞的「景教」
（Church of the East）在宗教上統合；印度教會，是迦
克墩大公會議之後不久，另一個與君士坦丁堡教會、羅
馬教會決裂的「正統」教會，但決裂原因與亞美尼亞教
會完全不同|3。後一波來自東敘利亞的移民潮，則發生
在公元八世紀和九世紀。

　　印度當地的統治者似乎對基督教
的一切都能欣然接受，也許因為他們
是一群帶來繁榮的商人。因而，他們
的居住地有法律保障，還被贈與在印
度社會中地位極高的「種姓」（僅次
於婆羅門Brahmins），同時也擴大了
他們對居民的司法管轄權。從早期開
始，基督教的隊伍就能在行進隊伍中
做極為華麗的裝飾，而這通常是統治
階級的種姓才有的權利。相對地，多
馬基督徒也沿用了印度人民的一些特
定禮拜規範（通常是和印度教相關的
儀式）；甚至，很常見到信仰基督教
的人在六十四歲時選擇與世隔絕，將
餘生專注在冥想與禱告上，以符合古
代印度教的信仰規範。

國王阿部甲與耶穌往來的傳說

古代和中世紀的基督教世界廣為流傳著一則非常古老的傳說。據傳，基督教深入敘利亞東邊地區的時間不只是在使徒時代，更可往前推溯至基督在世傳道的那段時間。這個故事在古代基督徒的兩份文獻中都曾提到，分別是優西比烏的《教會的歷史》（Ecclesiastical History）和《阿戴的教導》（The Teaching of Addai），它們應該都成書於公元一世紀。儘管版本有些微差異，但兩本書都提到敘利亞的「黑色伊德撒」（the Black of Edessa），也就是伊德撒這個地方的國王阿部甲五世與耶穌本人的信件往來。

根據傳說，伊德撒的使節們及隨行文書人員哈南（Hannan）於返回敘利亞途中，行經耶路撒冷，耳聞耶穌行神蹟的力量，後來便將這個行神蹟者的新消息向他們的國王阿部甲報告。阿部甲長期為痲瘋病所苦，聽了之後立刻派遣哈南回到巴勒斯坦交給耶穌一封信，懇求他到伊德撒來。阿部甲在信中提及自己聽到的那些神奇事蹟，像是耶穌如何讓盲人重見光明、令瘸子行走如常、驅趕惡魔，以及讓死者

根據傳說，耶穌雖未能前去造訪他，阿部甲還是收到了一幅耶穌生前模樣的畫像。

復生。「我從這些事蹟斷定，你要不就是從天上來到凡間的上帝，」阿部甲這麼寫著，「要不就是上帝之子。」接著，他請求耶穌前來治癒他的疾病，並承諾將保護耶穌的安全，而且會在「這座非常美麗的小城市」熱情地款待他。

故事繼續下去，耶穌讓哈南帶回一封覆信。信中讚美阿部甲能夠「相信自己未曾親眼見到的事情」，並解釋他必須完成天父派他來到這世上的任務，才能離開家鄉。不過他承諾，回到天國之後會派遣一位門徒前去治癒國王。在《阿戴的教導》一書中，哈南甚至畫了一幅耶穌像，帶回皇宮獻給他的國王。

接下來的故事是，耶穌升天後，使徒派了耶穌七十二位門徒的其中一位，前往敘利亞。這位名為阿戴的門徒實現了耶穌對阿部甲的承諾，治好了他的痲瘋病。國王隨即接受洗禮，並且命令所有臣民同樣受洗，阿戴由此成為伊德撒的主教。阿戴的主教位置後來由當地改信基督教的阿該（Aggai）繼任；不過，下一任國王馬努（Manu）讓伊德撒城恢復了異教信仰，阿戴因此殉道。

古文明的璀璨，
基督教在衣索比亞

CH 13

衣索比亞的神職人員在1月19日
「洗禮節」（Timkat Festival）
這一天，穿上了精美華麗的祭
衣，慶祝上帝之子降生為人（西
方基督教稱為「主顯節」或「公
現節」）。在節慶中，一長列的
遊行隊伍抬著約櫃的複製品來
到教會，並舉行儀式慶祝基督在
約旦河受洗。

當現代的西方人第一次遇見衣索比亞東正教會
時，通常會感到某種愉悅的迷惘。意即，只要見
到「台瓦西多」│1便能強烈感受一種華麗璀璨
之情，而不禁為之傾心拜服——無論是目睹禮拜
儀式中那股堅定無比的莊嚴隆重態度、色彩豐富
的祭衣，或是華美無倫的黃金十字架、生動的聖
像；以及聽見鼓聲與叉鈴聲如何搭配著祭祀的舞
蹈，同時動人心弦地以五聲音階詠唱著。

此外，衣索比亞教會本身也籠罩著一股難以抗拒的神祕氛圍，像是該教會宣稱保有約櫃，或是整個國家都相信歷任的衣索比亞皇帝，血脈源自所羅門王與席巴女王（Sheba）之子麥勒尼科一世（Menelik I）的子嗣。而即便有人面對其祭祀的華麗景象和古代謎團仍不為所動，台瓦西多也還是能散發出它罕見的魅力，只因它活生生連結了一個消失已久的偉大文明——阿克蘇姆文明；此文明的極盛時期裡，不僅是古代基督教國度最南端的先驅，亦擁有最極致豐美的表現。

▎ 遇 上 船 難 ， 意 外 傳 播 信 仰

　　若非逢上一個幸運極了的厄運，福音也許永遠到不了這片未知之地。公元四世紀初的某一天，兩位來自泰爾|2（Tyre）的基督教商人弗魯門修斯（Frumentius）和埃德修斯（Aedesius）搭上一艘商船想順道前往印度；然而，這兩位從小在亞歷山卓長大的兄弟，卻永遠沒能到達他們的目的地。他們的船在紅海沉沒，漂流到東非海岸，兩兄弟後來雖然都平安上了衣索比亞的陸地，但發現他們的人卻沒將他們送上另一艘船，反倒帶著這對兄弟來到北方群山連綿的提格里高原（Tigray Plateau），這裡正是帝國的首都阿克蘇姆（Aksum）。

　　兩兄弟都被賣進皇宮裡工作，埃德修斯專為皇帝斟酒，弗魯門修斯則擔任皇子埃札納（Ezanas）的私人教師。這似乎解釋了衣索比亞何以成為一個基督教王國，因為在承襲王位之後，埃札納和他的臣子都改信了這兩位亞歷山卓人帶進皇室的信仰。之後，埃札納允許埃德修斯回到泰爾，並派遣弗魯門修斯前往亞歷山卓，要求宗主教為衣索比亞指派一位主教。而宗主教的回應是，指派弗魯門修斯擔任主教一職，要他回到衣索比亞監管阿克蘇姆帝國（Aksumite Empire）的福音傳遞。

註1：台瓦西多（Tewahedo），此為教會在衣索比亞的名稱。

註2：泰爾，位於現在的黎巴嫩，聖經的譯名為「推羅」。

至少這是另一個版本的故事，解釋了福音如何來到衣索比亞。在其他版本中，一些特定的故事細節有所不同，但從故事的大致輪廓來看，這個故事的真實性沒有太大的疑點。故事所要傳遞的，倒不是說這兩兄弟的到來為衣索比亞與基督教開啓了第一次接觸，或是說他們將一神論帶到了衣索比亞。要知道，在長達幾個世紀的時間裡，阿克蘇姆帝國一直控制著大多數來自非洲內部的重要貿易路線，以及繁榮的紅海商港阿杜利斯（Adulis）。商人將羅馬帝國、亞洲和近東的貨物帶來這裡販賣，再將賣得的錢用以購買非洲動物的角、象牙、貴重金屬、乳香和奴隸。來自地中海世界的商人在這裡定居已久，其中自然也包括了基督徒。

此外，猶太教在帝國之內已經發展得非常健全，衣索比亞北部當地的猶太人，也就是法拉夏[3]（其確切起源無從得知），他們皈依猶太教的時間肯定要早於基督教年代許多。綜合以上所述可知，若非兩兄弟遇上了這場紅海船難，埃札納所繼承的國家將是一個崇拜近東和非洲諸神祇的異教國度，而且這樣的情況不知還要持續多久。

▌阿克蘇姆帝國的鼎盛期

弗魯門修斯從亞歷山卓歸來後的兩個世紀裡，基督教持續在衣索比亞全境散布，並從首都阿克蘇姆不斷向南延伸。自此，僧侶與祭司改變了信仰；教堂一座座興建起來；異教神壇改變了祭祀的對象；以希臘語、敘利亞語和科普特語（Coptic）寫成的基督教文學，被大量翻譯成阿克蘇姆國境之內使用的吉茲語[4]（Ge'ez）；尤其重要的是，公元四八〇年左右，組織化的基督教修道制度被引進這個國家。在衣索比亞的傳統中，有一群來自外國的僧侶尤為受到尊崇，統稱為「九聖人」（Nine Saints）。他們不僅創建了許多修道院（經常位

於難以到達的山頂上），更建立了一種特別嚴酷的禁慾
形式，這也成為東非基督教的重要特性。他們和公元五
世紀後期的其他僧侶一同促成了基督教的興盛，衣索比
亞境內的古老異教勢力幾乎被掃除殆盡，一種整體的、
熱情非常的基督教文化於焉成形。

從許多方面來看，這是阿克蘇姆文明的黃金時期
——文學、音樂等所有藝術都在這個時期蓬勃發展，宗
教方面可說是獨尊新的信仰。此外，阿克蘇姆的貿易
與軍事力量亦持續增加，甚至拓展到阿拉伯半島的一部
分。在商業與文化方面，與君士坦丁堡、亞歷山卓的聯
繫非常緊密；而在區域貿易競爭方面，紅海與印度洋上
沒有能與之匹敵的勢力。衣索比亞基督教當中最有特色
的傳統，很多都出現在這數個世紀裡，例如沿用猶太教
的規定像是以星期六做為安息日、禁止食用「不潔」的
食物、男嬰行割禮等等；此外，還嚴格要求遵守禁食律
法，要求衣索比亞東正教徒，一年之中約兩百五十天不
可食用任何動物製品。吉茲語版本的聖經也是在這段時
間內成形，但此時整個基督教世界對於確實的聖經正典
之爭尚未塵埃落定，結果是，衣索比亞的聖經由八十一
本左右的經書組成，當中有許多《舊約聖經》和《新約
聖經》裡的經書是不被其他基督教傳統接受的。

▎ 回教勢力導致帝國衰落

公元五世紀後半，亞歷山卓在迦克墩大公會議之
後，與羅馬教會、君士坦丁堡教會分道揚鑣，但阿克蘇
姆仍舊忠於原來的宗主教區（因此，今日的衣索比亞東
正教會仍被認為是埃及科普特東正教會的一支）。由
此，它和羅馬帝國之間的聯繫也許略微削弱，但算不上
是什麼太糟糕的事情。阿克蘇姆帝國真正的衰落始於公
元六世紀中期，帝國勢力被趕出阿拉伯半島；到了公元
七世紀，當回教征服埃及與努比亞、阿拉伯貿易勢力於

註3：「法拉夏」（Falasha），意為
「流亡者」或「陌生人」，是衣索比
亞境內的非猶太人用以稱呼猶太人，
有貶損之意。另一個用來稱呼衣索
比亞北方猶太人的詞彙，是「貝塔以
色列人」（Beta Israel）。

註4：吉茲語，為閃語族的語言，今日
只在宗教典籍與禮拜儀式中使用。

紅海崛起之後，阿克蘇姆的聲勢和國力一落千丈，確然孤立於其他基督教國家之外。經濟層面受到的影響為帝國帶來了毀滅性的結果，政府部門與軍隊分崩離析，接下來的時間裡，衣索比亞的文明發展被迫變得封閉停滯。儘管如此，教會的活力似乎完全未受到影響，其深奧的精神內涵、禮拜儀式之美，以及特殊的歷史（包括了正史與野史）為衣索比亞的文化提供了休養生息的重要基礎，也促成了之後許多個世紀裡最瑰麗璀璨的文化成就。

衣索比亞某座教堂中的基督像。伊斯蘭教自公元8世紀向外傳播，北非和東非全都受到伊斯蘭教支配，而地形多山、不易攻略的衣索比亞則一直是基督教的堡壘。

約櫃真的失落了？

衣索比亞東正教最特別的一件事莫過於——基督徒和猶太教徒都相信，曾經存放在所羅門王聖殿中的「約櫃」，現正安置於阿克蘇姆的錫安聖瑪莉教堂（The Cathedral of St.Mary of Zion）旁的一間小聖堂之中。而能夠進入這座小聖堂的，只有一名守衛，此人本身也是極虔誠的僧侶，當他臨終之際，他必須指定守衛的繼承人。

一名僧侶正在看守箱子，裡面裝了他所屬修道院的約櫃複製品。

阿克蘇姆的約櫃〔吉茲語稱為「塔波特」（Tabot）〕其實更像是一則虔誠的民間傳說，它身處衣索比亞東正教的核心位置——約櫃，代表著上帝在人世間永恆的榮耀，亦是這份榮耀化身為人（也就是基督）的證明，這正是台瓦西多最神聖的象徵。為了受人尊崇，這裡的每座教堂或修道院都有一個約櫃的複製品，平常鎖在禮拜堂裡。這些複製品每逢一年一次的洗禮節（或稱主顯節）便會被抬出來遊行，會放於密封的箱子中，再以厚重的帷幕遮蓋。不過，阿克蘇姆的約櫃本尊是絕對不會移動的。

公元十三世紀一部偉大的史詩《萬王的榮耀》（Glory of the Kings，吉茲語為「Kebra Negast」）提到，約櫃被麥勒尼科一世祕密地從耶路撒冷運到衣索比亞；不過，這個說法應該是重現了另一個更為古老的傳說——在被運到阿克蘇姆之前，約櫃應該是放在塔納奇克斯島（Tana Cherkos），這個島位於衣索比亞的塔納湖（Lake Tana）中，直到今日，據說那裡的僧侶仍保有所羅門王聖殿的其他聖物。一些學者認為，約櫃也許真的在公元前七世紀被運到了南方，時間點很可能是在瑪拿西王（King Manasseh）褻瀆了聖殿的祭祀儀式之後。而約櫃也的確在這段時間裡消失於聖經記錄中，而且之後不久，先知西番雅（Zephaniah）曾於〈西番雅書3:10〉中提到，衣索比亞河流之外那些「被分散的以色列人」[5]……

無論實際情況是什麼，「阿克蘇姆的約櫃」都是一個非常古老的故事。對於衣索比亞教會來說，它在精神上的意義是永不磨滅的。

註5：聖經中，衣索比亞被翻譯為「古實」。這段話的原文為：「敬拜我的人，就是我所分散的人，必從古實河外而來，給我獻上禮物。」——〈西番雅書3:10〉聖經新譯本。

三位一體：
最早的宗教會議

這幅畫描繪的是一場早期的大公會議。第一次和第二次尼西亞大公會議（分別於公元325年和公元787年舉行），正好是前七場大公會議的第一場和最後一場會議，而當中有三場大公會議都是在君士坦丁堡舉行。

打從教會建立之初，基督徒就已稱呼基督為「上帝之子」（Son of God）或「聖子」（God the Son），並在祈禱和受洗時口稱「聖父、聖子和聖靈」（the Father, Son and Holy Spirit）。不過，在公元三一三年《米蘭敕令》頒布之前，基督徒極少有機會討論一下——他們認為耶穌之所以神聖，代表的是什麼意義；或是他們所了解的聖父與聖子、聖父與聖靈之間的關係有多明確。

但在羅馬皇帝君士坦丁改信基督教之後，事情有了轉機，基督徒開始能公開而仔細地辯論教義；他們也很快地發現，彼此之間對於許多最基本的信仰要素明顯有不少歧見。聖經裡，以及使徒教會的傳統禮拜儀式中，已建立起某種一般性的神學用語，所有基督徒都能接受這些用語，卻鮮少加以釐清用語本身的概念。

聖 子 與 聖 父 之 間 的 關 係 是 ？

古希臘人提到至高無上的上帝時，會以定冠詞「The」來指稱——「The God」，希臘文為「ho Theos」，而神祇只單純以「Theos」來表示。在基督教的用法裡，「ho Theos」一般只用來稱聖父，而基督（或偶爾用在聖靈身上）就比較謹慎地以「theos」表示。但在〈約翰福音〉中這個規則並非一成不變，例如尚未化身為人的基督被認定是神聖的「道」|1（Logos），而有了「道與神同在，道就是神」|2，這裡的「神」為「theos」。然而書中的使徒多馬卻以「我的主！我的神！」來稱呼剛復活的基督，這裡的「神」為「ho Theos」|3。另外，在這本福音書中，基督也宣稱「我和父原為一」|4。

這是什麼意思呢？「基督是神」所指為何？他是等同於聖父呢？或比聖父稍遜一籌，像是某種「次級」神？如果他是次級神，其神聖地位與聖父「本身的」神性之間又有什麼關係、本質為何？在教會發展的最初三個世紀裡，對於這些問題已有所探討，也得到了各式各樣的答案。一些神學家（尤其是在羅馬）提出了幾種理論，可統稱為「形象論」（Modalism），也就是說，他們認為唯一的上帝會因應不同的目的，出現不同的形象，此時為聖父，彼時為聖子。有人則提出另一種說法，可稱為「嗣子論」（Adoptionism），他們相信基

註1：Logos於本書第二章〈耶穌·基督，誕生為猶太人〉因和哲學理論相關而譯作「邏各斯」，在此則因配合聖經文句而譯為「道」。

註2：出自〈約翰福音1:1〉：「太初有道，道與神同在，道就是神。」

註3：出自〈約翰福音20:28〉。

註4：出自〈約翰福音10:30〉。

督是一介凡人，被聖父收養為聖子。另外還有一派則稱為「從屬論」（Subordinationism），他們宣稱上帝本身是全知全能的，而聖子是次於上帝的一種表現形態，聖靈更是次於聖子。

神聖「邏各斯」是凡人媒介？

其中，從屬論在亞歷山卓尤其受到支持；事實上，支持的人不只是基督徒，還有猶太人和異教徒。偉大的猶太學者即亞歷山卓的斐羅，他和耶穌生於同一個時代，當時便已認為上帝和這個世界之間有著神聖的「邏各斯」（亦為「道」），也就是「上帝之子」。上帝創造了這個世界，而由上帝之子來治理，這是因為上帝本身代表著至高無上的神聖莊嚴，因而無法和較低階層的人事物接觸。屬於異教的柏拉圖主義者則相信，終極神聖的準則「一」|5（The One）是完全超越世間一切的存在，只有經由一個等級較低的神聖準則才能與之「聯繫」，這個較低的準則是從「一」衍生而出。

就在這樣的氛圍底下，許多基督徒便很自然地認為，神聖的「道」就像某位神聖的祭司長，他可以做為世間凡人的媒介，與那位無法接近的聖父聯繫。即便是君士坦丁時代之前最偉大的亞歷山卓神學家俄利根，也是一位從屬論者。

嚴重的教條危機：阿利烏觀點

君士坦丁改宗基督教之後，各家各派對神學的看法有著巨大的差異，達成共識之日遙遙無期。這時的教會一面享受著信仰自由的甜蜜果實，一面也背負著沉重的負擔（該如何確切無誤地闡釋自己的信仰）。也許是機會來了，也許是天意使然，不久後，教會便被賦予法律權利和來自帝國方面的協助，得以解決這個嚴重的教條危機。

有位名為阿利烏（Arius，約公元二五〇年～三三六年）的亞歷山卓祭司，他開始傳揚一種神學理論，這個理論只能以「激進從屬論」稱之。和俄利根等人不同的是，他不僅否定聖子與聖父屬於同等地位，亦不承認聖子和聖父一樣同為永恆，除了對聖子抱持純粹的敬意，他連聖子是否真的「神聖」都心存懷疑。

　　阿利烏認為「道」（也就是聖子）事實上是一種受造物，並承認他為萬物之首，在萬物之前便已來到人世，和其他萬物相較，其地位如此崇高，因而被稱為「神」。儘管如此，「有一段時間，聖子是不存在的」，這便是阿利烏最引起爭議的一句話。阿利烏教導信眾，只有聖父是「無法追溯起源的」。

　　阿利烏的觀點受到譴責，於公元三二一年被逐出亞歷山卓。流亡期間，他以詩和散文參雜的方式，針對自己的看法寫了一篇很長的辯護文，名為《盛宴》（Thalia，英文為「Banquet」），並寫成通俗易唱的曲子，藉此於一般基督徒之間傳播他的看法。而當君士坦丁於公元三二四年擊敗李錫尼、掌控了帝國東部的基督教世界之後，這位統一了帝國東西部的皇帝發現，他所接受的新信仰正因內部不和而搖搖欲墜。對此他深感不悅，他需要教會內部統一，一如他的帝國。因此在君士坦丁的命令下，公元三二五年召開了第一次「大公會議」（也就是全世界的教會會議）以解決紛爭。三百一十八位主教（幾乎全是東方教會的主教）齊聚於君士坦丁堡附近的尼西亞（Nicaea），而阿利烏也參加了這場會議。

> 「某天，亞歷山卓的主教亞歷山大雄心勃勃地試著講述關於神聖三位一體的整體性。一位聰明才智不可小覷的教士阿利烏，如此說道：『若是聖父生了聖子，那麼受生的聖子就有存在的起點，從這方面來看，很明顯有一段時間聖子是不存在的，因此必然可推論他的本質是從無到有。』亞歷山大隨即召集許多高級教士開會，會後將阿利烏和支持他這種異端想法的人逐出教會。」
> ——蘇格拉底‧司科拉斯提克斯（Socrates Scholasticus），《教會的歷史》，約公元440年

註5：「一」或譯「太一」、「元一」。

99

阿利烏的觀點再度受到譴責，會中產生了一份信仰的共同聲明，也就是《尼西亞信經》（Nicene Creed）的第一個版本。它不僅確認了聖子「是受生，而非被造」，更是「出自眞上帝的眞上帝」，更用「與聖父同質」（希臘文爲「homoousios」）來形容聖子。在許多人眼中，這麼說是很魯莽的，因爲聖經裡從未出現「同質」這個字，但會議最終，除了七位主教之外，所有人都簽署認同了這份全新的信經，而阿利烏則被送至以利哩古（Illyricum，爲羅馬帝國的一省，囊括了巴爾幹半島的大部分）。

然而，紛爭並未因此平息。尼西亞大公會議之後，不少神學家爲這場爭議提出了其他的解決方案。反對尼西亞信經的人之中，有一派稱爲「相似派」（Homoeans），他們傾向將聖子視爲一位和聖父有著「相似本質」（希臘文爲「homoiousios」）的存有；另有一派稱爲「相異派」（Anomoeans），他們認爲聖子的本質和聖父完全不像。更重要的是，羅馬皇帝聽信了內廷妃妾的進言，對教會的觀點轉向阿利烏一方。公元三三六年，他甚至下令君士坦丁堡主教和阿利烏「握手言和」。阿利烏凱旋榮歸君士坦丁堡，若非當晚阿利烏因自然因素突然死亡（就算是這樣仍然相當可怕），教會眞的會就此接受阿利烏。儘管如此，君士坦丁駕崩時，帝國對於教會的立場仍是偏向阿利烏一派的。

塵 埃 終 落 定

註6：尼西亞正統派，指接受《尼西亞信經》規範之神學觀念的教會團體，或個別神學家。

在這爭論不休的數十年間，尼西亞正統派[6]裡最令人敬畏的擁護者，是聖亞他那修（St Athanasius，約公元二九六年～三七三年）。他是一位聰明絕頂的神學家，以年輕的助祭身分參加尼西亞大公會議，翌年便擔任了亞歷山卓的主教。亞他那修的時運從許多方面來看，可說是眞實反映了正統派的境遇，而且規律得有

這是俄羅斯聖彼得堡的聖以撒大教堂（St Isaacs Cathedarl）圓頂壁畫，畫中人物有基督、聖人，以及神聖家族。早期教會在辯論基督信仰的教義時，很快便出現了各種關於耶穌本質的不同看法。

「我信唯一的上帝、全能的父、天地，以及一切有形無形萬物的創造者。我信唯一的主耶穌基督、上帝的獨生子，在萬世之前由父所生，出自光明的光明，出自真上帝的真上帝，受生而非被造，與父同性同體，萬物藉他而造成。祂為了我們人類，並為了我們的得救，從天降下，由聖靈和童貞馬利亞取得肉軀，而成為人。祂為了我們，在般雀比拉多手下，被釘十字架，受難而被埋葬。依聖經所言，在第三日他復活，祂升了天，坐在父的右邊。祂將在榮耀中再來，審判生者死者，祂的國度萬世無終。」——《尼西亞信經》|**8**，公元325年。

註7：加帕多家教父，又稱「加帕多家三傑」，三人皆出生於加帕多家地區（或譯為「卡帕多細亞」），亦曾擔任加帕多家的主教。

註8：《尼西亞信經》的各家翻譯不同，有所差異。

如上演喜劇——他的主教職位反覆遭到罷黜，或被迫逃離教區，之後又獲得復位，來來回回不下五次；榮辱，完全取決於執政的皇帝偏向哪一派觀點。

關於「阿利烏爭論」直到狄奧多西一世當上羅馬皇帝後，才拍板定案。狄奧多西一世本身為尼西亞派基督徒，於公元三七九年登基，掌握了羅馬帝國東部的權力。一位名為歐諾米（Euno-mius）的「相異派」忠貞信徒，堅決主張上帝無庸置疑是「非受造而來的」，因此無論從哪方面來看，聖子或聖靈都不會是上帝，且本質一定與上帝相異。「歐諾米學說」最強而有力的反對者是三位傑出的神學家，統稱為「加帕多家教父」|**7**（Cappadocian fathers），他們分別是該撒利亞的聖巴西流、其友人納齊安的聖額我略（St. Gregory of Nazianzus，約公元三三○年～約三八九年），以及巴西流的弟弟、也是三人當中最出色的一位——尼撒的聖貴格利（St Gregory of Nyssa，約公元三三五年～約三九四年）。

他們三位提出的神學見解因極為清晰精湛而深具特色，公元三八一年舉行的第二次大公會議（即第一次君士坦丁堡大公會議），會議結論便是以他們三位的理論做為基礎。此次大公會議產生了尼西亞信經的最終版本，也申明了一點——對人類歷史影響深遠的基督，絕不次於永恆的上帝。

上帝變成人，因此人或能變成神

教會耗費差不多一個世紀的時間，為了一些像是「相同本質」和「相似本質」之類的詞彙苦惱不已。說穿了，這兩個字寫在紙上也只差了一個字母（意指希臘文「homoousios」和「homoiousios」）。因此對某些人而言，這只是在「無法分辨出差別的抽象名詞之間」進行口舌之爭，是以他們經常對此表現出輕視和懷疑態度。然而，對公元四世紀的基督徒來說，他們心中明瞭的信仰已然全盤動搖，許多問題都出現了爭論，像是聖經經文、禮拜儀式、對信仰的概括理解等等，但這之中最主要的問題則是「救贖的本質」。

如果不求甚解地認為「救贖就是可以上天堂」，那麼將無法理解公元四世紀時教會的普遍心態。對於那時的神學家來說，救贖代表的是一種與上帝立即而親密的融合，因為獲得救贖的人類可以說已經「成聖」，也就是「分享了神的本性」（出自〈彼得後書2 1:4〉）。這並不是說人會變成上帝（ho Theos），而是會變得神聖（theios或theos）。他們相信基督化為人類形體，是為了將人類從死亡的桎梏中解放出來，使人類的內心能夠直接容納神聖的存在。東方的教會一直很明確地教導這件事，而在羅馬天主教的傳統中，這個神學觀點也從未消失（不過，經常會被遺忘）。

在亞他那修或加帕多家教父心中，最重要的問題在於——對有限生命的受造物來說，如何能與至高無上的上帝做這麼神聖的融合？他們和許多其他人都接受「上帝變成人，因此人或能成為神」這句話，由此推論，聖子或聖靈有沒有可能是一種次級神，或更糟地，只是一種受造物？而只有上帝才有能力將受造物和上帝融合，任何次等的媒介將永遠地、無限地與上帝疏離。

加帕多家教父與歐諾米學說之間的諸多爭論極其繁複精細，但也許最簡單的推論最是清楚有力；意即，如果將我們和聖父融合為一的是聖子，而在只有上帝能將我們與上帝融合的理解下，那麼聖子就是上帝；假如在教會的救贖與信仰的生命之中，將我們和聖子融合為一的是聖靈，而在只有上帝能將我們與上帝融合的理解下，那麼聖靈也一定是上帝。

教父的年代

聖奧古斯丁的著作，皆為神學提問的重量級作品。他的《懺悔錄》（Confessions）就以前所未有的方式探索了靈魂內在的生命；重要論文《上帝之城》，則詮釋「基督教信仰光輝下的全人類歷史」；而自加帕多家教父開始大力鼓吹的三位一體神學觀，也在他所著的《三位一體論》（On the Trinity）中展現出新的深度與精妙的結構。

教會歷史的最初幾個世紀通常被稱為「教父的年代」，也可稱為「教會教父的年代」。這些教父都是神學家，是他們——首次闡明了基督徒聖經註釋的原則；首次嘗試建立、美化基督徒教義所使用的詞彙；更首次運用希臘哲學的方法及其豐富內涵，深入探討並釐清「教會從耶穌身上，到底獲得了什麼啟示」。

從許多方面來看，教會歷史的最初幾個世紀可說是基督徒思想的黃金時代，該時期的成就前無古人，後無來者，即便是後來亦沒有可與之並駕齊驅的時期。別的不提，純就教父的著作來看，其特色是「經常帶有大膽的推測」，後世的神學家因受限於定義已然明確的教條，幾乎不可能擁有這樣的特色。這些偉大教父的思想在自由開放的風氣中成長茁壯，因此帶有一股原創和啓發力量；他們思想上的特色也許無法永世流傳，但與後世的神學相較，卻經常予人更爲生動親切的觀感。

護教士，爲信仰而辯護

教父時代的第一批神學家被稱爲「使徒的教父」（Apostolic Fathers），因爲他們是使徒最早的繼承者，接續了領導教會的責任。使徒教父之中包含諸多傑出人物，例如公元一世紀後期的羅馬主教革利免一世、公元二世紀殉道的安提阿的伊格那丟，以及士每拿的坡旅甲。

雅里斯底德是早期教會的一位護教士。他和其他信仰辯護者所寫的文字有個共通點，那就是幾可確定，雅里斯底德所寫的辯護文從未送達收件者，也就是羅馬皇帝安敦寧·畢尤的手上。

此外，公元二世紀中期到晚期出現了一批使徒教父的後繼者，通稱爲「護教士」（Apologists），他們運用希臘哲學的語言和方法，向異教世界申辯基督教信仰。其中，夸德拉圖斯（Quadratus）於公元一二五年左右向羅馬皇帝哈德良（Hadrian，公元七六年～一三八年）陳述了一份基督教的辯護文；雅里斯底德（Aristides）於公元一四五年左右上書皇帝安敦寧·畢尤（Antoninus Pius，公元八六年～一六一年），內容與夸德拉圖斯相近；另有撒狄的墨利托（Melito of Sardis）向皇帝馬爾庫斯·奧列里烏斯（Marcus Aurelius，公元一二一年～一八〇年）發表了一篇辯護文。而護教士之中最偉大的一位，當屬殉道者游斯丁（Justin Martyr，約公元一〇〇年～約一六五年），他運用了斯多噶學派「存在於萬物、亦有部份表現在理性知識分子

身上」的神聖之「道」（邏各斯），來闡釋上帝的永恆之子，也就是，化身為人類的耶穌到底是什麼。

不過，當時最細膩的神學思維，或許非里昂的聖愛任紐（St Irenaeus of Lyons，約公元一三〇年～約二〇〇年）莫屬。其著作《駁異端》（Against the Heresies）寫於公元一八〇年左右，不僅嚴屬抨擊諾斯底學說，更展現出一套人性「重現」於耶穌身上的精妙理論。另一位或可能和愛任紐相提並論的原創思想家，為北非的法學家特土良（Tertullian，約公元一五五年～約二三〇年）。這位神學家使用了斯多噶學派的形而上學來解釋三位一體的概念，悍然對抗異教賢士。

▌偉 大 的 教 父 時 代

教父年代的高峰期，始於兩位傑出的亞歷山卓智者革利免與俄利根（他們都曾擔任「亞歷山卓教導學院」院長）；尤其是俄利根，他不只是以希臘哲學的概念與方法來闡述信仰，更開始發展一種特殊的基督教哲學。他們兩位同時也是率先以系統性方式詮釋聖經的出色人物，此外，他們亦特別強調精神生活的耕耘，這為之後的基督教宗教傳統奠下了基礎。簡而言之，儘管俄利根的許多看法被斥為非正統，但他對後世基督徒的思想確然有著不可磨滅的影響。

然而，直到公元四世紀，教父時代才出現第一批以己身思想學說來定義「基督教正統」的神學家；毫無疑問，這個世紀是基督教思想最關鍵的發展時期。像是嚴屬斥責阿利烏主義的亞他那修，便是一位研究經文極為精深的神學家，其短篇論文《論道成肉身》（On the Incarnation of the Logos of God）是早期教會的經典之作，文中反映出對於救贖、以及奉基督為神的思想，所涵蓋的層面與文章的廣度都讓人印象深刻。

此外，在阿利烏爭論中，巴西流、納齊安的額我

略、尼撒的貴格利這三位「加帕多家教父」不僅是才智最為卓越的尼西亞正統派派擁護者，更是集諸家思想大成之士。三人之中，以納齊安的額我略口才最犀利，立論最精確；而思想最具原創性、哲學推論最大膽的，則要屬尼撒的貴格利，他對「三位一體」的見地，顯示出他對概念的理解與熟練已臻基督教思想發展上前所未見的境界。尼撒的貴格利發展了一種易懂的形而上學，這在希臘傳統的哲學家之

> 「若是台伯河淹上城牆，若是尼羅河水沒有漲到田裡，若是天空不動，又或大地動了，若是飢荒遍野，若是瘟疫橫行，立刻就會出現這樣的呼喊：『把基督徒丟給獅子吃！』什麼？全部的基督徒都丟給一隻獅子？」──迦太基的特土良，《護教學》（Apology），第40章第2節，約公元197年

中（無論是異教或基督教）是為第一人；他還自修正後的希臘思維傳統哲學領域取經，針對「有限的靈魂和永恆的上帝之間，關係如何運作」的提問，發展出創新見解；此外，他於精神方面的著作，更是被奉為冥想神學的經典。

▌ 聖 奧 古 斯 丁 ， 形 塑 了 西 方 神 學

　　在教父的年代中，有位來自北非的傑出人物為西方教會帶來了非常深遠的影響，他是希坡的聖奧古斯丁（St. Augustine of Hippo，公元三五四年～四三〇年）；相較之下，沒有任何一位以希臘語或敘利亞語寫作的神學家，能影響東方教會如此之鉅。奧古斯丁擁有源源不絕的獨創性，他精通哲學，文學造詣極高，富敏銳的思考能力。這不僅使他不同於當時的人物，即便與歷史上所有的神學家相比，也少有人能與之並論。他著作無數，其中最傑出的一些論述全成了基督教學術傳統裡源遠流長的不朽作品。

　　這樣形容一點也不誇張，意即，後來的西方神學幾乎沿用了奧古斯丁留下的所有概念性文句、原則性詞彙和特性，以及決定性議題。晚年，他以神學看法建立了一套關於「罪」，以及神聖恩典與人類自由之間關係的

年表

公元431年
「基督神性與人性之間的關聯」所引發的爭議，使得亞歷山卓的區利羅在「以弗所大公會議」（Council of Ephesus）上，尋求罷免君士坦丁堡總主教聶斯多留（Nestorius）的職務。

約公元630年
賽維亞的依西多祿編纂了《詞源》（Etymologiae），彙集了古代文化中的所有學習資料。

約公元740年
大馬士革的聖約翰寫下《正統信仰論》一書。

註1：守道者（Confessor），是一種封聖的頭銜，意為「曾為信仰而受苦受難，但並未因此死亡」，與殉道者（Martyr）有別，亦不同於現代對Confessor的解釋用法。

註2：亞略巴古的丟尼修，出自〈使徒行傳17:34〉。

註3：一種結合了宗教的哲學思想，原為歐洲中世紀天主教會在經院中教授神職人員的理論，故名。其發展過程中，受柏拉圖與亞里斯多德思想影響極深。

論述，這套論述完全形塑了後來的整個西方神學。真切地說，西方基督教，正是奧古斯丁的基督教。

把焦點放在「基督論」上

接下來的幾個世紀，教會內部對於教義的爭論主要聚焦於「基督論」（Christology），換句話說，這是「基督神性與人性之間關聯」的神學。這個領域裡沒有任何一位神學家能比亞歷山卓的聖區利羅（St. Cyril of Alexandria，約公元三七五年～四四四年）更為傑出。此外，教父年代裡還有一位偉大的「基督論專家」，他是守道者[1]聖馬克西姆（St. Maximus the Confessor，約公元五八〇年～六六二年），其哲學思維很可能是基督教神學歷史中最專一精細的；不只是在基督論方面，他所獨創的形而上學、三位一體的神學、精神層面的見解，以及人類學都相當艱深繁複，他於後世的評價向來極高。

馬克西姆在形而上學方面的洞察能力，有部分是受到偽丟尼修（Pseudo-Dionysius）的啟發。偽丟尼修是一位活躍於公元五世紀末、六世紀初的敘利亞作家，他借用《新約聖經》中亞略巴古的丟尼修[2]（Dionysius the Areopagite）之名，寫下了名聞遐邇的論文。偽丟尼修的論述使用了後期柏拉圖主義的哲學理論，以闡釋基督徒如何理解上帝神聖超然的存在。事實上，若提到對東方或西方基督教哲學歷史最有影響力的人，偽丟尼修肯定是其中一位，儘管他的真實身分仍屬未知。

西方教會通常認為「教父年代」結束於賽維亞的依西多祿（St. Isidore of Seville，約公元五六〇年～六三六年），東方教會則傾向是結束於大馬士革的聖約翰（St. John of Damascus，約公元六七五年～七四九年）。依西多祿編纂了詞源學的類百科全書，並撰寫關於人道戒

文本翻譯不可不慎

聖奧古斯丁才智卓絕，令西方神學永遠地接納了他的一些見解，其中最顯著的或許是「預定」的觀念，意思是，永恆的上帝選擇了一些人來拯救，同時「遺棄」了其他的人；這個概念，一般相信是受到聖保羅的影響。但此觀點在東方基督教世界從未受到重視，東西方的差異如此之大，有很大一部分原因在於「文本的翻譯過於天馬行空」。

「預定」（predestination）這個字的拉丁文為「praedestinare」，相較於奧古斯丁原以希臘文寫就的字眼「proorizein」，是個要強烈許多的動詞；實際上，proorizein這個字不過稍稍比「事先揀選」的意思強烈些罷了。

更重要的是，奧古斯丁在解釋保羅的特定文字時，尤其別具新意——像是他讀〈羅馬書〉第九至第十一章時，便將其視為一場「關於靈魂選擇與遺棄」的演說，但其實這些章節更像是著重於「關心以色列人與教會之間的糾結衝突，以及最終的和解」；他還指出，在這些章節裡，保羅除了認為「所有以色列人都將得救」，完全沒討論到救贖的問題。

此外，東方和西方教會對「原罪」的理解之所以天差地遠，可能也得歸咎於類似的文本翻譯問題。所有基督徒都相信，我們生來就有罪，也就是說，我們被死亡奴役，身體、心靈和慾望皆受著日漸腐化的苦難，並與上帝漸行漸遠。

在上帝眼中，新生兒出於某種原因已犯了罪，並且有罪——但，這種觀點只盛行於西方。部分原因是，奧古斯丁所熟悉的〈羅馬書5:12〉拉丁文譯本，某個句子最後面的子句被錯譯，因而導致錯譯後的文意似在說——因為「亞當」，於是「人人都犯了罪」[4]。

但實際上，希臘文本所說的意思並不是這樣，這一節說的是——死亡是所有人都有罪的結果，或者說因為罪是世間萬物都有的，所以萬物都會死亡；而並未將罪歸因在那些還沒犯下任何惡行的人身上。

◆◇◆◇◆◇◆◇◆◇◆◇◆◇◆◇◆

註4：〈羅馬書5:12〉該句話為：「正好像罪藉著一個人入了世界，死又是從罪來的，所以死就臨到全人類，因為人人都犯了罪。」——新中文譯本。

律、藝術與科學、道德神學，以及教會規章等書籍。而約翰雖是一位更具創造力、也更為嚴謹的哲學家，但他為後世稱頌的主要是，他將過去的所有教父思想綜合整理成《正統信仰論》（On the Orthodox Faith）一書，此為基督教「經院哲學」[3]（Scholasticism）的第一本鉅作。依西多祿和約翰，他們兩位的作品象徵了基督教思想文化的改變，而當時的人感受到的應是——基督教思想所掀起的第一波驚濤駭浪，終於開始平息了。

羅馬城殞落，全新西方基督教國度興起

羅馬城的廣場。西哥德人亞拉里克於公元410年洗劫了這座城市之後，積弱不振的西羅馬帝國僅僅多撐了七十年便完全崩解。相較之下，東羅馬帝國則一直維持到公元1453年君士坦丁堡被鄂圖曼人攻陷為止。

早在君士坦丁大帝於公元三三〇年將在他手中復歸統一的羅馬帝國首都遷至拜占庭之前，西羅馬帝國已經歷了很長一段時間的衰退期；反觀東羅馬帝國，無論從社會、政治、經濟、文化和人口統計來看，它在每一方面都長期占有著極大優勢。

實際上，羅馬城亦早就不是皇帝日常起居的地方。那位將羅馬帝國分為東西兩部、任命自己為帝國東部主皇帝的戴克里先（公元二四五年～三一六年），將宮廷設於尼科米底亞│1（Nicomedia），而在他之前的許多羅馬皇帝則選擇住在米蘭（Milan）或南方的多瑙河谷；此外，西羅馬帝國滅亡前的最後幾十年，則定都於拉溫納（Ravenna）。

打從公元三世紀中期開始，整個帝國就一直在抵禦外來的「蠻族」，像是日耳曼人、來自巴爾幹半島的部落等等。但隨著西方的拉丁語人口逐漸減少，「蠻族」開始以遷徙、定居，以及部分同化這些方式，逐漸取代西羅馬的老舊人口。由於農村人口不足，「蠻族」開始占據荒蕪的農田，同時在帝國軍隊內的官階也逐漸攀升，甚至擔任了指揮官的職位，最終，他們獲得了貴族的特權。

▎蠻族入侵西羅馬帝國

但這並不是說，日耳曼勢力於西方的崛起絲毫不帶血腥殺戮和破壞。哥德人（Goths）、汪達爾人（Vandals）、阿拉曼人（Alemanni）、勃艮第人（Burgundians）、格皮德人（Gepidae）和法蘭克人（Franks）等皆是驍勇善戰的族群，素以紀律森嚴著稱，對戰爭的險惡毫無退避之意。此外，公元四世紀中期以降，許多西方城市經濟衰退、農業不振，隨之而來的便是軍事防衛力量普遍低落，古老的西羅馬帝國宛如一塊俎上肉，只能任人宰割。

公元五世紀初，保衛西羅馬帝國和羅馬城不受西哥德人（Visigoths）與東哥德人（Ostrogoths）劫掠蹂躪的責任，落在那位身體流有一半汪達爾血統的帝國執政官──弗拉維斯‧斯提里科（Flavius Stilicho，公元三六五年～四○八年）肩上。公元三九五年，雄心勃勃的亞拉里克（Alaric，約公元三七○年～四一○年）成了西哥德人的國王，在這之前，他是羅馬軍隊在東方的將軍。亞拉里克當上國王後，決定向帝國的國庫索取賠償

註1：尼科米底亞，為現在土耳其的伊茲密特（Izmit）。

111

（因為帝國先前承諾要付與一筆經濟援助，後來卻背信不肯給付）。他帶著大軍朝君士坦丁堡前進，中途改道進入希臘，洗劫了許多城市。公元三九七年，東羅馬帝國皇帝阿卡迪奧斯（Arcadius）賜予亞拉里克「戰士之尊」（master of soldiers）的封號，希望達到安撫懷柔的效果，但亞拉里克仍不滿足，後於公元四〇一年率軍進入義大利。

不過，公元四〇二年及四〇三年，斯提里科兩次擊敗了哥德人，令亞拉里克暫時退兵，只是，蠻族的補給彷彿取之不竭，用之不盡。後來，斯提里科又於四〇六年擊退東哥德人，四〇七年逼退高盧人（Gauls），這一年，他甚至迫於情勢向亞拉里克請求協助。但公元四〇八年，斯提里科被懷疑為其子謀奪皇位，而遭皇帝處決；羅馬政府及軍隊的「肅清派」隨之屠殺了羅馬軍隊裡所有哥德士兵的家屬，可想而知，這些哥德人全都叛逃，投向了亞拉里克。不僅如此，羅馬皇帝弗拉維烏斯・霍諾里烏斯（Flavius Honorius）仍堅決不付土地、賠償金給亞拉里克的子民，亞拉里克於是親率大軍進攻羅馬。

公元四〇八年，亞拉里克的大軍將羅馬城團團圍住，元老院的議員奉上大筆獻金才使亞拉里克的態度趨緩。只是皇帝霍諾里烏斯一直不願向亞拉里克妥協，因此，亞拉里克隔年又再次領軍兵圍羅馬城，並再度因接受了大筆黃金然後撤軍。公元四一〇年，亞拉里克對羅馬皇帝的一再失信、無法兌現承諾感到厭倦，因此第三度包圍羅馬城；城中的同夥大開城門，導致羅馬城這八百年來首次被外來的侵略者占領。

以亞拉里克為首的西哥德人控制了羅馬城三天，搜刮了許多金銀財寶，但並未對城市造成什麼損害，也沒有侵擾百姓。他們尤其小心翼翼地沒敢破壞城裡任何一座教堂，只因這些「野蠻人」全是基督徒。

日耳曼部落的福音傳播

教會第一次明確對哥德人傳揚福音是在公元四世紀中期，主要由哥德學者烏爾菲拉（Ulfilas，約公元三一一年～約三八二年）進行；據推測，此人出身於加帕多家。烏爾菲拉不只是第一位在日耳曼部落人民之間傳教的人，他也是第一位發展出哥德字母的人（根據希臘與拉丁典籍記載），更是第一位將聖經翻譯爲日耳曼方言的人（現僅存殘稿）。

公元三四一年，烏爾菲拉帶領一批使節團來到君士坦丁堡，主教尼科米底亞的優西比烏 |2（Eusebius of Nicomedia）將聖職授予烏爾菲拉，任命他爲哥德人的主教。憑藉著強大的說服力，烏爾菲拉在接下來的三十年間聚集了大批信仰基督教的哥德人。但到了公元三七五年，他被迫帶領信徒進入羅馬帝國領土，希望帝國保護他們不受其他哥德人迫害。而事實證明，他推動哥德人改信基督教的努力沒有白費，接下來的幾個世紀裡，「蠻族的受洗」仍持續不輟地進行著。

只是，烏爾菲拉的基督教是以阿利烏神學爲中心，承自主教尼科米底亞的優西比烏等人。影響所及，阿利烏主義不僅成爲西哥德人與東哥德人基督教的特點，勃艮第人和汪達爾人等其他日耳曼部落的基督教信仰亦然，還由此深深形塑了日耳曼文化的自我認同意識，更因此與羅馬天主教有所區隔。

蠻族稱霸的時代

公元五世紀期間，原屬於西羅馬帝國的領土如西班牙、高盧、義大利等地，四處崛起了新的蠻族王國。公元四二八年，汪達爾人甚至入侵帝國在北非的版圖，破壞了舊帝國在地中海世界的秩序。因此，當希坡的奧古斯丁於公元四三〇年去世之際，這位偉大神學家所在

註2：尼科米底亞的優西比烏，是爲君士坦丁施洗的主教，並非那位基督教史學家優西比烏（約公元275年～339年）。

這幅繪畫描述了，公元452年，阿提拉與教宗良一世（Pope Leo I）在曼切華（Mantua）會面的場景。教宗勸阿提拉不要攻擊羅馬，後來是瘟疫逼使阿提拉放棄了義大利（這位匈人的首領於翌年前往攻打東羅馬帝國的路上逝世）。儘管匈人撤退了，但西羅馬帝國此時已與「蠻族」國度無異。

註3：由於北匈奴西遷與三百年之後在歐洲出現的匈人時間上吻合，因此有學者認為匈人即為中國古代的匈奴，但這個說法目前尚無定論。

註4：羅慕路斯·奧古斯都，亦稱「小奧古斯都」。他的名字甚有巧思，正好集合了傳說中建立羅馬城的「羅慕路斯」，與建立羅馬帝國的「奧古斯都」；諷刺的是，他是西羅馬帝國最後一位皇帝。

註5：這裡指的是查理曼所建立的加洛林帝國。

的城市正岌岌可危；到了公元四三五年，迦太基城終落入入侵者之手。

而後，西羅馬帝國在形式上仍維持了一段時間，無論如何，還是有皇帝在位，只是這些皇帝多是蠻族的國王，要不就是必須仰賴蠻族。公元四五一年，讓東西羅馬帝國聞風喪膽的阿提拉（Attila）率領匈人|3（Huns）進入高盧，於翌年兵臨義大利；西哥德人、阿拉曼人、法蘭克人由此與西羅馬帝國軍隊並肩作戰。公元四七六年，日耳曼首領奧多亞塞（Odoacer）驅逐了西羅馬帝國最後一任皇帝羅慕路斯·奧古斯都|4（Romulus Augustulus），自命為義大利國王。

儘管信仰的是阿利烏一派的基督教，這些日耳曼背景的國王卻甚少干預羅馬天主教的運作。最後，日耳曼人信仰的阿利烏教義為尼西亞正統派派所取代，在這一點上扮演最重要角色的，或許是後來改信天主教的克洛維一世（Clovis，公元四六六年～五一一年）。他於公元四八一年成為法蘭克王國（Salic Franks）的國王，克洛維的墨洛溫王朝（Merovingian Dynasty）憑著自身的力量建立了強權和深廣的影響力；而於公元七五一年接續它的卡洛林王朝（Carolingian Dynasty），則是在兩百多年後成為「後羅馬時代與前現代時期裡，最強盛、幅員最廣的歐洲帝國|5」。

羅馬不是上帝之城？

公元前三九〇年，布倫努斯（Brennus）率領居爾特人（Celts）攻進了羅馬城門，將羅馬人民圍困於卡比托利歐山（Capitoline）；之後，這座偉大的城市便再也不曾被外來的侵略者攻破，直至公元四一〇年，西哥德人亞拉里克率軍大舉攻城洗劫。幾個世紀以來，羅馬一直是「永恆之城」，無人能破，它被視為世界的中心。因此相較之下，敵軍對羅馬的攻陷所帶來的象徵性衝擊，遠超過這短短三天的占領對城裡造成的輕微損害。一些異教的擁護者甚至認為，帝國之所以疲弱至此，乃是因為放棄崇拜古老神祇的緣故。

正是這類方興未艾的異教看法，促使聖奧古斯丁寫下他駁斥異教最具代表性的作品《上帝之城，駁異教徒》（On the City of God, Against the Pagans）。在這部鉅作中，奧古斯丁以「人間之城」（civitas terrena）和「上帝之城」（civitas Dei）這兩座城市進行對比，敘述了完整的人類歷史。他強調，這兩座城市最終是對立的，因為它們各自擁有不同的政體，彼此的價值與美德都是對立的，每一個靈魂不是這座、就是那座城市的居民，但在歷史上，這分屬不同城市的兩群人卻又無可避免地相互影響著。

奧古斯丁認為，異教徒的美德事實上是「華麗的罪行」，異教文化是那麼重視好戰的美德，且崇尚暴力，而這主要是為了滿足人類對讚美與名聲的慾望。但另一方面，上帝之城代表的是一個和平的社會，和平是它的正常狀態。城裡四處皆行美德，像是博愛；頌揚的對象只有「上帝」，不去追尋所謂的「偉人」。因此，羅馬這座凡間之城的殞落，從本質上來看原是一時的現象，而非最終的結果，而唯有耶路撒冷這座恆久安寧的神聖之城，才是真正的不朽。

西哥德人的首領亞拉里克率領大軍，於公元410年占領了羅馬。

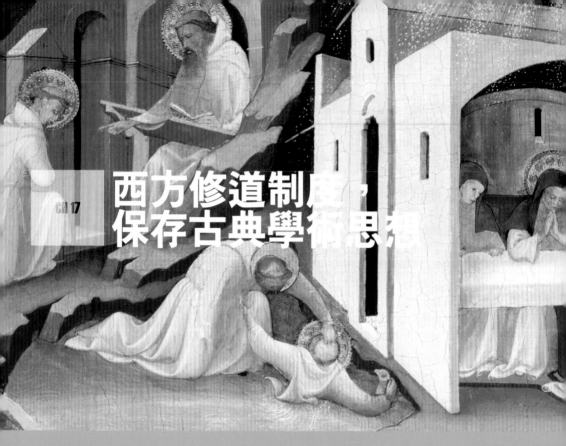

CH 17 西方修道制度，保存古典學術思想

這幅〈聖本篤之生平事蹟〉，由文藝復興時期的佛羅倫斯畫家莫納可（Lorenzo Monaco）作於公元1407年～1409年。畫作正中央描繪，門徒聖莫努斯接受了聖本篤所賦予的力量後，得以在水上行走，拯救了溺水的聖普雷西杜斯（St. Placidus）。

有個受到十八世紀末歷史學家愛德華‧吉朋影響而廣為傳播的「迷思」是——基督教的興起促使了羅馬的沒落，以及後來通稱「黑暗時代」（Dark Ages）的來臨。這是完全錯誤的迷思。導致西羅馬帝國慢慢瓦解的亂潮，和新興的基督教一點關係也沒有。此外，若非西部歐洲的基督教修道制度，可以說，古典拉丁世界傳承下來的學問也許將隨著帝國的毀滅而消失殆盡。

本書第十一章〈大漠之城，修道制度的興起〉曾論及，基督教的修道制度始於東方的沙漠之中，但很快便傳到西方。若提到將埃及人的禁慾主義帶到拉丁基督教世界，最重要的人物莫過於約翰・卡西安（John Cassian，公元三六〇～四三五年，又稱隱修士約翰 John the Eremite），此人於馬賽（Marseilles）建立了聖維克多修道院（Abbey of St. Victor）。

卡西安的出身已無法考究，一般相信他是出生於羅馬的高盧人，他向東旅行，與沙漠教父一起修道了一段時間之後才回到家鄉；不過，他也有可能是在東方出生的，有份古代資料指稱他是斯基泰人（Scythian，或譯為賽西亞人）。可以確定的是，卡西安是在伯利恆開始他的修道生活，接著旅行到埃及，在上埃及底比斯地區接受隱士們的精神訓示。

卡西安與西部歐洲修道制度

卡西安於公元三九九年左右旅行至君士坦丁堡，當時的宗主教是偉大的基督教演說大師——「金口」聖約翰・屈梭多模（St. John Chrysostom）。屈梭多模任命卡西安為助祭，並請他擔任教堂的司庫。事實上，後來，卡西安之所以離開東方，很可能是出於對屈梭多模的忠心。原來，這位宗主教在君士坦丁堡樹立了強大的敵人，因為他公開指責富豪權貴的奢華浪費以及忽視窮人。公元四〇三年，他因不實指控而被罷免教職，貶至亞美尼亞。卡西安組織了一支使節團前往羅馬，希望說服教宗依諾增爵一世（Pope Innocent I，卒於公元四一七年）為屈梭多模說情。在西羅馬帝國皇帝霍諾里烏斯的協助下，教宗確實盡可能運用了自己的影響力，只是他在東方沒有實權，而後證明其一切努力全屬徒勞。

公元四〇五年，當時仍待在羅馬的卡西安被任命為教士。自此，他似乎開始將心力放在建立一座有組織的基督教修道院上，而地點則位於高盧。公元四一五年，他不只在馬賽建立了他最為人著稱的修道院，甚至還興建了一座女修道院，並擔任修道院院長直到逝世。他的

約翰・卡西安的半身聖物箱。他最主要的兩本著作，乃編纂了沙漠教父的智慧。《修道生活的規範》所談為修道院組織方面的事，而《沙漠教父文集整理》則專注於「人的內在訓練，以及如何達致盡善盡美的內心」。

著作已知有──《沙漠教父文集整理》（Collationes，或稱Conferences），內容是有系統整理埃及沙漠教父的一些舊事，並將他們的教導以對話形式加以彙整；此外，也有一大部分內容是關於基督徒禁慾時的內在心理狀態。而他的另一部著作《修道生活的規範》（Institutes of the Monastic Life）則專注於禁慾生活的管理規則，以及如何面對「基督徒冥想時，必須與之奮戰的八種主要誘惑」。

▍西方修道之父聖本篤

　　而提到真正的「西方修道傳統之父」，則非努西亞的聖本篤（St. Benedict of Narsia，約公元四八○年～約五四七年）不可。他出身義大利貴族階級，受過良好教育，卻從年輕便隱居過著修道生活，其非比尋常的虔誠名聲很快傳遍四方。數年後，他受邀擔任一所修道院的院長，地點就在他隱修地點附近。他對院內僧侶的要求非常嚴厲，有些僧侶無法忍受，（據說）試圖毒害他。之後，聖本篤回歸隱士生活，但信徒很快地在他身邊聚集起來，他便依照自己設計的模型建立了好幾所修道院。在那之後，聖本篤往更南邊遷移，來到一個尚未完全改信基督教的地區，並在卡西諾山（Monte Cassino）建立了他最著名的修道院，此地約位於羅馬與那不勒斯的中點。聖本篤要求他的僧侶擁有意志力以忍受修道院的規範，將心力專注在祈禱上，遵從院長的指示，並為窮人與病人服務。

　　如果不考慮聖本篤個人樹立的典範，也許他對西方修道文化最大的貢獻，是他為修道院僧侶所寫的《規章》（Rule）一書。相較於東方隱修的規範（像是該撒利亞的聖巴西流的著作），可看出西方的規章較為平和審慎，像是僧侶可有一整晚的睡眠，穿著溫暖的衣服和擁有分量適當的食物，體弱多病或未成年的修士因體能

不足可免除勞動。《規章》的主要目的在於建立一套規
則，讓修道社群能和睦相處，敬愛上帝，爲他人禱告與
服務。但整體來說，這是一套嚴格的規章，它詳細規定
了成爲修士的這段時間該做的事情，以及生活中該有的
貧困、禁慾與服從，且一切都是完全公開。

此外，《規章》也讓日常生活安排更有條理。它制
定了每一天的「禱告時間」（Canonical Hours，拉丁文
爲「horae canonicae」），在這個時間，
修道院的每個人都必須集合起來進行共
同禱告和禮拜。此外，書中還確切說明
了修道院該如何管理，如何接待賓客；
詳盡描述了院長與僧侶的職責；規定犯
錯的僧侶該如何處分以將其導回正途。
《規章》也將每天約略分成幾個相等的
時段，安排僧侶在這些時段進行體力勞
動或抄寫工作，獨自研讀，以及全體共
同進行儀式。

> 「若是聖餐桌上擺滿了黃金聖餐杯，
> 而你的兄弟卻快餓死了，那有什麼意
> 義呢？你應該先餵飽他的肚子，剩下
> 的你才考慮放在祭壇上做裝飾。」
> ──聖約翰·屈梭多模，《馬太福音
> 的訓誡》（Homily on the Gospel of
> St. Matthew）

整體說來，聖本篤留給西方基督教修道制度的特殊
精神，在於其明智的節制態度，它強調──簡樸甚於嚴
苛，家居形式的自我克制甚於英雄崇拜，以及身體上的
修練甚於責罰。即便後來某些西方修道制度出現了更近
似東方、更爲嚴酷的修行方式，但聖本篤所建立起的修
行生活態度在西方一直占有主導地位。

┃ 教會竭力保存文化遺產

若非聖本篤和其他人所建立的修道院設有圖書館
與抄寫室，隨著西羅馬帝國的沒落，接下來不可避免地
便是西部歐洲文化的毀滅。當西方逐漸被隔離在東方基
督教世界的高度文明之外，來自希臘的知識漸趨匱乏，
能夠以承續古代學術文化而自豪的地方只剩下教會。公
元六世紀，基督教哲學家波伊提烏（Boethius，約公元

四七五年～五二四年）竭盡全力進行維護斷簡殘編的工作，以對抗這段學術黑暗時期。他希望翻譯柏拉圖和亞里斯多德的所有著作，爲它們加上註記評論，同時出版音樂、數學、幾何學與天文學方面的書籍。可惜他壯志未酬，因不實指控而被義大利的東哥德王國國王狄奧多里克（Theodoric，卒於公元五二六年）下令處死，一切計畫戛然而止。在這之後，幾乎只靠著僧侶們辛勤的工作，從殘垣破瓦之中保存古典西方文學與思想的點點滴滴。

> 「不要暴躁或是太過緊張，不要嚴苛或是太過固執，不要忌妒或是太過疑心，否則永遠都無法沉靜下來。對於所有命令，無論是精神上的或俗世的，都要抱持審慎與體諒之心。」
> ──聖本篤的《規章》，第64章〈關於修道院長的理想態度〉

這方面最重要的人物莫過於卡西歐多魯斯（Cassiodorus，公元四九○年～約五八五年）。這位僧侶原是義大利的貴族階級，成年之後在東哥德的行政機構擔任了一段時期的政府官員，經歷過狄奧多里克、阿撒拉里克（Athalaric，公元五一六年～五三四年）等政權。但在公元五四○年之後的某個時期，他興建了一座名爲維瓦利烏（Vivarium）的修道院，地點位於現今義大利南部卡拉布里亞區（Calabria）的斯奎拉切（Squillace）附近。修道院收集留存了許多手抄本，僧侶的工作就是抄寫與保存古代羅馬的學術成就，以及希臘基督徒的思想。維瓦利烏修道院成果斐然，之後數個世紀裡，帶動整個西部歐洲（自地中海到不列顛群島）的許多修道院成爲學術知識的寶庫，收藏了眾名家如維吉爾（Virgil）、奧維德（Ovid）、西塞羅（Cicero）、普林尼（Pliny）、賀拉斯（Horace）、史塔提烏斯（Statius）、裴爾席烏斯（Persius）、盧坎（Lucan）、蘇埃托尼烏斯（Suetonius）、塞內卡（Seneca）、馬提奧（Martial）、阿普列尤斯（Apuleius）、朱維納（Juvenal）和泰倫提烏斯（Terence）等人的著作，同時也有柏拉圖、亞里斯多德，以及眾希臘教父的拉丁文作品。

這是一幅作於法蘭克王國卡洛林王朝時期的象牙浮雕，雕繪了教宗聖額我略一世與抄寫經文的僧侶。在保存古典時代的學術上，修道院可說扮演了關鍵角色。

卡西歐多魯斯同時也是最早編撰基督教百科全書的人之一，他為科學與藝術進行概述，並寫下手稿供研讀和指導使用。其著作《神聖與俗世學問的原則》（Institutes of Divine and Secular Letters）除了對基督教聖經和神學進行論述，還包括了七種通用學科在內的課程，像是文法、邏輯和修辭的「三學科」（trivium），以及幾何、算術、音樂和天文的「四學科」（Quadrivium）；之後到了中世紀，這些科目全都變成基礎與高等教育的課程。卡西歐多魯斯還有其他的論說傳世，例如他竭盡心力所寫的《編年史》（Chronicon）便是一部自亞當和夏娃時代以降的人類歷史，其他著作尚包括對音樂理論和其他「一般藝術和準則」的闡述，以及古典文法大師的作品選集。

與西羅馬帝國殞落所失去的學術文化相比，這些努力也許只是小巫見大巫。儘管如此，若不是有基督教的學術貢獻以及前人所留下的思想遺產，而後在教會不遺餘力地完好保存之下有了些微的傳承，那麼後來所謂的「黑暗時代」將會真的非常黑暗。

一道容納宇宙萬物的太陽光

除了教宗聖額我略一世（Pope St. Gregory the Great，約公元五四〇年～六〇四年）所寫的《對話錄 第二輯》（Second Book of Dialogues），關於那位來自努西亞的聖本篤，我們手中並沒有他的任何生平記錄。此外，教宗所寫的這本書也非歷史方面的學術之作，此書記載的是聖本篤的許多生平軼事，並描述一些神奇的事蹟與神祕的經驗，至少有幾則彷彿為聖本篤添加了傳奇色彩。

例如，額我略一世寫道，聖本篤首次擔任修道院院長時，僧侶密謀毒害他，但當聖本篤為裝了毒酒的酒瓶祝禱時，酒瓶立刻碎裂，陰謀登時曝光。額我略一世也提及，聖本篤能讓岩石湧出泉水，或是從一個酒瓶裡無止盡地倒出香油。聖本篤還將水上行走的能力賦予門徒聖莫努斯（St. Maurus），以此拯救了另一位行將溺斃的門徒。聖本篤也被認為具有「以肉眼看出別人內心最深處想法和慾望」的能力。

教宗聖額我略一世曾敘述聖本篤的某則生平事蹟——他為那下了毒的酒祝禱，酒杯竟應聲碎裂。這幅畫是由15世紀的畫家巴托羅梅·狄·喬凡尼（Bartolomeo di Giovanni）所繪。

不過，有個故事也許能充分反映出一件真實發生過的事。額我略一世在書中第三十四章提到，聖本篤在生命盡頭的最後幾天目睹了異象，那是來自上帝充滿世間萬物的無盡榮耀。額我略一世是這樣描述的——某天深夜，聖本篤突然發現自己沐浴在一片不屬於塵世的光芒之中。這片光芒是清楚可見的，似乎比太陽的光芒更耀眼，它從上方灑落在他身上，純淨無瑕的明亮驅走了所有的黑暗。

這片異乎尋常的光輝，是代表上帝榮光的超自然太陽所帶來的異象。不過更神祕的事情還在後面，就在那一片光芒中，聖本篤不知為何彷彿看到了世間萬物聚合為一，那道聖光也收聚為光束，萬物全部納入光束之中。在異象持續的這段時間，聖本篤可說飽覽了上帝的卓越、全能與美，並意識到，上帝的永恆是有限的心靈所無法領會的。

西部歐洲，基督教王國

CH 18

都爾的聖瑪爾定直接向皇帝朱利安陳情，希望以信仰為由免服軍役。為了避免被認為是懦夫，他自願站在前線，除了十字架記號別無其他防禦保護。但他的提議被否決，並且被打入大牢。這幅壁畫描寫的正是聖瑪爾定拒服兵役的場景，為馬提尼（Simone Martini）繪於公元1312年～1317年。

當西方的帝國秩序不再，一種新的情況——也就是「信仰基督教的歐洲」，逐漸發展為定局。蠻族王國將原先由羅馬保護的土地接收過來，由此，定居於西方各行省的羅馬居民成了日耳曼霸主的臣民。這些霸主往往是「異端者」或甚至「異教徒」，致使原先北起不列顛群島、南至北非、西達伊比利半島、東至巴爾幹半島範圍內的「古代拉丁文明」蕩然無存，只餘一片片字跡難辨、無人費心維護的遺跡……

自此之後，歐洲歷史雖曾出現插曲般的輝煌帝國，但西方的一統將會是文化層面上的，意即，一種宗教式的一統。整個公元四世紀到五世紀中期，西羅馬帝國裡文明得最徹底的行省是高盧，它擁有爲數最多的高等教育學府，最豐富的文學風氣，經濟繁榮，並由一群特別優秀的貴族階級治理。這群固定的統治階級由異教徒和基督徒共同組成，彼此之間的相處非常融洽。在這些受過良好教育的人當中，友誼，經常是超越自己宗教的信條。只是，這樣的情況沒能持續下去，到了公元五世紀末，未受破壞的教育場所只剩下教會和所屬的修道院。

▍高 盧 的 基 督 教 先 驅

高盧最偉大的基督教人物，或許是都爾的聖瑪爾定（St. Martin of Tours，公元三一六年～三九七年），他對羅馬天主教發展的第一個百年有很深的影響，亦爲法國的主保聖人。聖瑪爾定是一位勤奮不懈的傳道者，也是西方修道制度最早的信徒。根據爲他撰寫自傳的人[1]記載，瑪爾定在十歲那年便揚棄了雙親所信奉的異教，尋求基督教受洗。他年輕時曾被徵召入伍，因拒絕戰鬥而被短暫監禁。在偉大的尼西亞神學辯護者「普瓦捷的聖西拉瑞」（St.Hilary of Poitiers，約公元三一五年～約三六七年）門下接受教導了一段時間後，瑪爾定以傳教士身分前往巴爾幹半島。接著於公元三六〇年在義大利短暫停留，之後他返回家鄉，在高盧，也就是現今法國的里居奇（Ligugé）建立了第一所修道院。公元三七一年，他被指派爲都爾的主教，並在新教區附近建立了著名的馬穆提修道院（Monastery of Marmoutier），他從這裡出發，向仍舊崇拜異教的高盧內地鄉村進行傳教任務。

公元三八五年，在瑪爾定主教任內，統治不列顛、伊比利半島、高盧及部分德國的篡位者馬格努斯·馬克西姆斯（Magnus Maximus，卒於公元三八八年），於特

註1：*此書作者為沙比修斯·賽佛勒斯（Sulpicius Severus），以及基督教詩人兼普瓦捷主教（bishop of Poitiers）的維南第烏斯·佛突那圖斯（Venantius Fortunatus，約公元五四〇年～約六〇〇年）。*

里爾|2 審判西班牙主教阿維拉的普利西里安（Priscillian of Ávila），以異端和施行巫術罪名將之處決。在基督教傳統中，這樣的處罰並無前例可循，也毫無道理。過往的異教皇帝統治時期，人民對神祇虔誠等同於對帝國忠誠，羅馬行政官員的確有權進行特別調查、也有權處決無神論者，以及受查禁宗教的支持者。但在此情況中，皇帝本身是基督徒，竟處決同為基督徒的普利西里安，這與所有的基督教傳統背道而馳，瑪爾定由此主動表達不滿，公開斥責馬克西姆斯的殘酷作為。

法國基督教的曙光

公元五世紀，蠻族來犯。西哥德人於五世紀初便定居於羅亞爾河南方的亞奎丹（Aquitaine），一段時間後控制了普羅旺斯（Provence），和西班牙的大部分地區。阿拉曼人則定居在北邊更遠的亞爾薩斯（Alsace）周邊地區。勃艮第人占據了隆河旁邊最肥沃的土地。法蘭克人則自萊因河兩岸向西延伸進入南方的高盧。

然而，高盧本地的羅馬文化並未立刻滅絕；事實證明，舊有的貴族階級經得起考驗，適應了新政府，因此高盧大致仍維持自治的方式，無論在城市或鄉村皆然，行省裡面大部分的行政官員也都維持原樣。不過，當新的日耳曼王國取代了舊的帝國政權，高盧原有的人口確實有些減少或外移，但「高盧—羅馬」文化也反過來開始影響侵略者。例如，西哥德王國國王尤里克（Euric，公元四二〇年～四八四年）和亞拉里克二世（Alaric II，卒於公元五〇七年）的政權不管是行政規範或文化水準，都以近似羅馬風氣著稱。同時，無論在高盧當權的日耳曼國王是阿利烏派基督徒或異教徒，他們多半都不會騷擾天主教會。因此可說，高盧，從羅馬人轉變為日耳曼人統治的過程中相對而言大致平順，至少在貴族階級是如此。

至於法國為何會信仰天主教，這得從法蘭克王國國王克洛維一世（公元四六六年～五一一年）說起。他從混亂的眾多日耳曼王國中脫穎而出，不僅統一了法蘭克人，更征服了勃艮第人、阿拉曼人和西哥德人所占據的領土，最終將勃艮第和普羅旺斯以外的高盧全境納為版圖。克洛維一世與勃艮第公主聖克洛蒂爾達（St Clothilda，約卒於公元五四五年）結為連理，後來聽從其勸說，捨棄了祖先崇拜的神衹，改信基督教；又因他的皇后是天主教徒，尼西亞正統派由此開始凌駕於阿利烏派基督教。

　　此外，在更遠的西方，也就是庇里牛斯山後方，原為羅馬人統治的伊比利半島也在公元五世紀受到西哥德人、汪達爾人、蘇維匯人（Suevi）等日耳曼蠻族入侵；最後，西哥德人擊敗群雄，成為西班牙的統治者。到了公元五八九年，西哥德王國國王雷卡瑞德一世（King Recared）改信天主教；至此，在舊羅馬統治的西方，尼西亞派基督教所獲得的勝利終告確立。

法國第一位信仰基督教的國王克洛維一世，是異教徒國王希爾德里克一世（Childeric I，卒於公元482年）之子，是那位赫赫有名、開創了墨洛溫王朝的墨洛維（Merovech）之孫。克洛維一世聽從妻子聖克洛蒂爾達的建言，接受了洗禮。這幅描寫克洛維一世受洗的插圖，取自14世紀的《法蘭西大型編年史》（Les grandes chroniques de France）。

註2：特里爾（Trier），古名「奧古斯塔·特雷維若隆」（Augusta Treverorum），為當時西羅馬帝國首都。

▌聖派翠克與不列顛群島

　　羅馬時代的不列顛儘管不像高盧那樣美好，卻仍不失為富足繁榮的社會。但公元四世紀最後的幾十年間，來自帝國的保護逐漸衰退，尤其是公元五世紀初期，最後一批羅馬軍隊自不列顛撤軍後，北方的「蠻族」皮克特人（Picts）、威爾斯人（Welshmen）、愛爾蘭人（Irishmen）、丹麥人（Danes）、撒克遜人（Saxons）、盎格魯人（Angles）和朱特人（Jutes）開始在不列顛各地打家劫舍，入侵領地，或單純定居下來。據說，不列顛國王福提辰（Vortigern，活躍於公元四二五年～四五〇年）的確邀來撒克遜人進入國土，助他對抗與蘇格

蘭人、皮克特人之間的苦戰，事後將以耕地做為酬謝。到了公元六世紀晚期，信仰異教的日耳曼人終究征服了不列顛，消滅了舊有的羅馬文明。

> 「愛爾蘭的地理位置遠較不列顛優越，溫和宜人的氣候也非不列顛所能及……那裡沒有爬蟲類，也沒有蛇能在那裡生存。原因在於，儘管蛇類經常藉由船運從不列顛來到愛爾蘭，可是船一旦接近陸地，蛇呼吸到空氣中的氣味就會立刻死亡。」——聖徒比德（The Venerable Bede），《教會的歷史》，公元731年 [3]。

但基督教（或說天主教）卻留存了下來，逐漸征服征服者。在蠻族稱霸的時代裡，舊羅馬基督教教團最負盛名的代表人物當屬聖派翠克（St Patrick），他是公元五世紀前往愛爾蘭的使徒，父親曾是羅馬不列顛人的執事。聖派翠克十六歲時被愛爾蘭人劫掠，遭到俘虜，忍受了六年的奴隸生活才逃跑回到不列顛；後來旅行至高盧，在當地成為教士。儘管只是受到夢的啟示，聖派翠克最終仍決定回到曾囚禁他的那片土地傳揚福音；公元四三二年，機會到來，他受命前往愛爾蘭，替代那位問題不斷的主教帕拉迪烏斯（Palladius）。

註3：這段文字暗示了一則有關聖派翠克的傳說，說他於公元5世紀驅逐了愛爾蘭所有的蛇。

在愛爾蘭，聖派翠克遊歷四方，廣收門徒，為人施洗。他當然不是第一個到愛爾蘭傳教的人，卻是最具影響力的一位。愛爾蘭的國王對聖派翠克的態度有時寬容，有時嚴厲。依派翠克自己的估計，他和門徒共被捕了十二次，至少有一次是被鍊條捆綁起來，其他時候也經常有生命危險，而跟著他的門徒亦然。可以想像，他引起了德魯伊教徒（Druids）的反感，但最後仍然成功讓國王和部落首領都改信了基督教。當然，他無意消滅愛爾蘭的舊宗教，但要說有人能使整個國家都改信基督教，這個人就是派翠克。

德魯伊教徒的挫敗

聖派翠克（拉丁文為「Patricius」）讓數以千計的愛爾蘭人改信了基督教，由此成為這個國家的主保聖人。這座聖派翠克雕像，位於塔拉山上。

世人對聖派翠克真實生平的熟悉程度，遠不如在他死後幾個世紀裡，以他為名衍生出的無數傳說（當然，這些傳說不僅僅只是傳奇而已）。例如，有一則故事是說族長狄曲（Dichu）揮劍斬殺基督教的傳教士，卻發現自己的手臂被凍住，停在頭上的上方，直到他願意遵從聖派翠克的教誨為止。另一則故事是派翠克來到魔神「庫隆─骷魯瓦哈」（Crom-cruach）的鍍金神像柱前，魔神的信徒每隔一段時間就要獻上新生兒做為祭品，而派翠克不過用牧杖在柱子上一點，整個神像便化為一堆塵土。

這些傳說當中最精彩的一個，很可能是公元四三三年，派翠克在傳道初期與德魯伊教徒的比賽。派翠克聽說愛爾蘭各國君主將因一場盛大宴會而齊聚塔拉山（Tara），這裡是最高國王（High King）的所在地。於是他前往此地，希望能讓君主們聆聽他的福音。

然而，皇室宴會那一天正巧與復活節撞期，皇室的命令是，整個愛爾蘭的燈火都要熄滅，直到塔拉山上的聖火點燃為止。派翠克和他的門徒不願遵守這份皇令，到了復活節前夕，他們來到與塔拉山一谷之隔的斯連山（hill of Slane）上，並在午夜燃起了一個巨大的復活節篝火。據說，塔拉山的德魯伊教徒運用了所有魔法力量試圖熄滅火焰，但一直無法成功。

到了早上，派翠克帶了一列復活節的隊伍越過山谷。據說，德魯伊教徒施展法術喚來一片無法穿透的黑雲，降至塔拉山和四周的山谷上，可是當派翠克要求他們驅散這片黑暗時，德魯伊教徒卻突然發現自己做不到，而派翠克只念了一句禱詞便驅走了黑雲。故事到此還沒有結束。接著，德魯伊教徒的首領羅克魯（Lochru）升到空中，開始沿塔拉山的峭壁邊緣飛翔。但派翠克不過是跪下來禱告，這位倒楣的異教徒便從天上摔下來，慘死在山腳下。可以推想的是，最高國王對此信服不已，終允許派翠克在愛爾蘭的土地上傳揚福音。

儘管異教徒羅克魯下場淒慘，這仍是個極迷人的故事，只是終究難以和千真萬確的事蹟相比擬──意即，派翠克在沒有什麼豐富資源可利用的情況下，以毫不動搖的意志，窮盡一生，成功地讓一群人改變了信仰。

東正教基督論的形成

CH 19

古代的以弗所位於今日的土耳其，是一重要海港與貿易中心。其市中心坐落著羅馬時代的圖書館，原先建於公元115年～125年，用以紀念羅馬總督賽蘇斯（Celsus）。圖書館往北一哩便是聖瑪利教堂（Church of St. Mary），公元431年的以弗所大公會議，便是在此地舉行。

公元四世紀對教義的爭論不休，關注重心在於基督的神性；公元五世紀（以及後來）對教義的反覆辯詰，討論的焦點則是基督的人性，或者也可以這麼說，重點在於基督的位格（Person）統一性，以及在這個統一性之中，神性與人性之間的關係。這正巧是基督教歷史上，在宗教改革（Reformation）之前最具爭議性的教義辯論，而且也最具分裂性。除了出現了一些以前沒有的、更精確的神學規則，「基督論紛爭」的最終結果是——一個分崩離析的教會。

當然，那時所有的基督徒都相信耶穌是道成肉身上帝之子；尼西亞派教會所有忠實信徒相信的是——聖子和聖父一樣永恆，一樣平等。但是他變成人類的意義何在？他是否僅僅占用了人類的軀體？或者他是否也同時占用了一個人類的靈魂、人類的心智、人類的意志？如果基督是神也是人，這是否表示他是兩者的某種複合體，變成某一種「第三類存有」？又，他的神性是否「吞噬」了他的人性？又或者，他是不是一種和諧的共存，一個身體裡有著兩種截然不同的位格，一為神性，一為人性？

基 督 論 ： 他 的 神 性 與 人 性

這些並非抽象的議題，教會主張，在耶穌身上，上帝取得了我們的人性，為的是療癒人性中的罪與死亡，讓它能與上帝本身神聖地團聚。而在公元四世紀時，「加帕多家教父」納齊安的聖額我略已經闡明這項教義的原則，其中確實包含了基督論的思想——那尚未被取得的部分，就是還沒有療癒的部分；也就是說，如果我們的人性中有任何部分是基督身上沒有的，則那個部分就是尚未獲得救贖。

「基督論危機」始於公元四二八年的君士坦丁堡，但最初的導火線並不是針對基督（至少不是直接的），而是針對他的母親。當時有位在安提阿受教育的神學家，名為聶斯多留（Nestorius，約卒於公元四五一年），他在皇帝狄奧多西二世（Theodosius II，公元四○一年～四五○年）的推薦下就任君士坦丁堡主教一職，問題自此開始。

聶斯多留滔滔雄辯，恃才傲物，很快便嶄露頭角；公元四二八年聖誕節的第一天，他在一系列講道之中，充分顯露出身上的兩項個人特質。他指責君士坦丁堡以「生下上帝者」或「上帝之母」（希臘文為「Theotokos」）稱呼聖母馬利亞。這些稱呼在安提阿不常使用，因此對聶斯多留來說，有著神學上的疑義；因為，身為耶穌這個「人」的母親，馬利亞本就應該受到所有的讚揚，然而，任何人都不該被稱為永恆上帝的母親。

基 督 教 的 故 事

年表

公元412年
區利羅成為亞歷山卓宗主教。

公元428年
聶斯多留成為君士坦丁堡宗主教。

公元431年
召開以弗所大公會議，聶斯多留遭罷黜。

公元433年
區利羅同意接受基督的「二性」觀點。

公元448年
君士坦丁堡宗教會議譴責歐迪奇對基督單一本質（神性）的觀點。

公元449年
●教宗良一世發布《大典》
●於以弗所舉行的宗教會議（史稱「強盜會議」），採用了歐迪奇「一性論」思想。

公元451年
召開迦克墩大公會議。

公元634年
塞浦路斯宗教會議採用了「一志論」。

公元638年
皇帝席哈克略頒布了「信仰聲明」（Ecthesis），宣告「一志論」為帝國所採用的教條。

▍馬利亞是「上帝之母」？

這個被稱為聶斯多留思想的「異端」是否真由聶斯多留本人提出，後人意見不一；但確實有位出身安提阿的人，對於基督論有著不同於他人的見解。他傾向強調基督的人性和神性之間完全的整合，這幾乎是要將基督分為兩個不同的性質——「馬利亞之子」和「上帝之子」，而且這兩種性質同時存於拿撒勒人耶穌的內在「位格」（Personality，希臘文為「Prosopon」）或「特質」（Character）之中。這個被稱為聶斯多留派的異端主張是——在基督體內，神聖的邏各斯（即「道」，上帝之子）與一個天然完整的人類有了非常密切的聯繫。無論這是否確為聶斯多留的看法，但他拒絕稱馬利亞為「上帝之母」，這對許多基督徒來說似乎代表他否認「上帝曾經真的化身為人」，代表邏各斯並非以真正變成人類的方式，和人類在精神上有所聯繫；而且，聶斯多留依然認為，沒有被基督接受的人性就是沒有獲得救贖的部分。

聶斯多留的強大對手是亞歷山卓的主教區利羅（Bishop Cyril of Alexandria，約公元三七五年～四四四年）。他聰明絕頂，言詞時而過當，思想主要屬於亞歷山卓一派。區利羅相信，上帝化身為人只有在一個條件下才是真實的，那就是——永恆的邏各斯此一神聖的位格，其在仍是上帝的前提下變成一個人類。若以最根本的方式來理解，這就是說，在基督身上只有一個位格，即「成為人類的神聖邏各斯」；而馬利亞的確是「上帝之母」，因為她的兒子同時也是上帝化身的聖子。

區利羅尋求教宗策肋定一世（Pope Celestine I，卒於公元四三二年）的支持，獲得同意，兩人共同對抗聶斯多留。公元四三一年，於以弗所（Ephesus）舉行的大公會議上，在一些夾纏不清的政治問題之後，聶斯多留最終受到譴責，並遭終身流放。

「 一 性 論 」 和 「 二 性 論 」

　　儘管會議的結果如此，爭論才剛要開始。現在問題
的癥結點回到了亞歷山卓，原因在於，若說安提阿那邊
傾向強調神性與人性的合一，由此忽視了基督位格的統
一，那麼亞歷山卓方面則剛好相反。區利羅自己常將耶
穌擁有「化身的單一本質」掛在嘴邊，這聽在其他地方
的基督徒耳中，就像是在說──耶穌體內的神聖本質已
完全取代了人類本質，而這又再次意味著上帝並沒有真
正變成人。

　　問題是，「本質」（Nature，希臘文「Physis」）
這個字在亞歷山卓方面的使用上，通常包含了「實質」
或「具體的真實」的暗示，但對其他地方的教會來說，
這個字的意義就有點抽象。而區利羅的聰明才智足以
讓他體認到，神學用語在基督教世界各個地方並不盡相
同，因此他於公元四三三年簽署了一份聲明，希望藉此
在安提阿與亞歷山卓之間的觀點上取得妥協；這份聲明
是說──耶穌是一個位格（也就是上帝的永恆聖子），
擁有兩種完全的本質（神性與人性）。但區利羅的神學
支持者，並不全部同意他帶頭提出的這項見解。

　　區利羅死後，一位熱烈擁護亞歷山卓神學、名爲歐
迪奇（Eutyches，約公元三七五年～四五四年）的人，
爲「一性論」[1] 掀起了一波特別的熱潮，只是他運用
哲學的技巧顯得有些不足。根據他的看法，基督在「化
身爲人之前有兩種本質，之後則是一種本質」；也就是
說，在「化身爲人的過程中，基督的人性完全融入了神
性之中」。

　　公元四四八年，歐迪奇的論點於君士坦丁堡舉行
的宗教會議中受到譴責。公元四四九年，教宗良一世
（Pope Leo I "The Great"，卒於公元四六一年）向君士
坦丁堡的宗教會議發布一份聲明，名爲《大典》（Leo's
Tome），表示他支持宗教會議對歐迪奇論點的看法；

註1：「一性論」(Monophysitism)，
也就是認爲基督只有一種本質的
論述。

意即，他認同基督有神性與人性的教義，這兩者無法分離，卻也從無混淆，而神性與人性在道各斯化身的神聖位格上合而爲一。反觀歐迪奇，他則轉向亞歷山卓主教狄奧斯庫若（Dioscurus，卒於公元四五四年）求援。狄奧斯庫若於是運用他對皇帝的影響力，於以弗所重新舉行了一場宗教會議，後來，基督教歷史將這場會議稱爲「強盜會議」（Robber Synod）；會議裡決議讓歐迪奇重回教會，並且譴責「二性論」（Dyophysite，或者說「兩種本質」）。

但到了公元四五一年，在皇帝馬西安（Marcian，公元三九六年～四五七年）的支持下，舉行了重要的迦克墩大公會議（此爲第四次大公會議），會中重新確定「二性論」的地位，譴責「一性論」，並以良一世的《大典》做爲正統教義的定則。

迦克墩大公會議：教會分裂

迦克墩大公會議，代表了基督教會完整體制的結束。那些信仰「一性論」的教會（埃及科普特教會、衣索比亞教會、敘利亞雅各教會，以及亞美尼亞教會），由此與君士坦丁堡和羅馬決裂；而位於敘利亞東部和波斯等地、信仰「聶斯多留思想」的教會，也至此與君士坦丁堡和羅馬分道揚鑣。這些教會目前總稱爲「東方教會」[2]（Oriental Churches）。

註2：東方教會(Eastern Churches或Church of the East)一詞的範圍較廣，主要是指迦克墩大公會議後從羅馬和君士坦丁堡教會分離出去的團體，包括埃及、衣索匹亞、亞美尼亞、聶斯多留派、雅各基督徒等等；自公元1054年的大分裂之後，也包括了以君士坦丁堡（後轉至莫斯科）爲首的正統教會。而正統教會(Orthodox Church)一詞，專指公元1054年以後，和西方的拉丁教會（羅馬公教會）維持對立關係，並以君士坦丁堡主教長爲「牧首」的「東方正統教會」。

大體而言，基督論爭議最令人惋惜的是，教會之所以分裂並非出自信仰相異，更大的原因是彼此所使用的措辭用句不同。例如，人稱「一性論」的論點，其實從來無意否認基督具有完整不可侵犯的人性；而人稱「聶斯多留思想」的觀點，亦從未企圖否定上帝與人類在基督身上的眞正結合。另一方面，爭論的背後同時有著強大政治力在運作；東方教會與羅馬和君士坦丁堡的分離，有一部分原因出自教會所在皇室當權者的宿怨。

這幅繪於**14世紀的肖像畫**，畫的是公元4世紀與5世紀基督論爭辯的代表人物，左邊為納齊安的聖額我略（也稱神學家聖額我略），右邊則是亞歷山卓主教區利羅。

> 「當匾利羅的追隨者看見皇帝激昂的情緒……他們在人群中喧嚷著，鼓動群眾不安地騷動……無論是猶太人、異教徒或其他教派的人士，他們心中只有一股熱情，他們一心認為應該不假思索地接受那些反對我的意見，即使這些意見根本未經深思；在此同時，他們所有人（即使是那些曾在桌上和我一起禱告、一起思索問題的人）也突然發現，自己已經站在和我相對的一方。」──聶斯多留 | 3 。

註3：這段話講於公元431年以弗所大公會議之後，眾人紛紛改變立場，指責聶斯多留當時所說的話。

接下來的兩百多年，拜占庭的皇帝不斷嘗試以幾種折衷方案，來懷柔這些信仰「一性論」的教會。君士坦丁堡宗主教舍吉烏斯一世（Sergius I，卒於公元六三八年）提出了兩個不同的調解方案，第一個是「單力論」（Monoenergism），這個理論是說，雖然基督擁有二性，但只有一個在「運作」或「活動」，而且這個運作是神性的；此觀點得到皇帝席哈克略（Heraclius，約公元五七五年～六四一年）的支持，但因隱含了否認基督擁有完整人性的意義，而遭希臘與拉丁教會揚棄。舍吉烏斯接著提出替代方案「一志論」（Monothelitism），這個理論強調的是，雖然基督擁有二性，但只擁有單一意志，而且這個意志是神性的；此觀點則受到皇帝君士坦丁二世（Constans，公元六三〇年～六六八年）的支持。

對於「一志論」觀點提出最嚴謹縝密批評的，是偉大的守道者馬克西姆（Maximus the Confessor，約公元五八〇年～六六二年）。他因反對帝國所支持的「一志論」政策而遭到迫害，舌頭被扯斷，右手被砍掉，後來在放逐路途上去世。教宗瑪爾定一世（Pope St. Martin I，卒於公元六五五年）支持馬克西姆的看法，也同時被流放到克里米亞半島，很快便在這段嚴酷考驗中去世。

異教徒學者海帕提雅之死

在古代亞歷山卓終年暴動不斷的市街上，流傳著一則駭人聽聞的殘忍故事——信仰異教的女性哲學家暨數學家海帕提雅（Hypatia，約公元三五五年～四一五年）之死。她被亞歷山卓的「賭命者」[4]（Parabolani）殘酷地殺害並肢解；賭命者原是基督教的行善團體，專門照顧孤苦無依的病人。亞歷山卓的主教區利羅常被指控直接共謀殺害了海帕提雅，但事實上，區利羅是無辜的。儘管如此，海帕提雅之所以遭到殺害，肯定和她「被懷疑阻撓了區利羅和帝國總督歐瑞斯提斯之間的和解」有關。

這幅20世紀的雕版印刷經常用來代表海帕提雅。她是一位專精於數學與柏拉圖思想哲學的導師，後世傳統上認為，她曾替當時的算術與幾何著作進行評注。

海帕提雅的死經常被流傳為殉道的神話。另外也有一種流行的說法是，她信仰異教，再加上本身的科學研究和性別，所以才會遭到基督教狂熱分子謀害。該則傳說如此主張，那時的基督徒除了痛恨所有的非基督教人士，也對學問和科學抱持敵視態度，尤其輕蔑涉獵這些事物的女性。

實際上，在公元五世紀，無論是基督徒或異教徒，他們對於女性學者並沒有上述所說的偏見，尤其是在東羅馬帝國；更何況，受過教育的階層追求的即是學問與科學，而這個階層原本就由基督教和異教徒共同組成。此外，海帕提雅顯然和亞歷山卓的基督教知識分子有著極為良好的關係，並未因她的異教信仰身分而有所差異，況且她的學生與友人之中有很多人都是基督徒。我們看到這幅面容溫柔和熙的畫像，以及關於海帕提雅被謀害的忠實記載，皆出自基督教會的史學家蘇格拉底・司科拉斯提克斯（Socrates Scholasticus）之手。

海帕提雅的死，是因為她偶然介入一場衝突，這類敵對勢力之間的街頭衝突事件在亞歷山卓屢見不鮮。但在她平常活動的社交與知識世界裡，古典學術文化的所有成就可說是所有哲學家的共同財產，其中自也包括基督教的「哲學」。史學家蘇格拉底在其著作《教會的歷史》中，對謀殺海帕提雅的事件描述如下：「將她的身體肢解之後，他們將她的斷肢帶到一個名為辛那隆（Cinaron）的地方焚燒。這件事情成了一件極大的醜聞，不只是對區利羅本人，更讓整個亞歷山卓教會蒙上污點。而且毫無疑問地，允許屠殺、爭鬥和類似事件，遠遠偏離了基督教的精神。」

註4：雖然沒有足夠的證據，但一般相信首先發起「賭命者」這個團體的，是公元3世紀中期的亞歷山卓主教狄奧尼修斯（Dionysius the Great）。當時，亞歷山卓發生了嚴重的瘟疫，這些基督徒不畏傳染的危險前去照顧病人，有如「賭上自己的性命」，因而得到「賭命者」之名。此外，他們也擔任主教的護衛。

大一統基督教帝國的最後紀元

CH 20

公元六世紀一開始，西羅馬帝國已經蕩然無存，至於這個拉丁帝國的文化，只剩下一些崩壞在即的建築和貴族的居所，以及原來便存在的農民階級和偶爾會遭包圍的教會。但在整個六世紀裡，大部分的古代基督教羅馬世界可說已經整合，從某方面來看甚至更有活力，而這一切都得歸功於拜占庭皇帝查士丁尼一世（Justinian I，公元四八三年～五六五年）和他身旁那位意志強韌的皇后狄奧多拉（Theodora，約公元四九七年～五四八年）。

一個像查士丁尼這般出身的人，最終當上皇帝，彷彿在證明拜占庭社會的變化有多快速。他是伊利里亞人（Illyrian），是農夫之子；他的叔叔查斯丁一世（Justin I，卒於公元五二七年）在軍隊中步步高升，擁有顯赫的威望，由此於公元五一八年成為東羅馬帝國的奧古斯都。在查斯丁的照顧下，查士丁尼於君士坦丁堡接受了優良的教育，不過他的母語是拉丁語，直到駕崩都說著腔調很重的希臘語。查士丁尼於公元五二五年被叔叔提拔為東羅馬帝國的凱撒，公元五二七年更進一步晉升為奧古斯都，與他的叔叔共治；同年，不久後，查斯丁過世，查士丁尼由此成為東羅馬帝國唯一的奧古斯都。

皇后狄奧多拉，身世卑微

　　和查士丁尼相比，其妻狄奧多拉的出身並不那麼清白。她是競技場裡馴熊師的孩子，曾經當過演員（而且正如那個時代的許多女演員，她在道德品行上並不是那麼堅定）。但當查士丁尼遇見她時，她已經悔悟，改信了「一性論」基督教派，且放棄了舞台生活，做著紡織的工作。

　　狄奧多拉的絕色容貌和聰慧過人令查士丁尼一見傾心，但由於她原先的職業，法律上不允許他們舉行神聖的婚禮。不過，公元五二五年，查士丁尼修改了法律，終於將她迎娶回家。公元五二七年，查士丁尼將「奧古斯塔」的頭銜授予狄奧多拉；這個頭銜不僅僅是表示敬意而已，從一定程度上來說，這表示查士丁尼與狄奧多拉均擁有攝政權，即使查士丁尼本身已擁有執行權。

　　狄奧多拉的勸諫對查士丁尼而言是無價的，她和查士丁尼一樣，非常積極地想恢復帝國榮光，而且決心或許比他還要強大。她被委以外交重責大任，之前皇帝的妻子沒有人喜歡這類任務；此外，在官方命令與朝廷事務上，查士丁尼亦毫不猶豫地尋求狄奧多拉的認同——

十八世紀發行的一款硬幣上使用了查士丁尼的肖像。 他執政超過四十年，收回了公元五世紀時西羅馬帝國失去的大部分領土，包括北非、義大利，以及一部分的西班牙。

她成功結束了帝國對信仰「一性論」教徒的迫害;在她的影響下,改善女性生活狀況的帝國法律得以通過,且無論出身高低都能受益。以下這麼說也許不盡然,但查士丁尼政權最具創意和輝煌的時期,的確隨著狄奧多拉的死而結束。

查士丁尼收復帝國失土

查士丁尼即位時,拜占庭帝國最大的敵人是波斯的薩珊帝國(Sassanid Empire),統治的早期和晚期,其麾下軍隊都曾在東方與之交戰。查士丁尼也在不同時期被迫派遣部隊到北方的巴爾幹半島,為帝國行省抵禦斯拉夫人(Slavs)、保加爾人(Bulgars)、阿瓦爾人(Avars)和匈人的入侵。但他在軍事上的宏願,主要是想收復帝國西方受到蠻族統治的土地,尤其是那些被迫接受阿利烏一派「異端」治理的天主教徒地區。在北非,當地尼西亞派基督徒居住的地區一直苦於汪達爾人首領所帶來的迫害;甚至在義大利,早先對信仰採取容忍態度的東哥德人,也開始用偏見的眼光來看待當地天主教徒。

查士丁尼「解放」西方的戰役,主要是由驍勇善戰的將軍貝利撒留(Belisarius,約公元五○五年~五六五年)領軍,和波斯人的對戰尤其充分顯露出他善用計謀的特色。公元五三三年八月,拜占庭遠征軍抵達北非;到了翌年三月,貝利撒留已經擊破汪達爾人於非洲、科西嘉島、薩丁尼亞島等地的勢力。公元五三五年,貝利撒留以迅雷不及掩耳之勢占領西西里島,為收復義大利揭開了序幕;又隨即入侵義大利本土,先占領那不勒斯,緊接著是羅馬。

公元五三七年與五三八年占領羅馬期間,拜占庭軍隊被一支東哥德人的平亂部隊圍困長達數個月,但貝

利撒留的士兵撐了下來，突破圍困，毫不留情地直驅北方，於公元五四〇年攻下拉溫納，也就是當時東哥德王國的首都。之後，當地有了新的帝國執政官，義大利的拜占庭政府就此開始。而最終，貝利撒留這位軍事天才不僅贏得了屬下的欽佩，就連許多東哥德人也對他讚賞不已，希望擁他為王，這件事在查士丁尼那兒引起了不安。

▌ 功 高 震 主 的 後 果

　　貝利撒留雖婉拒了東哥德人提出的這份榮耀，但查士丁尼似乎擔憂自己的王位將要不保。很快地，駐紮在義大利的拜占庭軍隊發現，作戰關鍵時刻之際竟沒有足夠援軍前來支援。公元五四二年，位於拉溫納的新行政體系因徵收的賦稅過重，引發一波東哥德人的暴動時，證明援軍不足的問題造成了莫大的災難——貝利撒留的策略毫無漏洞，但他的兵力卻太少，因而除了安科納（Ancona）、奧特朗托（Otranto）和拉溫納這三個地方，貝利撒留失去了義大利境內其他城市。公元五四九年，他的指揮權遭到了撤除，並被召回。

　　但查士丁尼可不想就此將義大利交到蠻族手裡。公元五五二年，他命納爾賽斯將軍（General Narses，約公元四八〇年～五七四年）為指揮官，調動了大批軍力進攻義大利。納爾賽斯是個閹人，擔任帝國守衛時一路晉升，也是貝利撒留的宿敵（他曾於公元五三八年和五三九年在義大利任職，但因無法和貝利撒留共事而被召回）。他也是一位優越的軍事謀略家，且麾下有著貝利撒留所沒有的充足兵力，因此很快便擊敗東哥德人。而就在大約同一時間，拜占庭的軍隊為帝國收復了伊比利半島南端。

年 表

公元549年
查士丁尼召回貝利撒留。

公元552年
- 納爾賽斯領導了一支新的軍隊進攻義大利，擊敗東哥德人。
- 拜占庭軍隊重新奪回伊比利半島南部。

雖然拜占庭帝國並未眞正讓西方恢復古代帝國的榮景，但其「轄下」的拉溫納和北非兩百多年來一直維持著受統治的現狀。最終，由於長年在東方和蠻族打仗令經濟不振，導致基督教軍隊於公元七世紀在北非面對伊斯蘭的入侵，無力抵抗，使拜占庭帝國在西方的勢力畫下了句點。然而，由拜占庭文化打通的「義大利之路」將維持暢通長達數個世紀，這對雙方都有深遠的影響。

夫 妻 致 力 於 律 法 改 革

> 「在上帝的權威之下，我們治理這個由天上至尊者所交託的帝國，戰無不勝，攻無不克，榮耀地宣揚和平，並致力增強國勢。我們如此專心致志地向全能的上帝尋求幫助，只因我們信賴的不是武器，或士兵，或將軍，或本身的聰明天賦，我們是將所有希望都交給至高無上的三位一體的護佑。」
> ——查士丁尼一世，《查士丁尼法典》，約公元530年

查士丁尼和他的皇后狄奧多拉急切地希望改革拜占庭的律法和行政。他們兩位對恢復帝國榮景的貢獻或許不在於收回失去的土地，而在建立起一個軍事、商業、市政和教會方面都重新做了良好規畫的政府。他們是眞心盼望能改善問題，由此迎來了一段公共建設黃金時期，像是興建許多醫院、孤兒院、貧民收容所和宿舍，以及教堂、修道院和女修道院，此外還修築了許多排水道、橋梁和道路。

公元五二九年初，《查士丁尼法典》|1（Justinian Codex，又稱「Corpus juris civilis」）頒布，這部法典彙編修訂了羅馬時代的法律，並加上法學教育的授課內容。律法改革一直持續到公元五六五年查士丁尼政權結束。從許多方面來看，這部由查士丁尼主導的法典「受基督教影響深遠」，即便它還稱不上是一部理想的基督教法典，但已然讓——解放奴隸變得比較容易；給予女性較多的權利，像是讓離婚變得極爲困難（當時，離婚對女性來說通常是很悲慘的事）；頒布法律保護兒童；大幅降低了重大罪案數量。與此同時，查士丁尼的法律對待非基督徒和基督徒

註1：《查士丁尼法典》，又稱《民法大全》或《國法大全》。

一如羅馬軍隊的發展過程，拜占庭軍隊亦重視士兵的智慧和紀律，但相較於羅馬軍隊，它則在組織和策略上運用得更為嫻熟。義大利風格主義畫家朱塞佩．切薩里（Giuseppe Cesari，公元1568年～1640年）在這幅帶著寓意的繪畫中，表現了羅馬人和蠻族交戰的情景。

中「異端者」的態度，仍多少帶著偏見──最終，他要求所有臣民都要受洗；教導異端或進行異教傳播都屬非法；拔除了自古以來雅典學院裡的異教徒教授；並迫害那些在宗教上偏離常軌的人。

▌積極內政改革引發暴動

在根除帝國內部的市政貪腐方面，查士丁尼獲得了相當的成功，可想而知，勢將引發各層面「相關」人士的敵意。公元五三二年，君士坦丁堡甚至發生了一場暴動，許多市政機構和一部分的皇宮遭到破壞。當時，若非那大無畏的皇后狄奧多拉力勸查士丁尼於原地堅守，他早就落荒而逃了。他派遣貝利撒留將軍和孟杜斯將軍率領手上所能調動的兵力（納爾賽斯亦從旁協助），維持城市內部的治安，弭平動亂。將軍們全都奉命行事，最後將所有叛軍都趕入競技場予以殲滅。

查士丁尼做了許多積極的嘗試，希望讓天主教和那些持「一性論」的教會和解，這麼做自有其政治動機（也因無法抵抗其妻對「一性論」信仰的偏愛），但最後仍舊徒勞無功。儘管促成了公元五五三年的第二次君士坦丁堡大公會議，但會議中僅僅再度確認了迦克墩大公會議的教義。真要說這次大公會議有什麼不同，那就是──確定了教會的分裂。

整體來說，先不去認定查士丁尼於重新收復西方領土方面的得與失，但他治理帝國的這些歲月（尤其是狄奧多拉逝世之前）確實是一段文化與政治皆創新改革的輝煌時期。無論是好或壞，查士丁尼和狄奧多拉可說為日後燦爛的基督教拜占庭文化奠下了基石。

聖索菲亞大教堂，圓頂壯麗

　　妝點著查士丁尼輝煌時代的所有公共建築與紀念遺跡之中，沒有一座能與君士坦丁堡「聖索菲亞大教堂」[2] 的壯麗相提並論。這座教堂是由特拉勒斯的安提莫斯（Anthemius of Tralles）與米利都的伊西多爾（Isidore of Miletus）設計，僅僅花了五年時間便完工落成。無論在當時或現在，它都是世界上最偉大的建築成就之一，數個世紀以來一直是東方基督教世界榮耀的象徵。不過，若非原本的聖索菲亞大教堂（規模要小得多）於公元五三二年的君士坦丁堡暴動中被毀，也就不會有現在的模樣。

　　在教堂的全盛時期，也就是未經後來長達數個世紀的劫掠之前，教堂內部由黃金、白銀、斑岩、青金石和色彩多變的大理石組成，華麗得令人眼花撩亂。以無數馬賽克圖樣做為內部裝飾（在查士丁尼時代過後許久，又添補了許多圖樣），並嵌入適合的寶石。而教堂最大的特色之一，便是那片充盈著中央穹頂的特殊的光，經常有人以「宛如仙境」「天堂一般」或「神祕莫測」來形容。這片特殊的光其實來自教堂最讓人印象深刻的建築特色，也就是，那宛如「覆蓋」了教堂中央的巨型圓頂。

　　儘管外觀看似渾若無物，但圓頂的底部其實打造了四十扇連續拱形窗，圓頂位於教堂長方形主體上方，看起來就像浮在教堂上方的光環之上。實際上，圓頂的巨大重量是以四個外型優美的大型錐狀穹隅支撐，穹隅之下為基座，形成四個巨大的拱形。從中心圓頂朝向東西兩側各有一個較小的半圓頂，像是順著圓頂的弧線落於兩側較低的位置。據說，公元五三七年教堂完工後，查士丁尼第一次進入時即仰天大喊：「所羅門，我已經超越你了！」

註2：聖索菲亞大教堂（the Great Church of Hagia Sophia），意為「神聖的智慧」（Holy Wisdom）。

數個世紀以來，聖索菲亞大教堂一直是基督教國度中最撼動人心的一座教堂。它的巨大圓頂底部半徑超過三十公尺，高度超過五十五公尺。

「東方教會」傳教
──聶斯多留派

敘利亞的首都「塞琉西亞─泰西封」，於公元570年～637年期間被認為是世上最大的城市。圖中是位於現今伊拉克境內的泰西封，還可見到一些建築物外觀的遺跡，和薩珊皇宮的公開式謁見廳。

我們經常以為，古代和中世紀的基督教國度主要是羅馬帝國和拜占庭帝國（或說是天主教和東正教），只有極少數「東方」基督教教派零星分布於邊陲地帶。但在中世紀初期，世上最大的（或者更精確地說是「分布最廣的」）基督教教派是敘利亞的聶斯多留教會（Syrian Nestorian Church），亦稱東方敘利亞（East Syrian）或亞述教會（Assyrian Church），或者更簡單地以「東方教會」（Church of the East）稱之。

從公元五世紀末開始，聶斯多留派教徒遭到嚴重孤立，最終從敘利亞西部和拜占庭世界被驅離。他們別無選擇，只能前往帝國東邊由波斯控制的邊境地區，以及波斯帝國境內尋找安身之地。東方敘利亞基督教從很早之前就有著學術與禁慾傳統，和知識文化受希臘化影響較深的「安提阿」相比，在理念的表達上明顯不同，而和西方基督教的差異就更大了。尼西比斯（Nisibis）一直是東方敘利亞教會的學術重鎮，到了公元三六三年被波斯攻陷，情況才有了改變。

城市裡的學者開始大量遷往伊德薩（Edessa），其中一位最負聲望的敘利亞聖人為厄弗冷·賽路斯（Ephraim Syrus，約公元三○六年～三七三年）。他身兼神學家、學者、詩人、讚美詩作者角色於一身，同時也是一個經常為病患服務的人，因為他在伊德薩興建了一所醫院。但大約一個世紀之後，由於他們拒絕服從迦克墩大公會議的決議，拜占庭皇帝芝諾（Zeno，卒於公元四九一年）便將聶斯多留派教徒逐出伊德薩，他們被迫再度撤到尼西比斯，接受波斯帝國的保護。

聶斯多留派所在的東方很快便自成一個神學世界。公元四九八年，尼西比斯的主教接受了「東方的宗主教」（Patriarch of the East）頭銜。公元五五三年，君士坦丁堡第二次大公會議正式譴責摩普綏提亞的狄奧多若（Theodore of Mopsuestia，約公元三五○年～四二九年）的思想。此人是來自安提阿的神學家與聖經評註家，他的著作是東方敘利亞神學的基礎。到了公元六世紀晚期，亞述教會已自行針對「基督論」的適當用語發布聲明。波斯帝國對聶斯多留教派採取容忍態度，但對國境之內認同其他觀點、並試圖發展的敘利亞基督教教派（主要是「一性論」派）則予以迫害。

不過,東方教會自我約束的工作做得相當好,不會互相騷擾。尼西比斯學院(The School of Nisibis)是一個紀律嚴明有如修道院的地方,也是哲學和神學的搖籃。就我們現在所知,尼西比斯和郡迪夏普爾(Jundishapur)是為醫學訓練中心,接下來幾個世紀裡,聶斯多留教派的僧侶和傳教士皆以醫術聞名於世。此外,東方敘利亞教會的傳道熱忱更從不因路途遙遠或未知文化的危險而有所減損。隨著時間過去,教會不只在波斯帝國的美索不達米亞地區逐漸壯大,連東方的安那托利亞(Anatolia)、庫德斯坦(Kurdistan)、突厥斯坦(Turkestan)和更遠的地方都有他們的足跡。

教會僧侶的腳步踏遍了幼發拉底河以東的亞洲地區,以及沒有任何基督徒的地方。公元六三五年,宗主教雅修亞伯二世(Yashuyab II,卒於公元六四三年)派遣傳教士前往中國,後來基督教便於中國蓬勃發展,一直持續到蒙古可汗的時期結束。

▋ 蓋修道院、學院、醫院傳福音

可以想見,東方敘利亞基督教前往遠東地區的傳教之旅,依循的是貿易路線。來自阿拉伯半島、印度、中亞和中國的商旅穿越了「塞琉西亞—泰西封」(Seleucia-Ctesiphon)這個敘利亞城市,來自亞述教會的僧侶們帶著工藝、抄寫和醫藥技術,在這些貿易路線的引導下尋找能讓他們一身技藝派上用場的地方,並藉此宣揚福音。東方敘利亞教會經常藉由派遣受過訓練的醫生與學者,以及興建學校、圖書館和醫院,證明他們一旦在某地落腳生根,便能造福當地人民。

閃族的基督教(Semitic Christianity)則於公元四世紀時已在阿拉伯半島有了相當的發展,到了公元五世紀晚期,敘利亞的傳教士已在當地建立了一些學校和修道院。公元五世紀和六世紀時,阿拉伯半島上分布著

雅各基督徒（Jacobite Christian，信仰的是一性論）和聶斯多留基督徒，但以聶斯多留派占大多數。甚至，在伊斯蘭教興起、將基督教和猶太教徒逐出阿拉伯半島之後，基督教仍持續地留存在一些沙漠遊牧民族，以及與世隔絕的地區中，時間至少長達一個世紀之久。

公元五世紀晚期，也開始能見到亞述教會的傳教士前往突厥斯坦，接著更到達了蒙古。我們知道公元七八一年有位土耳其國王向尼西比斯請求派遣一位主教，之後便於塔什干（Tashkent）、布哈拉（Bukhara）和撒馬爾罕（Samarkand）三地設立了主教。這些傳教活動很快便延伸至克烈人（Keraits）、維吾爾人（Uighurs）和其他中亞部落。

▎化身為景教在中國

公元一六二五年，耶穌會教士在中國山西省西安發現了一塊刻著長長碑文的石碑，經過考證，這座石碑立於公元七八一年，碑文記載了景教[1]（也就是基督教）在中國發展的過程。而耶穌會傳教的年代裡，東方敘利亞基督教在中國早已沒有了據點；不用說，那個時候，羅馬天主教還不知道已有某種形式的基督教如此深入東方。此時，東方的教會從敘利亞延伸到遙遠的凱賽依（Cathay，古代西方對中國北方的稱呼）已有數百年的時間。根據在西安發現的石碑碑文，一開始接見聶斯多留傳教士（也就是波斯僧侶）的皇帝為唐太宗（卒於公元六四九年），他准許教士在中國傳教；公元六三八年更建立了一座修道院，接下來的兩百多年至少在十個省分建立起教堂和修道院。

在中國的東方敘利亞教會曾於公元九世紀遭遇一股厄運，因當時的中國皇帝唐武宗（卒於公元八四六年）

> 「明明景教。言歸我唐。翻經建寺。存歿舟航。百福偕作。萬邦之康。」
> ──於中國山西省發現的〈大秦景教流行中國碑〉部分碑文

註1：景教（Radiant Religion），或作Illustrious Religion。

註2：這個打擊宗教的活動主要是針對佛教，史稱「會昌滅法」。

下令國內所有的教士和僧侶都必須還俗，還好，這個挫折只是暫時的[2]。到了公元十一世紀，中國境內仍然有修道院。約公元一○九五年前後，東方的宗主教賽巴耶須三世（Sebaryeshu III）指派了一位主教至凱賽依教區，也就是中國北方。甚至在十三世紀末，景教有了元世祖忽必烈（公元一二一五年～一二九五年）的支持，四處興建中式修道院。公元一二八○年，凱賽依的中國教區主教成為敘利亞東方亞述教會的牧首，並改名為雅巴拉哈三世（Yahbalaha III，卒於公元一三一七年）。

我們無法確知，古代東方敘利亞教會的傳道究竟到達了多遠的地方。但從神學的角度、對教會的忠誠度，以及早期移民的情況來看，印度的多馬基督徒想必就是東方敘利亞基督徒。而公元八世紀和九世紀讓瑪蘭卡基督徒數目大量增加的新移民，肯定是東方敘利亞基督徒。印度洋偏遠的索科特拉島（Socotra）其歷任主教有一份代代相傳的參考文獻，說明了旅行作家柯斯瑪斯·因蒂可普雷烏司蒂斯（Cosmas Indicopleustes），這位極可能信仰聶斯多留派的波斯人，早在公元六世紀便已於島上遇見東方敘利亞基督徒。而東方敘利亞傳教士在公元八世紀結束之前，也來到了西藏。

在斯里蘭卡、爪哇、蘇門答臘、日本、韓國、緬甸、馬來亞、越南和泰國，甚至都還留有文字記載或實際的事物，可證明東方敘利亞基督教的存在。東方教會是否真的傳布到如此遙遠的地方仍有待學術上的爭論，但就我們所知的傳教範圍，倘若說亞洲還有任何地方是他們沒去過的，那也不太明智，也許，別將極北地區算在內。

聖母馬利亞與觀世音菩薩

許多學者相信，無論亞述教會對東方的傳教最後是否留存下來，他們其實已經在當地留下了某種痕跡，並以一種微妙的形式影響了其他信仰的儀式、宗教活動和藝術。

例如，有人認為西藏的修行儀式如精緻的僧袍、焚香、聖水等等，和佛教其他派別不同，這正是東方教會僧侶進行禮拜儀式所留下的痕跡；的確，此觀點並非那麼不可信。

在這方面最有意思的猜想，可說是中國佛教裡的大慈大悲觀世音菩薩，祂的外形原先為男性。觀音│3，是印度菩薩阿婆盧吉低舍婆羅（Avalokitesvara，為梵文）的一個形體。在中國，女身的觀音像可能早在公元五世紀就已出現，但可能一直要到公元十一世紀才成為一個普遍的信仰。

在佛教徒的宗教活動中，任何對女性救世者的崇拜都算是很不尋常的行為。最原始的佛教思想認為任何女性都無法達到開悟的境界，因而後來佛教的菩薩總是被描繪成男性形象。另一方面，菩薩能以祂所選擇的形象出現，如西藏密宗所崇拜的多羅菩薩（Tara），也是阿婆盧吉低舍婆羅的一個女性形體。

即使如此，許多學者相信，中國的觀音崇拜（尤其是對於祂後來的肖像），其獨特之處也許和基督徒對聖母馬利亞的崇拜有關。這

大慈大悲觀世音菩薩是中國寺廟神壇最常見到的神祇之一。信徒通常會向菩薩求子、祈求健康和保佑家人。

也許是真的，也許不是。但有一件事是千真萬確的──自公元一六○三年開始，日本進入德川幕府（Tokugawa Shogunate）時期，基督徒遭到迫害，不得不隱藏自己的信仰，結果許多人選擇以假裝崇拜觀音〔日文漢字作「観音」（Kannon）〕的方式來崇拜馬利亞。目前仍有稱為「馬利亞觀音」的小雕像留存於世，其身上經常有一個用以辨別的十字架裝飾，但必須很仔細地找才能找到。

❖❖❖❖❖❖❖❖❖❖❖❖❖❖❖❖❖❖

註3：觀音或觀世音，為阿婆盧吉低舍婆羅的意譯，意為「觀世間聲音」的菩薩。

世界新強權，
伊斯蘭崛起

位於耶路撒冷的圓頂清眞寺
（The Dome of The Rock）被
認為是現存最古老的伊斯蘭遺
跡。它對伊斯蘭教徒而言有著
極為重要的精神意義，他們相
信，穆罕默德正是從這處聖地
升上天堂。

截至公元七世紀初，基督教已經度過數個世紀的
美好時光，其向外傳播的過程絕大多數都很順
利。若不以教義形式來看，基督教在亞洲、小亞
細亞、近東地區、北非、東歐和西歐都建立了相
當的基礎，儘管過程中曾受到當地執政者迫害，
但並未遇上能與之一較高下的文化力量，此外，
迫害的情況在君士坦丁政權之後也減輕了許多。

到了公元七世紀結束，基督教早已向四面八方傳播，建立了一個廣闊的世界。然而，接下來它將發現自己面臨挑戰，甚至無法與之匹敵，這個對手便是歷史上最具宗教、政治、文化影響力的強權——伊斯蘭教[1]（Islam）。

　　穆斯林（Muslim）相信，穆罕默德（Muhammad，約公元五七〇年～六三二年）是真主在世上最後一位、也是最偉大的先知。早年從商的穆罕默德生於麥加（Mecca），這個城市靠近阿拉伯半島西岸。他在沙漠部落中長大，後來由叔叔照顧監護。他的叔叔是一位麥加商人，穆罕默德年輕時偶爾會隨叔叔的商旅進入敘利亞。根據伊斯蘭教的傳統說法，他在四十歲的時候體驗了天使吉卜利里（Angel Jibril，即天使加百列Gabriel）帶來的異象，這讓他非常恐懼，卻也對他影響深遠；此時約為公元六一〇年，在異象中，他受到召喚，要他成為真主在世上的「使者」（阿拉伯文為「Rasul」）。

　　根據穆斯林的信仰，穆罕默德宣稱他在異象中接收到的訊息有著優雅簡潔的主旨，同時也與自亞當以來，包括摩西和耶穌在內等所有真主的使者所宣稱的訊息相同，只是這個訊息卻被猶太教徒和基督徒扭曲了。天使傳達的是「順從真主的意志」，意即遵守神聖的戒律、祈禱、崇敬、努力工作和忠誠，而「順從」即為「伊斯蘭」在阿拉伯文中所代表的意義。伊斯蘭教很特別的是，它是最嚴格的一神教，所有宗教儀式活動都是為了真主而進行，不喜任何多神論和偶像崇拜暗示，對基督教三位一體的教義則採取批判態度。

　　穆罕默德和他的追隨者，剛開始勸說麥加人從原本的阿拉伯多神教改信伊斯蘭教時，碰到了很大的困難，甚至有一段時期被迫離開麥加，遷往北方約四百四十公里遠的麥地那（Medina）居住。但到了公元六二九年，他和追隨者已經擁有足夠的力量，能毫無阻礙地返回麥加，肅清城內的偶像崇拜，以伊斯蘭教做為戒律和信仰。等到穆罕默德去世，也就是他返回麥加之後三年，幾乎整個阿拉伯半島都已改信伊斯蘭教。

註1：*伊斯蘭教，亦稱回教、清真教等等；伊斯蘭教徒，則稱穆斯林。*

伊斯蘭帝國的擴張

伊斯蘭教不僅做為一種精神上的哲學或道德上的教化，它也是一種政治制度。伊斯蘭思想中沒有宗教和國家的區別，而穆罕默德不只是一位先知，更是一個統治者。因此，在他死後，有必要尋找一位「繼承人」，阿拉伯文稱「哈里發」（Caliph）；當然，要繼承的並非他做為先知的身分，而是他身為伊斯蘭社群（阿拉伯文為「Umma」）領導人的角色。

哈里發時期的最初幾年，進行了大規模的軍事擴張。鎮壓了一些持續頑抗的阿拉伯部落之後，哈里發的軍隊以驚人的速度利用波斯帝國和拜占庭帝國疲軟之際（這兩個帝國因長年交戰而國力大傷），占領了兩個帝國的廣大土地。就波斯而言，伊斯蘭軍隊事實上拿下了整個波斯帝國——穆罕默德去世後的十年間，阿拉伯軍隊拿下了敘利亞、巴勒斯坦、埃及、亞美尼亞、伊拉克與伊朗。在哈里發第一時期〔亦稱「族長時期」（Patriarchal Period）〕結束之後二十年，伊斯蘭帝國的擴張向西超過了的黎波里（Tripoli），向東幾乎到達喀布爾（Kabul），往南到達裡海（Caspian Sea）與黑海（Black Sea）之間，往北則到達突厥斯坦。

此外，公元六六一年至七五〇年，伊斯蘭帝國在奧米亞王朝（Ummayad Dynasty）統治下，征服了更多基督教世界的土地。到了公元八世紀的最初十年結束，哈里發建立的帝國包含了大部分的北非，向西最遠到達羅馬治下的汀吉斯（Tingis，或稱丹吉爾Tangier），葡萄牙、西班牙全境〔除了西班牙北部的小王國「阿斯圖里亞斯」（Asturias）之外〕，以及阿爾卑斯山北方的高盧大部

「我該在此處建造都城。貨物能夠經由底格里斯河、幼發拉底河和其他大小運河來到這裡。只有這樣的地方能生養軍隊和人民……那麼，建吧，在真主的祝福下。」——公元762年興建巴格達的哈里發曼蘇爾（Al-Mansur）所說，記載於塔巴里|2所著的《編年史》。

分領土。而接續奧米亞王朝的阿拔斯王朝（Abbasid Dynasty）則繼續征服地中海的許多島嶼，如西西里島和巴利亞利群島（Balearics）。

阿拔斯王朝期間，帝國內部雖曾偶然發生分裂（例如公元七五六年，西班牙出現了一位獨立的哈里發），但此時期也是伊斯蘭文化的黃金時代——所有東方和西方的物質、文化和智慧寶藏都流入伊斯蘭世界，與新的事物互動，一個新的文明於焉誕生。公元七六二年之後，做為哈里發的都城「巴格達」（Baghdad）也搖身一變，成為那個時代與亞歷山卓、羅馬不相上下的偉大城市。

然而，基督教世界卻在這一個多世紀裡變得支離破碎。它不僅無法再像之前那樣向四面八方擴展，更首次發現自己面對著一股和基督教同樣強大、甚至更強大的地緣政治勢力。

智慧之家，基督徒管理

現今，我們時常聽到這樣的說法——在稱為「黑暗時代」的這段時間，基督教王國退化成未開化的狀態，諸如哲學、科學和醫藥等古典文化是在伊斯蘭世界中保留下來的。保守地說，這樣的看法是誇張了。部分原因是，這樣的見解反映了一種傾向，意即，許多人認為中世紀的基督教王國除了西部歐洲，其他地方根本一無是處，因而遺忘了東方卓越的拜占庭文化，還有波斯等地敘利亞學者的偉大成就。此外，這樣的說法也過度簡化這段時期的歷史，彷彿是為了諷刺而縮短這段時間。

了解這一點之後，幾乎可以確定的是——伊斯蘭帝國一如所有的偉大帝國，將希臘、敘利亞、波斯、迦勒底（Chaldea）和北非等外來文化納為己有，讓自己成為一個文化的綜合體。在併吞波斯帝國的過程中，

年　表

公元632年～642年
穆罕默德去世後十年之內，哈里發的軍隊占據了波斯帝國，以及拜占庭帝國大部分的領土。

公元661年～750年
在奧米亞王朝的治理下，伊斯蘭持續擴張，範圍包括大部分的北非、葡萄牙與西班牙全境，以及阿爾卑斯山北側的高盧。

公元756年
在西班牙，有一名獨立的哈里發即位。

約公元762年
● 阿拔斯王朝將國都遷至新建的巴格達，宣告了伊斯蘭文化的黃金時期來臨。
● 建立智慧之家，以此做為學術中心。

註2：塔巴里（Al-Tabari），約公元839年～923年。

155

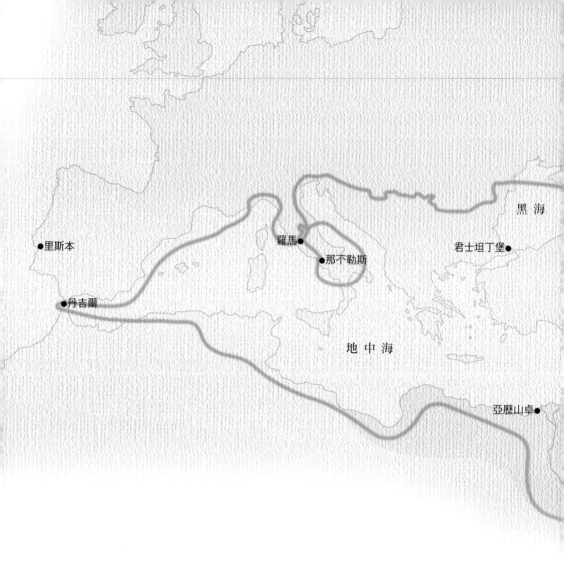

黑海

●里斯本

羅馬●
●那不勒斯

君士坦丁堡●

●丹吉爾

地 中 海

亞歷山卓●

這幅地圖表現出，穆罕默德和繼任的哈里發逝世當時的伊斯蘭帝國版圖。
伊斯蘭軍隊只用了不到一個世紀的時間，就建立起一個西起西班牙、東至
中亞的遼闊帝國。

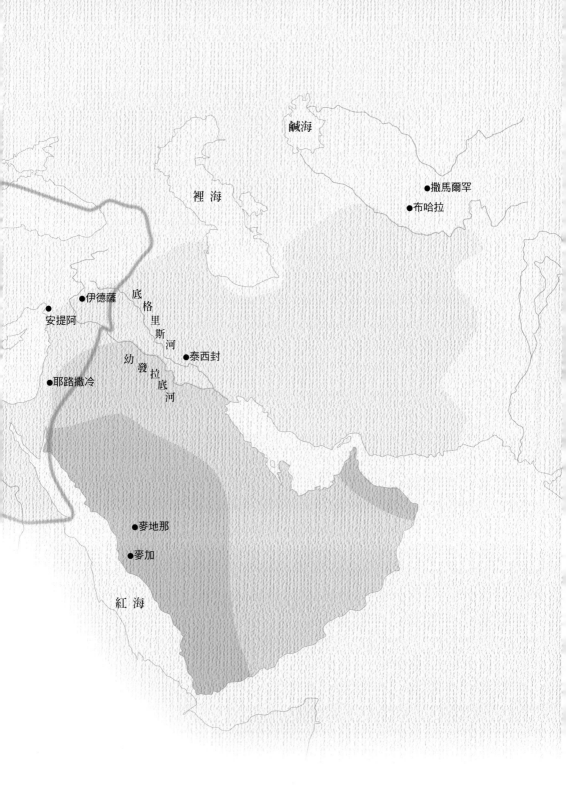

鹹海

裡　海

●撒馬爾罕

●布哈拉

底
格
里
斯
河

●伊德薩

●
安提阿

●泰西封

幼
發
拉
底
河

●耶路撒冷

●麥地那

●麥加

紅　海

它同時也繼承了整個近東地區基督徒、猶太人、波斯人的知識和醫學。因此，幾乎可以肯定，從公元九世紀末至十三世紀中期，伊斯蘭世界在科技方面大幅領先西方的基督教王國，甚至在成就上勝過拜占庭（儘管如此，西歐的技術創新方面，在許多面向仍領先伊斯蘭和拜占庭世界）。事實上，從公元十二世紀到十五世紀，伊斯蘭世界引進了一批希臘典籍到西方基督教世界，至今仍未翻譯成拉丁文；平心而論，東方基督教的學術系統（尤其是敘利亞）在這方面扮演了重要的角色。

伊斯蘭興起之前，敘利亞基督徒已經帶著希臘的醫學、科學和哲學智慧前往遙遠的東方，也將許多古典學術和實用技術的希臘書籍翻譯成他們自己的閃族語言。公元五世紀之後，希臘思想往東傳播主要靠著伊德薩、尼西比斯、郡迪夏普爾這三個地方的基督教學院；而聶斯多留派僧侶之所以擁有名聞天下的醫術，則是習自尼西比斯、郡迪夏普爾這兩所學院。在哈里發的治理下，一開始身處學者和醫生社會階級的是操持古代敘利亞語的基督徒，正是他們將希臘羅馬的古代思想成就帶進了伊斯蘭文化中。

哈里發遷都巴格達之後，興建了一座名為「智慧之家」（the House of Wisdom）的大型圖書館與學院，並由敘利亞的

基督徒管理。這裡的固定工作是將希臘書籍翻譯為阿拉伯文，無論是直接從希臘文翻譯或是以敘利亞文為本亦然。其中最偉大的譯者可能要數哈里發的主治醫生，也就是聶斯多留派基督徒的胡那因·伊本·以斯哈克（Hunayn ibn Ishaq，公元八○八年～八七三年）。他除了自身的專業論述，還以精準的敘利亞文和阿拉伯文翻譯了為數甚多的希臘哲學與醫學書籍。

大量的譯作從此自巴格達與智慧之家，進入更為遼闊的伊斯蘭世界，包括由穆斯林統治的西班牙（Muslim Spain）在內。從西班牙開始，古希臘的許多智慧財產終於以拉丁文譯本問世，這都得歸功於莫札拉布基督徒（Mozarabic Christians，也就是在西班牙說阿拉伯文的基督徒）、西歐的學者，以及西班牙裔猶太人。

中世紀的醫院真進步！

至少從早期哈里發的統治時期截至公元十一世紀，這段很長的時間裡，伊斯蘭世界在醫學訓練方面遠遠超越了西方基督教世界。而這個領先優勢絕大部分是出於敘利亞基督徒的傳教習性，以及穆斯林與敘利亞基督徒醫生後來發展出了更好的醫學技術所致。不過，東方的醫藥科學之所以比西方先進，整體而言也得歸功於拜占庭帝國積極研究治癒病人，以及發展出能讓罹患不治之症病人減輕痛苦的技術。

醫學史方面的學者直到最近幾年仍然認為，無論在東方或西方，中世紀的醫院與療養院幾與收容所無異，醫院裡沒有像樣的系統性醫學治療，也不會特別照顧病人恢復健康。但實際上，在東方的基督教羅馬世界，至少早在公元六世紀（或者還要更早）就設有免費的醫院，裡頭有受過訓練的內外科醫生為病人服務，也有合格的醫護人員為病人提供確切治療程序和復原照顧。

後來在拜占庭帝國，醫院有了更進一步的發展，提供各式各樣的特別治療，例如為生病受傷的患者提供休養設施，提供老人與體弱多病的人居處，設置棄嬰養育院和孤兒院，以及設立窮人收容所。醫院一般也設有救濟所，專為苦於飢餓的人提供食物。

又過了幾個世紀，穆斯林社會以及經歷了第一次十字軍東征的拉丁基督徒社會，仿照拜占庭帝國模式興建了自己的醫院，當中最著名的便是公元一〇九九年由醫院騎士團（Hospitallers）建於耶路撒冷的聖約翰醫院（Hospital of St. John），規模相當宏大。之後，整個中世紀期間建立的醫院多以此為本，遍及了整個西歐。

君士坦丁時代之後，公立醫院已成了基督教文化為主的帝國裡一項固有特色；而且，在最早期的修道生活中，為窮人和為病所苦的人提供醫療照顧，一向是修士的工作。但以一個場所來進行有系統、有條理的醫療照顧，讓病人得以復原，這樣的「醫院」概念似乎很顯然源於君士坦丁堡。

◆ ◆ ◆ ◆ ◆ ◆ ◆ ◆ ◆

傳統阿拉伯人對天文學的興趣，最早源於以星辰在沙漠中指引方向。伊斯蘭學者獲得希臘、印度和波斯的學術知識之後，逐漸將天文學發展成一項精密的科學。這幅版畫繪於16世紀初期，畫中的阿拉伯天文學家正在觀察天空。

一代雄主查理曼

查理曼於公元775年～804年馬不停蹄地對撒克遜人征戰，最後終於擊敗這些北方的異教徒，並讓他們改信基督教。這幅19世紀的木板畫正描繪了查理曼（右方騎馬者）於公元785年接受撒克遜人首領威特金（Wittekind，跪於中央）投降的情景。

當阿拔斯王朝置身伊斯蘭文化第一次輝煌極盛時期之際，另一個新的帝國已經在西方的基督教世界逐漸成形。這個帝國或許不像伊斯蘭帝國那樣恆久流長，卻為西方中世紀基督教王國的政治文化、律法、風俗習慣和各項成就奠定了根基——這是法蘭克人的帝國，名為加洛林帝國。

加洛林（Carolingian）帝國這個名字的由來，是因帝國的建立者法蘭克國王查理大帝「Karl de Grosse」（約公元七四二年～八一四年），他的名字在英文裡寫做「Charles the Great」，拉丁文稱「Carolus Magnus」，而在他那個時代則是使用法文「Charlemagne」。加洛林帝國於鼎盛時期的領土，幾乎囊括了整個西歐大陸的基督教王國——西起庇里牛斯山（Pyrenees），東至巴伐利亞（Bavaria，若將附屬國也算入則達摩拉維亞Moravia），往南到達羅馬，向北遠至撒克遜（Saxony）。

▌ 最雄才大略的法蘭克國王

查理曼的祖父是查理・馬特（Charles Martel，約公元六八八年～七四一年），他是東法蘭克帝國的一位優秀宮相[1]。當時，墨洛溫王朝已有名無實，大權在握的查理統一了法蘭克人，不時發動戰爭，擊退來自北方的日耳曼異教徒部落，並征服勃艮第人。公元七三二年，查理於普瓦捷（Poitiers）打敗了哥多華[2]總督（Emir of Córdoba）阿布杜勒・拉赫曼（Abd ar-Rahman）率領的伊斯蘭大軍，阻止了伊斯蘭勢力在西歐的擴張。此外，查理曼的父親丕平三世（Pepin III，約公元七一四年～七六八年）則是更進一步鞏固並拓展法蘭克人的勢力。而後在教宗匝加利亞（Pope Zacharias，卒於公元七五二年）的祝福下，丕平三世於公元七五一年逼退墨洛溫王朝最後一位國王，自己登上了王位。

查理曼還是個男孩時，便開始跟隨父親東征西討，他似乎從年輕時便擁有不尋常的精力和決心，遇事勇往直前，總是熱切地維護自己的領土和教會。當他成為法蘭克國王，尤其在他弟弟卡洛曼（Carloman）去世之後，他便將大權獨攬於一身。但義大利的倫巴底人（Lombard）企圖逼迫教宗哈德良一世（Pope Adrian I，卒於公元七九五年）以膏禮讓卡洛曼的兒子成為國

註1：宮相（Mayor of the palace，拉丁文為Major domus）為歐洲中世紀初期的官職，原意為「管家」，主要職掌宮廷政務並輔佐國王。

註2：哥多華，位於西班牙安達魯西亞自治區。

王，查理曼於是直接進軍義大利，並於公元七七四年宣布自己為倫巴底國王。

不過，查理曼和北方信仰異教的撒克遜人發生的多次征戰，才是傷亡最慘重的；查理曼不只希望征服他們，更想讓撒克遜人改信基督教。公元七七五年至七七七年，他成功地讓撒克遜統治者歸降，整個撒克遜的領土都施行了受洗儀式。只是不過幾年，撒克遜人便背叛了，查理曼以嚴峻的手段做為回應——他毫不猶豫地處決大量叛軍，對拒絕歸降的人開戰，絲毫不留情。最後，終於在公元八○四年，查理曼成功平定了撒克遜人，更重要的是他堅持計畫性地全面推行基督教，其中有些反對異教的命令確實極為剴切。例如，他對撒克遜人頒布的《法令彙編》（Capitulary）裡載明，任何人若因信仰異教魔法，對遭到指控的巫師施以火刑，或是（很冷酷地）吃下他們的肉，都屬犯罪。儘管如此，查理曼仍然經常採用高壓逼迫手段讓撒克遜人改信基督教，就連他的朝臣也對這種暴力方式有所怨言。

┃ 國王受晃成為皇帝

查理曼在軍事上有過一次重大挫敗，時間是公元七七八年，當時他正和西班牙北部的一些穆斯林結盟，以對抗哥多華總督的軍隊。他的軍隊企圖圍困薩拉戈薩（Zaragoza）不果，於撤退時穿越庇里牛斯山之際遭到巴斯克人的（Basques）襲擊，死傷非常慘重——那是在隆賽斯巴雷斯（Roncesvalles）的山道上，其麾下的布列塔尼邊界（Breton March）指揮官羅蘭（Roland，古法蘭克語為Hruolandus）戰敗身亡，後人以這段歷史為藍本，譜成了《羅蘭之歌》（The Song of Roland）等史詩和傳奇故事。

不過，查理曼向東擴張的腳步仍在繼續。從西班牙撤退之後十年，他驅逐了姪兒塔西羅（Tassilo）公爵，

取得巴伐利亞的控制權。他征服了北方的弗里斯蘭人
（Frisians），但往北的擴張行動，因丹麥人在日德蘭
半島南方狹長地區築起了一道巨大防禦工事而暫時停
止，於是住在奧地利和匈牙利的阿瓦爾人（Avars）、
居於多瑙河的斯拉夫人（Slavs）均成為他的屬國。態
勢逐漸明朗，這位法蘭克人的國王實質上已成為這個龐
大帝國的領袖。

　　但「皇帝」這個頭銜卻非等閒。儘管並不掌握實
權，但那位身為所有基督教子民的神聖統治者、位在君
士坦丁堡的奧古斯都，才是名正言順的帝國皇帝。而且
皇帝這個頭銜代表了古羅馬帝國的延續，即便這所謂的
「延續」和迷信相差無幾，它依然為基督教體制增添了
光環，帶著永恆的正當性；意為，即使是教宗，從技
術上來說仍是拜占庭皇帝的臣民。但到了公元八世紀末
期，羅馬教宗也有了自己的野心，希望能治理羅馬所在
的義大利。更重要的是，當教宗需要支持或保護者時，
此刻有能力給予提供的人是查理曼，而非拜占庭皇帝。

　　因此，公元八〇〇年的聖誕節，為回應羅馬人民
「不由自主」的歡聲雷動心情，教宗良三世（Leo III，
卒於公元八一六年）在羅馬為查理曼加冕——查理曼，
成為了皇帝。就合法性來看，教宗這舉動只是象徵性
的，因為他並無權力將皇室身分加諸在任何人身上，但
即便如此，此種舉動造成的影響仍一直延續到後來西歐
的神聖羅馬帝國。

▍加 洛 林 文 藝 復 興

　　查理曼定都於德國西部的亞琛（Aachen，古名
「Aix-la-Chapelle」）。君士坦丁堡方面也許不那麼喜
歡「法蘭克人的皇帝」成為事實，而且羅馬和教宗都在
查理曼的掌控之下。但公元八一二年，拜占庭皇帝米加
爾一世朗加貝（Michael I Rhangabe，約卒於公元八四

查理曼逝世許久之後，以基督教為
中心的歐洲仍然一直懷念這位偉大
的領袖。法國史詩《英雄之歌》
（Chansons de geste）便記載了
他和身邊騎士一同開疆拓土的英雄
事蹟。這座雕像建於19世紀，查理
曼和兩位騎士就矗立在巴黎聖母院
（Cathedral of Notre Dame）附
近，永遠供世人瞻仰。

年表

公元800年
教宗良三世於聖誕節為查理曼加冕，查理曼成為奧古斯都——「皇帝」。

公元812年
拜占庭皇帝米加爾一世朗加貝，承認查理曼為西方的皇帝。

三年）迫於情勢不得不低頭，正式承認查理曼為西方的皇帝。

對於自己榮膺的新「皇帝」身分，查理曼非常用心以待，他甚至和巴格達的哈里發交換了大使，並著手創造一個能夠當得起「羅馬人民皇帝」之名的宮廷。最後，他從帝國內外各處邀來學者和文人一塊兒聚集在亞琛——從英格蘭請來身兼詩人、教師，有時也是哲學家的「約克的艾爾昆」（Alcuin of York，約公元七三二年～八○四年），他主持亞琛的皇室學院，負責教育年輕的貴族；而來自義大利和愛爾蘭的則是最偉大的學者，畢竟在這兩個地方，希臘的知識和古典學術尚未完全消失。查理曼興建了一座圖書館，用以收藏古代的經典和早期基督教教父的著作，並大力贊助藝術創作。他還為帝國境內所有的教會學校和修道院，制定了一套研習拉丁文的課程，內容是文學和修辭學。他甚至親自學習拉丁文，並粗淺學會了希臘文，此外也努力精研北非神學家聖奧古斯丁和教會其他傑出人物的著作。

> 「查理曼最積極培養的便是自由藝術……在研習文法時，他求教於比薩的彼得（Peter of Pisa），其他科目則由艾爾昆擔任教師。艾爾昆是出生於英格蘭的撒克遜人，他是當代學問最淵博的人……查理曼在亞琛興建了一座美得非比尋常的教堂，如此他便能早晚前去作禮拜。」——艾因哈德（Einhard），《查理曼傳》（Life of Charlemagne），約公元815年

查理曼的帝國在他去世之後並沒有持續太久，這多少和古法蘭克傳統有關——他的子孫均分了領土，不到兩個世代，加洛林帝國就瓦解了，成為幾個各自獨立的王國。但查理曼創造的是一個社會和政治的新體制，這個西方基督教王國的新興文化在此開花結果；它並非西羅馬或東羅馬，它更像是一個新的基督教秩序，有著自己的特色、自己的精神和自己的命運。而在這之後，法蘭克人所在的西方，與「羅馬人」所在的東方，雙方之間少有真誠的互動關係。因此，東方教會和西方教會分道揚鑣只是時間問題。

我們的明君基督──史詩《救世主》

對於法蘭克人來說，要帶領剛剛改信（也可以說是被迫改信）的撒克遜人進入基督信仰的世界，並不是件容易的事。撒克遜人屬於驍勇善戰的部落文化，抽象的思索對他們而言幾乎沒有任何吸引力，福音故事在他們的認知裡有如天方夜譚。因此，有必要「翻譯」聖經文字，而且不只是以撒克遜人的方言來呈現，更可說是將聖經轉換成撒克遜人的文化語法。

在這方面最特殊、也最傑出的嘗試，是以古撒克遜語所寫的一首長詩，現在稱之為《救世主》（古撒克遜語為「Heliand」，英語作「Saviour」），作者不詳，由查理曼之子──「虔誠者」路易（Louis「the Pious」，公元七七八年～八四〇年）下令撰寫。這首詩以傳統撒克遜語押頭韻的方式，重新述說了基督自受胎到升天的一生，長度約為六千行。

我們目前沒有這首《救世主》長詩的完整版本，只能從四份現存的手稿拼湊出一份接近完整的文稿。從文字上來看，這個作品肯定出自一位文采豐富的作者之手。但這首詩最令人驚訝的一點，是它描繪基督和十二使徒的方式──原來重點在於，讓他們都成為英雄人物。基督在詩裡做為導師角色的篇幅相當有限，內容主要擷取自《山上寶訓》，並將基督的教導以某種總結的方式加以呈現，強調的重點則改成「基督是人類的領袖」。

在《救世主》中，基督是王國裡的賢明君主，是偉大的和平王子（Prince of Peace），而使徒們則是他的伯爵（古撒克遜語為「eorls」）與家臣。他是一位寬厚英勇的君主，他的使徒則是為求真理奮不顧身的戰士，由此令基督在世上傳道的整個故事，充滿了忠義與榮譽氣氛。而整首詩有一段最能清楚看出基督做為一個寬宏大量的君主，那是他在迦南地一場婚禮中所行的奇蹟；當時，眾賓客齊聚於草地上一座宏偉的大廳，坐在長桌邊的板凳上，大口喝酒大口吃肉，基督身為一位慷慨的君主，他將最貴重的禮物送給了賓客，那禮物就是──上好的美酒。

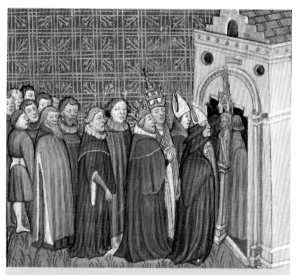

此為《**法蘭西大編年史**》（Les Grandes Chroniques de France）中的一幅插圖，畫的是查理曼接受加冕之後，正要步入一座教堂。

上帝的面貌：
破除聖像爭議

在「公元8世紀和9世紀破除聖像爭議」之後的數百年間，東正教的聖像崇拜一直恪遵著基督教的教義。圖為莫斯科的聖母法衣存放教堂（Church of Laying Our Lady's Holy Robe）的濕壁畫，描繪聖母馬利亞的生平故事。

現在任何人走進一座東正教教堂，看見鋪天蓋地、無處不在的聖像，應該會立刻感到一股震撼——這些用色鮮豔、風格獨具的繪畫，有的是基督、聖人的肖像，也有一些取材自聖經與基督教歷史的重大事件；作畫的材料有石膏、蛋彩和金箔葉；祭壇位於一面繪有許多聖像的屏幕後方，此屏幕稱為「聖幛」（Iconostasis）；教堂的圓頂或天花板飾以「宇宙的統治者基督」[1]（Christ Pantokrator，或作Christ the Universal Ruler）畫像，而當信徒進入教堂時則會虔誠地親吻聖像。

神聖的肖像在東正教的傳統中如此根深蒂固，扮演了極為重要的角色，因此很難想像，東方教會的信徒作禮拜時沒有聖像是何等光景。儘管如此，公元八世紀和九世紀的教會，對於能否容許這樣的畫像存在，引發了一場很大的神學爭議。這場爭議，無論在神學、教會、社會和政治各個層面都迅速演變成全面性危機。

破 除 聖 像 的 第 一 個 時 期

從公元八世紀初期開始，在拜占庭帝國的教堂和一般家庭之中，聖像的普及程度明顯增加。在當時，使用聖像在神學上沒有什麼清楚的立論，只因拜占庭社會對這方面早就很虔誠，再加上對這類藝術作品有所偏愛罷了。

但公元七一七年，當「伊蘇利亞人」利奧三世（Leo III "the Isaurian"，約公元六七五年～七四一年）這位有著敘利亞血統的皇帝登基後，使用聖像便成了全國矚目的惡行。利奧三世剛登上王位時究竟是否已極為反對聖像，這點我們不太確定，但到了公元七二六年他首次發布公開聲明反對聖像時，立場已很明確。公元七三〇年，他正式宣布禁止使用聖像，甚至下令移除皇宮大門「究克門」（Chalke Gate）上的一個大型基督聖像，改用一個簡單的十字架取代。

現在已經很難確知是什麼原因讓利奧三世投向「破除聖像」（也可以說「把聖像消滅殆盡」）的懷抱。有人是這麼認為的，身為一名敘利亞人，他也許受到了聶斯多留教派（東敘利亞人）或一性論教派（西敘利亞人）思想的影響，也有可能是他做為土生土長的敘利亞人，對聖像就是不信任；另外也有人提出這樣的說法，認為影響他的是小亞細亞一些認為聖像應該破除的特定主教；還有人覺得，是受到伊斯蘭思想的薰陶所致。當然，利奧三世很可能只是單純地相信——聖像，

註1：在基督教的聖像學中，「宇宙的統治者基督」指的是基督畫像的一種特別表現方式。Pantokrator或Pantocrator一字源自希臘文，常見的譯法除了「宇宙的統治者」，也常譯為「全知全能」。

違反了摩西律法所禁止的偶像崇拜。

事情不僅如此，利奧三世的兒子君士坦丁五世（Constantine V，公元七一八年～七七五年），對於破除聖像更加熱中。他迫害崇拜偶像者（也就是那些崇敬聖像的人）的方式非常殘忍無情，對付僧侶和教士的手段尤其狠毒；之所以如此，是因為在擁護聖像的人當中一般以僧侶最為熱切，也最不肯妥協，而教士則是很支持僧侶的作法。這位皇帝毫不猶豫地沒收了修道院的財產，砍斷違抗者的手足，弄瞎他們的雙眼，逼迫僧侶和修女結婚，甚至殺害僧侶。

▎聖像崇拜，有其神學立論

現存有關破除聖像者所提出的重要神學主張，大多來自支持聖像者留下的記載，但我們仍保有充分證據能確認這些記載的真實性。我們知道的是，在破除聖像者的眼中，崇拜聖像違背了十誡中第二誡的精神|2，以及古代教會的教導與規範。

此外，他們認為，基督徒崇拜有形的物質是自身虔誠的一種墮落，況且使用了與祂神聖尊嚴完全不相稱的方式；意即，企圖描繪上帝在世間的模樣，是一種褻瀆。也許更重要的是，他們反對聖像是基於畫像無法適當表現出基督為道成肉身的上帝，因為祂的尊嚴是永恆無盡的，無法言喻亦無從得見，超出了繪畫所能表現的範圍。另一方面，他們聲稱，若相信了聖像所傳達的意義，要不就是會混淆祂的神性和人性（一性論的風潮之後做如是說），要不就是會模糊了祂神性中的人性（聶斯多留派的風潮之後做如是說）。

捍衛聖像崇拜的人士當中，最有條理、也最傑出的一位，顯然是大馬士革的約翰（John of Damascus，約公元六七五年～七四九年）。由於他住在穆斯林管轄的地區，而得以逃過拜占庭帝國的迫害。他的部分主張

是，聖像正好和那些反對者所宣稱的相反，是基督教傳統裡既定的一部分，源自基督教信仰的最早時期；意即，聖像本來就一直是信仰的引導工具。此外，他更是堅定地駁斥破除聖像者對物質的鄙視，他用基督徒都能清楚明瞭的方式提醒他們——物質是上帝創造出來的，本質是好的，因此人類可以經由物質來崇敬讚美造物主。此外，當物質轉變成一種媒介，能讓人類得到神聖的教化、滌淨和救贖，這時的物質就足以讓人類崇敬；最高的敬意，當然是歸於道成肉身的邏各斯這個物質的軀體，但製造基督十字架的木材、用來書寫福音的墨水和紙張，也同樣值得崇敬，更別說木材、顏料和黏膠正是製造聖像的材料。

> 「在古代，沒有形體、也無法接觸的上帝是完全無法描繪的。但是現在，上帝已經以肉身的形式顯現，並且活在人群之中。我所畫的像是可以得見的上帝。我不是崇拜物質，而是崇拜物質的創造者。祂為了我而化為有形，刻意地停留在物質之中，並透過物質帶來我的救贖。」——大馬士革的約翰，解釋自己對聖像的敬意

不過約翰想要說明的是，讓人心懷崇敬的主要原因並非那些用來製作聖像的物質，而是聖像描繪出的人物，其所展現的力量。他強調，在摩西的年代，摩西律法禁止偶像是合情合理的，那是因為上帝還沒有完全顯現，所以任何神祇的肖像都是錯誤的。但現在上帝已經顯現在世人面前，實際上已向我們展示了他本身的完美肖像。在道成肉身時，我們已然見到上帝獨一無二的面容，因此藉著人類的雙手，將那經由神聖力量創造出來的臉孔臨摹成繪畫，是正當的，如同確定上帝真的在基督身上變成了一個人類。

很明顯地，在那些認為「破除聖像才符合基督論」的人眼中，約翰的解釋是不受重視的。畢竟，比起「聖像沒有辦法描繪基督的神性」這樣的說法，「要靠人類雙手才能確定上帝在人類身上的神性」是更說不通的。因為，若是一個人遵守著正統基督論的思維邏輯，那麼他必定相信基督的肉身也具有真正的神性。此外，擁護

註2：十誡的定義依照不同的教會、教派、宗教有所差異，像是東正教和聖公會認為「不可拜偶像」是第二誡，但同一條戒律在天主教會和路德教會為第一誡。但自第三誡之後，各教會教派完全一致。

聖像的神學所強調的是，在聖像當中要顯現的是所描繪主體的「本質」（Hypostasis），也就是位格，而位格才是信徒表達崇敬的對象。

女皇伊琳娜恢復聖像崇拜

當令人敬畏的女皇伊琳娜（Empress Irene，約公元七五二年～八〇三年）掌權後，拜占庭帝國破除聖像的第一個時期總算宣告結束。雖說伊琳娜的確具備了與眾不同的才智與毅力，但由一位女性統治整個帝國仍是件極不尋常的事，更何況她是由於一連串無法預測的事件而登上了王位（或說進入權力中心）──身為皇帝利奧四世（Leo IV）的皇后，她在公元七八〇年皇帝駕崩時被指派為兒子君士坦丁六世（Constantine VI）的監護人和共治皇帝。在這個時候，帝國內已經禁止聖像五十年之久，但身為擁護聖像的一方，她一肩擔起了「恢復聖像」的重責大任。

「那些曾經遭到騙徒扯落的聖像，都由虔誠的皇帝回復原位。」──壁畫上的一段銘文。公元9世紀初期，君士坦丁堡的聖索菲亞大教堂，東端拱頂上的〈聖母與聖子〉（Virgin and Child）馬賽克壁畫如是刻

她試圖在公元七八六年於君士坦丁堡召開教會的大公會議，卻因遭到守衛城市的士兵阻撓而失敗。公元七八七年，她成功地在尼西亞召開了大公會議，也就是第七次大公會議。會議中確立了在禱告和禮拜時可以使用聖像。這次的會議將「禮敬」（veneration，希臘文為「douleia」）、「特殊禮敬」（superveneration，希臘文為「hyperdouleia」）、「崇拜」（worship，希臘文為「latreia」）的定位進行了明確區分──「禮敬」廣泛適用於一些神聖的事物，例如聖像；使用「特殊禮敬」的對象則是上帝之母馬利亞；而「崇拜」則只適用於上帝。

恢復使用聖像是一場重大的勝利，伊琳娜在去世之後也被教會封為聖人，只是破除聖像的思想並未完全消失。公元八一三年，「亞美尼亞人」利奧五世（Leo V

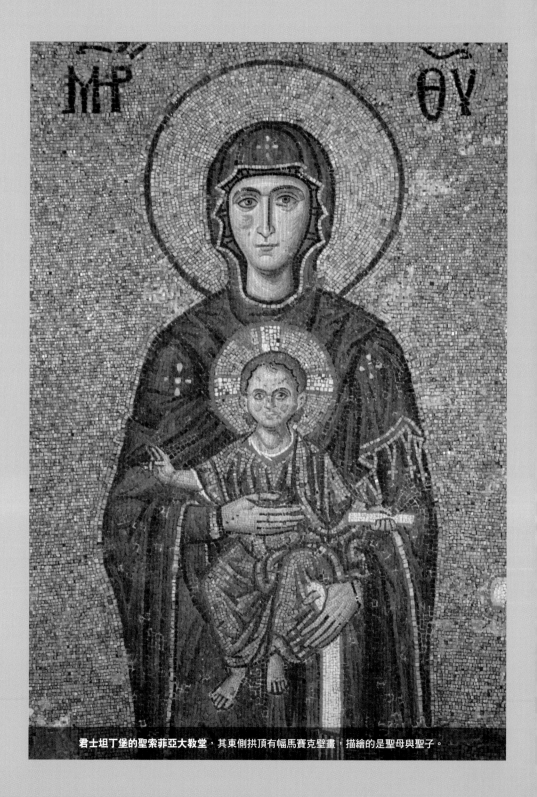

君士坦丁堡的聖索菲亞大教堂，其東側拱頂有幅馬賽克壁畫，描繪的是聖母與聖子。

"the Armenian"，約公元七七五年～八二
〇年）成為皇帝，並於公元八一五年再度
實施君士坦丁五世的破除聖像法律，重
啓對擁護聖像人士的迫害。當時，對帝國
這項政策最有力的反對者、也就是為聖像
辯護的人──「史都代」迪奧多若|3 大聲
疾呼，他強調禮敬聖像在歷史上的沿革
及精神面的優點。其言行膽大妄為，被處
以鞭刑，並逐出城市。公元八二一年，皇
帝「阿摩里亞人」米契爾二世（Michael
II "Armorian"，卒於公元八二九年）赦免
了迪奧多若，但這位新皇帝並未否決前人
的破除聖像政策，迪奧多若由此再度發表
激烈言論抨擊政府，公元八二四年，他不
得不逃出城市。

　　聖像最終得以恢復，是另一位女皇
執政時候的事。公元八四二年，皇帝提

註3：只要是住在「史都迪恩修道院」
的人通稱為「史都代」，此即迪奧多
若稱號的由來。迪奧多若(Theodore
the Studite，約公元七五八年～約
八二六年)，他是君士坦丁堡的史都
迪恩修道院(the Stoudion Monas-
tery)院長。

奧菲羅斯（Emperor Theophilus）駕崩，由年僅四歲的
兒子米契爾三世（Michael III，公元八三八年～八六七
年）即位，皇后狄奧多拉為攝政。她是一位堅定的聖像
擁護者，因此於公元八四三年以她兒子的名義，廢除了
過往三十年的破除聖像法律，自此之後，無論是教堂的
禮拜或私人的虔誠崇拜，都不再出現使用聖像的爭議。

聖像描繪，神聖的藝術

在東正教會和行拜占庭儀式的天主教會中，聖像的描繪藝術不僅是眼睛和手的鍛練，更是一種靈魂的磨練。一個人必須要有特殊的使命或接受了神聖的力量，才能成為一位真正的聖像畫家（也就是畫聖像的人）。

在創作一幅聖像時，畫家必須對著他想表現的人物（無論要畫的人數多寡）禱告，並洞悉他們的「位格」，接著遵循一些確立的特定準則，才能畫出一幅乍看之下宛如真人再世的聖像。

傳統上用以製作聖像畫的材料相當簡單，但能夠讓畫作擁有鮮豔生動的色彩、不隨時間而褪色，這才是最理想的材料。用來繪畫的「畫布」只是一片用膠處理過的木板；顏料是用蛋黃做基底的蛋彩，其中很多蛋彩都具備了自然的半透明度，可為繪畫添加繁複多層次的色調。

許多聖像畫（並非全部）的背景為金色，這代表了永恆的光輝。最古老的聖像畫，底板是以壓碎的雪花石膏或大理石製作，再塗上一層淡淡的亮黃色；現今最常見的，是使用亮澄澄的金箔葉。從這裡可以看出，前人的作法在美感上更勝一籌，視覺上更有超凡入聖的效果。

在拜占庭的禮拜儀式中，聖像，宛如一扇通往永恆的窗戶，四周圍繞著信徒。一般相信，一個人可以藉由聖像和聖人產生交流，見到上帝最後的國度，目睹萬物獲得救贖的榮耀。不僅如此，有個說法也很常見——

聖像的大小，從隨身攜帶的小物到大型的紀念物都有，形狀則有垂飾和畫板等等，或是以能夠長久保存的濕壁畫或壁畫等形式來表現。

透過聖像，一個人不只是看，其本身也正在被觀看。因為無論何時何地，只要舉行聖餐禮，上帝的國度便與之同在；永恆，在此時超越了時間，聖像畫中所描繪的人物也一同參與。因此，一幅聖像就像一扇窗，能讓雙方的凝視產生交集。

法蘭克與拜占庭：裂痕日漸擴大

CN 25

公元879年，教宗若望八世在會議中對於讓「奉烏修斯恢復君士坦丁堡牧首繼承人身分」一事表示支持，這個決定多少改善了東西方教會之間的關係。此圖是此前一年，也就是公元878年若望八世於法國特魯瓦（Troyes）舉行的宗教會議，擔任主席的情景。

從許多方面來看，東西兩方的基督教王國在公元九世紀都是鴻運當頭。查理曼在位時期的「加洛林復興」和政治革新，與拜占庭世界在藝術、學術方面的蓬勃發展相比，毫不遜色。但這也是個情勢已然明朗的時期——自古以來，由東西兩方組成的大一統基督教體制幾乎已經名存實亡，無法永遠維持下去。在信仰和儀式方面，兩者一直存在著明顯的區別；就神學上來看，幾個世紀以來雙方已經漸行漸遠；而在文化層面，東西兩邊更是根本形同陌路。

以我們現在的眼光來看，東方與西方教會之間某些儀式上的差異似乎有點微不足道。像是，拉丁文化在聖餐禮使用的是無酵餅，反之希臘文化使用的是有酵餅；拉丁文化希望教士過獨身生活，而希臘文化則期許教士結婚。但事實證明，如果有人認為這種差異適合拿來大做文章，那麼它們就會變成爭論和指控的根源，而且取之不盡，用之不竭。

此外，兩邊的文化在某些神學問題上普遍存在著「不和」的感覺。例如，至少從神學家奧古斯丁時代開始，拉丁神學內部對某些議題出現了特定的認知，這些認知不僅與東方教會的傳統相悖，甚至可以說是互相矛盾，這當中包括——將原罪視為一種代代相傳的罪行、命運是預定好的；此外，並以一種獨特的理解方式，看待被創造的萬物與神聖恩典之間的關係。

像是公元四世紀時，「加帕多家教父」尼撒的貴格利在他撰寫的一篇文章中提到了早夭的嬰兒，他認為這些尚未受洗的嬰兒沒有犯罪，因此將會進入上帝的國度。但幾十年之後的奧古斯丁在考量那些受洗前便夭折的不幸孩子命運時，出於對罪行與恩典的理解，迫使他有了以下結論——他們必定受著無窮無盡的痛苦責罰。從這些個別神學家提出的見解來看，能證明的事情其實有限，但他們在看法上的差異卻如此巨大，這確實反映出東方與西方在神學發展方向上有著很大的不同。

▌聖靈，從哪裡而來

然而，最具代表性的某條教義爭論，最終導致了東西方教會的分裂，正是眾所周知的「和子說爭論」（Filioque Controversy）。拉丁文「Filioque」即為「和子」（and from the Son）之意，過去幾個世紀裡，拉丁文版本的尼西亞信經加入了這句話，但希臘文版本卻未增添相應的文字。尼西亞信經來自尼西亞大公會議，當時君士坦丁堡方面只是重述了〈約翰福音15:26〉當中

的主張——聖靈「是從父那裡出來」，但後來舉行的大公會議並未對此進行任何修正[1]。

的確，東方教會的神學提到「聖靈」時，習慣上會說是「通過聖子」而出，西方的奧古斯丁也發展出類似的用詞。但西方的神學家（最有影響力的當然是奧古斯丁），他們很明顯傾向於將這樣一句話濃縮成簡單的文句，意即，聖靈是從父「和子」那裡出來。這樣的語彙若侷限在神學範圍內並不致於成為爭議的來源，然而一旦載明於信經，也就是做為正統基督教信仰的一般性宣告，那麼這句話就有如芒刺在背，成為希臘語教會和拉丁語教會之間差異越來越大的象徵。

「和子」這個詞第一次納入尼西亞信經，是在公元四四七年於西班牙托雷多（Toledo）舉行的宗教會議。其目的在於肯定聖子完整的神性，藉以抗衡西方蠻族，尤其是西哥德人所信仰的阿利烏主義。信仰天主教的高盧法蘭克人，便是採用這個經過修正的信經版本，而這是受到查理曼支持的。但羅馬方面堅決抗拒這項改變，教宗良三世（卒於公元八一六年）就拒絕認同這個經過修訂的信經。他甚至將信經的原文鐫刻在兩片一模一樣的銀板上（一片刻的是希臘文，另一片則是拉丁文），陳列於聖彼得大教堂之中。學者相信，加上了「和子」這個詞的信經版本，直到公元一○一四年才首次在羅馬使用，時為神聖羅馬帝國皇帝亨利二世（Henry II，公元九七二～一○二四年）接受加冕彌撒，由此頒布了命令。

┃ 由奉烏修斯擔任牧首？

即使如此，在公元九世紀，只要君士坦丁堡和羅馬之間對行使教區管轄權發生較大爭執時，「和子」一詞就會連帶地被提出來討論。公元八六二年，教宗尼古拉一世（Pope Nicholas I，約公元八二○年～八六七年）

試圖介入君士坦丁堡牧首職位的內部事務；當時，拜占庭皇帝米契爾三世已革除牧首伊格那丟一世（Patriarch Ignatius I，卒於公元八七七年）的職位，並由奉烏修斯（Patriarch Photius，約公元八二〇年～九〇〇年以後）這位傑出的學者和平信徒|**2**，取代牧首職位。

儘管這項任命完全符合東方教會的慣例，卻似乎不合乎西方教會的規範，教宗因而在公元八六三年於羅馬召開了一個會議，將奉烏修斯「免職」。而奉烏修斯的回應很簡單，他也召開一個大型宗教會議，將尼古拉逐出教會並予以免職。

這段來來回回的爭辯吵鬧實在太過複雜，很難在此一一詳述——當皇帝和教宗更迭，伊格那丟和奉烏修斯的運氣也跟著轉變，接著又是越來越多的會議、譴責、罷免和復位。公元八七九年，在教宗若望八世（Pope John VIII，卒於公元八八二年）的支持下，於君士坦丁堡舉行的會議，同意讓奉烏修斯復位。

但爭論過程中卻引發了一些特定議題，可是當時大多沒能解釋清楚。其中許多議題討論的，只是兩個教區的相對權利，像是哪個教區能對斯拉夫人行使主教管轄權。但其他議題則牽涉到一種更基本的本質——奉烏修斯指控羅馬試圖霸占不在其管轄內的權利，而他也是第一位公開抨擊「和子說」的人（儘管羅馬當時尚未採用）。

▍ 兩 個 帝 國 ， 一 個 教 會

君士坦丁堡和羅馬之間的教區爭議不僅僅有宗教上的因素，同時也和帝國政策有關。例如，破除聖像的爭議，這對拜占庭帝國和法蘭克王國加洛林王朝之間的關係不只造成直接影響，更為兩方的往來做了最終的定調。公元八世紀初，加洛林王朝尚未到來，羅馬皇帝「伊蘇利亞人」利奧三世的政策，導致了與教宗額我略

年表

公元879年
歷經一連串反覆的譴責和復位，一次於君士坦丁堡舉行的宗教會議終於同意讓奉烏修斯復職。

公元1014年
拜占庭皇帝亨利二世在他的加冕彌撒中，也許是羅馬第一次使用了「和子」一詞。

註1：〈約翰福音15:26〉的全文為：「我從父那裡要差來給你們的保惠師，就是從父那裡出來的真理的靈，他來到的時候，要為我作見證。」——中文新譯本

註2：平信徒（Laity或Lay Persons），指未擔任聖職或不具神職身分的信徒。

二世（Pope Gregory II，公元六六九年～七三一年）之間的失和。

儘管教宗在形式上是東羅馬帝國皇帝的臣民，也受拜占庭在拉溫納督主教|3 轄區的庇護，他卻拒絕遵從利奧三世針對破除聖像的政策。公元七三一年，教宗額我略三世（Pope Gregory III，卒於公元七四一年）於羅馬召開會議，譴責這種破除聖像的思想為「異端」。

不僅如此，當拉溫納於公元七三九年遭倫巴底人劫掠、羅馬面對倫巴底大軍情勢岌岌可危之時，額我略並未向信仰「異端」的拜占庭皇帝告急，反而轉向丕平（Pepin III）求援。之後，教宗司提反二世（Pope Stephen II，卒於公元七五七年）為丕平行膏禮，讓他成為法蘭克王國國王，丕平由此欣然發兵攻打占據義大利的倫巴底人；至此，教宗和法蘭克人之間所形成的新聯繫更加穩固了。等到查理曼手握大權，他亦如法炮製，在東羅馬帝國施行破除聖像律令的「異端」時期，他不僅是一個基督教的帝王，也是羅馬方面在神學和政治上的盟友。

的確，查理曼受到「出人意料」的加冕是公元七八七年「恢復使用聖像」之後的事，但這項來自是年大公會議的決議，卻對法蘭克王室與拜占庭之間的和解毫無助益。原來，這第七次大公會議後所發布的命令，於拉丁文版本中並未對「禮敬」和「崇拜」進行任何區分，但在希臘文版本中卻非常重要，因此若讀的是拉丁文版本便很容易產生一個印象──這些朝令夕改的拜占庭人，根本只是為了擁護聖像而摒棄破除聖像。因此公元七九一年，查理曼便對這個支持聖像的會議決議表示譴責，為的是證明，即使東方和西方實際上達成共識，但雙方還是有區別的。

註3：督主教（Exarch）原先是東羅馬帝國時期的官名，職權與總督相同。後來在東正教中，用以表示代理總主教職位的人。

羅蘭，最偉大的聖騎士

在整個中世紀裡，查理曼和他的騎士（或稱聖騎士Paladins）的傳奇事蹟，可說是西歐最膾炙人口的故事。文人作家從中獲得靈感，創造出豐富多樣的文學作品，一直持續到文藝復興時期，其中甚至有些作品於此時期達到巔峰。在查理曼的所有聖騎士當中，像羅蘭這樣被虛構誇大英雄色彩所圍繞的人，絕無僅有。羅蘭，在古法蘭克語稱「羅蘭杜斯」（Hruolandus），在義大利語則稱「奧蘭多」（Orlando），他是布列塔尼邊界的領主，在公元七七八年法蘭克大軍從西班牙撤退時，陣亡於庇里牛斯山。查理曼的官方傳記作者艾因哈德（Einhard）曾簡短描述了羅蘭的事蹟。

在《羅蘭之死》（The Death of Roland）中，傳奇英雄揮舞著斧頭，擊退所有來犯的敵人。

我們現在所知的法國古詩歌《羅蘭之歌》（Chanson de Roland），是歷史上最早描述羅蘭事蹟的詩作，講述那段發生在隆賽斯巴雷斯的屠殺。實際上，當時埋伏在隆賽斯巴雷斯的敵軍是巴斯克人，但詩歌則寫成摩爾人（Moors），而且還聯合了羅蘭的邪惡叔父加尼隆（Ganelon）。不過後來的《英雄之歌》[4]，開始出現越來越多關於羅蘭早年的故事，並混入了更多幻想元素。接著，他的英勇事蹟和其他聖騎士同伴的故事很快便出現在其他語言之中，如德語、西班牙語、英語和義大利語。

義大利人對於羅蘭神話的接受度特別高。在《神曲》（Divina Commedia）的第三部〈天堂〉（Paradiso）裡，作家但丁（Dante）將奧蘭多列為最偉大的殉難戰士之一，他的靈魂閃著光芒，有如火星表面的紅寶石。而在公元十五和十六世紀，義大利文藝復興時期裡，奧蘭多成了三部最偉大「騎士文學」（Romance）中的主角，分別是──路奇·浦爾契（Luigi Pulci）的《摩爾干提》（Morgante）、馬泰歐·博爾亞多（Matteo Boiardo）的《熱戀的奧蘭多》（Orlando Innamorato），以及魯多維科·阿里奧斯托（Ludovico Ariosto）《瘋狂的奧蘭多》（Orlando Furioso）。在這些充滿妄想、暴力、古怪和寓言的史詩當中，這位布列塔尼的領主達致了某種文學境界，是騎士文學中任何角色都無法相提並論的，就連亞瑟王的騎士都比不上。

足見，羅蘭杜斯本於騎士精神的作為令後世之人仰慕不已，因而為他的死添加了無上光榮。若他事先能預見以自己為主的文學會如此流傳於後世，真實的他也許會覺得以自己在隆賽斯巴雷斯的死做為代價，是可以接受的。

◆◆◆◆◆◆◆◆◆◆◆◆◆

註4：《英雄之歌》（Chansons de geste）或譯為《武功歌》，是法國文學的前身，以史詩體撰寫，最早出現於11世紀晚期和12世紀初期。現存的武功歌約有一百多首，分散在三百多部手抄本之中，創作時間自12至15世紀。

斯拉夫人
改信基督教

這座名爲〈俄羅斯的一千年〉（Millennium of Russia）的紀念銅像作品，位於古代斯拉夫城市「大諾夫哥羅德」（Veliky Novgorod）。作品細部可見到信仰虔誠的弗拉基米爾大公代表肖像。

拜占庭皇帝與羅馬教宗在公元八世紀初期發生的爭執，牽涉的討論不只是破除聖像問題，他們對教會的管轄權也有不同看法。羅馬和君士坦丁堡，雙方尤其對於「誰該握有義大利南部卡拉布里亞（Calabrian）與巴爾幹半島人民的管轄權」各執一詞。羅馬方面認為，教宗的職權不該由政治上的權力來賦予。

到了公元九世紀，隨著改信基督教的斯拉夫人數目增加，宗教方面的職權爭議越演越烈，進一步惡化了東西方教會的關係，而且在「奉烏修斯被君士坦丁堡方面任命爲牧首」這段時間引發的爭議更爲嚴重。不過，若拋開政治上複雜難解的影響，單從教會本身來看，基督教於九世紀前往斯拉夫世界傳道是極爲成功的，從許多方面來說簡直讓人驚嘆，而且不只是教化當地人民所帶來的正面影響。

▍ 到 斯 拉 夫 傳 教 的 聖 人 兄 弟 檔

前往斯拉夫世界傳教的人當中，最著名的是出身薩洛尼卡（Thessalonica）的兄弟檔，他們是有偉大「斯拉夫人的傳教士」（Apostles to the Slavs）稱號的——聖美多德和聖西里爾|**1**。兩兄弟皆是涉獵極廣的神學家，但他們之所以能能讓北方的異教徒接收到福音，主要是因爲他們在學習方面特別有天賦，語言能力尤其出眾。

說希臘語和拉丁語的神學家極少能說斯拉夫語，而能說希臘語和拉丁語的斯拉夫人也是屈指可數。此外，斯拉夫語並非書寫語言，因而想以斯拉夫人當地語言傳達基督教的文字，是不可能的。

西里爾曾在君士坦丁堡的牧首高等學院（Patriarchal University）教授哲學，且由於精通阿拉伯文和希伯來文而曾擔任帝國使節，前往拜會哈里發。美多德則是著名的波利崇修道院（Polychron Monastery）院長。公元八六〇年，這對兄弟在拜占庭皇帝的委派下，前往黑海北方對當地的可薩人（Khazars）傳揚福音；然而，這次的傳教任務以失敗告終，因爲可薩人最後選擇了猶太教做爲國教。不過，公元八六二年，大摩拉維亞公國|**2**（Great Moravia）的拉提斯拉夫王公（Prince Ratislav）來到君士坦丁堡，要求派遣能以其母語向人

註1：聖美多德（St Methodius，約公元825年～884年）；聖西里爾（St Cyril，約公元827年～869年）。在天主教中，聖西里爾被譯為「聖啟祿」（濟利祿），聖美多德則譯為「聖默道」（默多狄）。

註2：這是公元9世紀的一個中歐古國，國祚約70年。位置大致在摩拉瓦河兩岸，以及今日斯洛伐克、摩拉維亞與捷克部分地區，但學者對它實際領土範圍尚存疑議。

民傳道的教士,此事件開啓了兩兄弟對斯拉夫人傳教的契機。其實,西方教會的教士此時已進入了這片土地,只是他們仍堅持以拉丁文傳道和舉行彌撒。

某種程度上可以肯定,皇帝一定很希望讓自己所屬的拜占庭基督教、而非拉丁基督教在摩拉維亞落地生根,且希望於當地推行希臘式、而非法蘭克式規章制度。因此,他在公元八六三年派遣西里爾和美多德前往摩拉維亞。

他們的傳教作法是——將拜占庭的禮拜儀式翻譯成斯拉夫語。然而進行翻譯工作的第一步就是爲這個語言創造一套字母,而這套字母幾乎可以確定就是古代的格拉哥里字母[3](Old Glagolitic Alphabet)。然後,他們開始以當地語言舉行禮拜,也就是在各個例行節日中舉行東方教會的儀式,並以當地人民所能了解的語言來傳播福音。

▎被指爲冒犯神學正當性

不過,這兩兄弟以當地語言舉行禮拜儀式的作法,很快便引來薩爾茲堡(Salzburg)的日耳曼總主教、帕紹(Passau)的日耳曼主教不滿。他們將拜占庭人視爲闖入者,侵犯了他們認爲按理屬於自己的傳教權利。此外,他們還譴責這兩個希臘人冒犯了神學的正當性,因爲據羅馬教會規定,除了使用拉丁文、希臘文和希伯來文,不能以其他語言舉行禮拜。

爲了平息紛爭,教宗尼古拉一世(Pope Nicholas I,約公元八二〇年～八六七年)在公元八六七年要求西里爾和美多德前往羅馬。兩人遵照命令,於公元八六八年抵達,旋即說服新任教宗哈德良二世(Adrian II,公元七九二年～八七二年)認可他們傳道任務的正統性。西里爾於待在羅馬的這段時間去世,因此只有美多

德一個人回到摩拉維亞；不同的是，美多德這次的傳教任務是經過教宗背書的，他同時也被任命為塞爾曼（Sirmium）總主教，轄區包括整個大摩拉維亞、潘諾尼亞和塞爾維亞（Great Moravia, Pannonia and Serbia）。

然而，當地日耳曼傳教士密謀陷害美多德的腳步，並未因此減緩。公元八七〇年，他們以純屬捏造的罪名逮捕美多德，審判、痛打並監禁他。若非公元八七二年新上任的教宗若望八世（Pope John VIII，卒於公元八八二年）下令釋放他，美多德必然死於獄中。公元八七三年至八七九年，美多德一直待在他的教區主持事務；公元八八〇年，為重新取得教宗對於以斯拉夫語舉行禮拜的支持而回到羅馬。

但出身士瓦本（Swabia）的副主教維琴（Wiching）仍繼續暗中策畫陷害美多德。公元八八五年美多德去世之後，無能又怕事的教宗司提反五世（Pope Stephen V，卒於公元八九一年）便下令禁止使用斯拉夫語舉行禮拜，還將美多德的支持者逐出摩拉維亞。

▌ 弗 拉 基 米 爾 大 公 的 新 信 仰

時間來到公元十世紀末（傳統上說是九八八年），俄羅斯（Russia，或是說羅斯Rus也沒有錯）於弗拉基米爾大公（Prince Vladimir the Great，約公元九五六年～一〇一五年）在位時，成為基督教的一份子。弗拉基米爾，是基輔與諾夫哥羅德（Kiev and Novgorod）的統治者，公元九八〇年以嚴峻的法規鞏固了政權。統治初期，他大多數的時間都用來南征北討，強化國力。此時的弗拉基米爾是個不折不扣的異教徒，不但為俄羅斯人的各種神祇興建神廟，更製作了許多神像。他尤其致力於祭祀雷電之神霹隆（Perun），為祂製作了一座純金打造的神像，神明的鬍鬚則是特別以白銀為材料。此外，弗拉基

年 表

公元880年
美多德回到羅馬，希望重獲教宗支持，認可他以斯拉夫語舉行禮拜儀式。

公元885年
美多德去世。之後，教宗司提反五世同意將美多德的支持者逐出摩拉維亞。

註3：後來，以聖西里爾為名的「西里爾斯拉夫字母」（Cyrillic Slavic Script），或許就是這對兄弟檔的發明；而且在形式上，這套字母更近似希臘字母。

米爾有七個妻子，外加數千妃妾。

不過，根據公元十二世紀的一部史料，弗拉基米爾於公元九八七年派出一支使節團，目的在於調查鄰國的信仰。對於信仰伊斯蘭教的保加爾人（Bulgars），其轄下造訪過的使節抱怨這個禁止飲酒的宗教沒有樂趣；前往日耳曼教堂、聆聽拉丁文儀式的使節回報說，整個禮拜儀式枯燥粗俗；但那些到聖索菲亞大教堂參加莊嚴堂皇的聖禮儀（Divine Liturgy）的人則回報，在整個祈禱儀式中他們不知自己究竟置身天堂或人間，只因無論眼中所見或耳中所聽皆是那麼難以言喻的美麗，於是，弗拉基米爾大公便採用了拜占庭基督教。

「接著，我們去找君士坦丁堡的希臘人，被帶領著來到他們敬拜上帝的地方。我們不知道究竟置身天堂或人間，因為人間沒有如此的景象，也沒有如此的美麗，我們不知該如何描述眼中所見。我們只知道上帝就在人類之中。我們無法忘卻如此的美景。」——摘自《往年紀事》（Primary Chronicle），描述基輔使節團於君士坦丁堡的所見所聞。此書作者不詳，約成書於公元986年

無論這則故事的可信度有多少，可以確定的是，公元九八八年，弗拉基米爾就像許多誠心仰慕拜占庭文化的東方蠻族那樣，向君士坦丁堡方面求婚，對象是皇帝巴西爾二世（Emperor Basil II，公元九五七年～一〇二五年）的妹妹安娜（Anna）。若非弗拉基米爾的國勢如此強大，又倘若不是巴西爾如此迫切需要一個軍事上的盟友來鎮壓叛亂，這樁婚事也許想都不用想。當然，一位信仰基督教的公主是不可能下嫁異教徒的，但弗拉基米爾接受了洗禮，並以「巴西爾」做為教名表示向拜占庭皇帝致敬，然後才與安娜結婚。之後，他隨即下令所有臣民都要受洗，同時摧毀了俄羅斯所有神祇的雕像，而那座金碧輝煌的霹靂神像則被丟進了第聶伯河（River Dnieper）。

這幅東正教聖像描繪的是聖西里爾和聖美多德。這對兄弟都受到東正教的尊崇，並被授予「斯拉夫人的傳教士」頭銜。羅馬天主教會則在公元1880年將他們封為聖人。

一份照顧弱者的信仰

弗拉基米爾顯然對這份新信仰抱持十分認真的態
度。他不只興建了修道院和許多教堂（其中有些相當宏
偉），他更致力於創造一種以拜占庭城市為模型的基輔
基督教文化，這表示——他必須進行非常多社會改革。
他興建了學校、醫院、貧民收容所和孤兒院；他建立了
宗教法庭，並且為老年人和體弱多病者興建了修道式的
收容所；他制定了為弱者著想的法律，幫助他們抵抗強
權。他最為人熟知的身分是窮人的朋友、公正和善的君
主，以及信仰的忠貞擁護者；在東正教傳統中，一直流
傳下來的，正是「聖弗拉基米爾」這個名字。

俄羅斯基督教在這最初的基輔羅斯時期算得上是
國力鼎盛，或說在俄羅斯人心中是這樣認為的。做為國
都的城市「基輔」在這段時間裡成長迅速，氣象一片繁

榮，成了貿易與製造中心；此外，裝飾藝
術亦蓬勃發展，城內的銀匠以手工精巧聞
名於世，而基輔數以百計的教堂也以華麗
著稱，讓人目眩神迷。

基輔羅斯時期結束於公元十三世
紀初，原因是成吉思汗的孫子拔都可汗
（Batu Khan，約公元一二〇五年～一二五
五年）於公元一二三八年率領蒙古大軍入
侵俄羅斯；而在這之前，俄羅斯的財政與
國力已經歷了超過一個世紀的蕭條不振。
公元一二四〇年，城市被摧毀，人民遭屠
殺；此後，俄羅斯基督教的中心便向北遷
移至一個更自由、但文明開化不足的城市
——莫斯科（Moscow）。

蒙難聖徒，俄羅斯兄弟檔

俄羅斯的聖人中，最受人們敬愛的莫過於弗拉基米爾的兩個兒子——波利斯（Boris）和葛雷伯（Gleb）。東正教會封他們為神聖的「蒙難聖徒」（Passion-Bearers），這是因為他們殉道時受到的苦難和基督相似。

根據公元十一世紀《波利斯和葛雷伯的一生》（The Lives of Boris and Gleb）這部著作，這兩兄弟是被他們野心勃勃、冷酷無情的哥哥——「倒楣的」斯維亞托波克（Svyatopolk the Accursed）所謀害。弗拉基米爾去世之前將王國分配給所有的兒子，身為長子的斯維亞托波克繼承了基輔大公的位置，但他仍覬覦弟弟們的領地。

波利斯和葛雷伯寧願如基督受難般死去，也不願與自己兄長干戈相見的傳說，是俄羅斯教會裡最令人景仰的殉道蒙難故事。

一般相信，波利斯的臣子建議他，要在斯維亞托波克發動攻擊之前先進軍基輔，但波利斯不願為了奪取世俗權力而對自己兄長輕啟戰端，葛雷伯對此亦抱持相同看法。但斯維亞托波克卻沒有被這種顧忌束縛住，他先一步派遣刺客前去殺害波利斯。當刺客到達時，他們發現波利斯正在帳篷中禱告。

據說，波利斯懇求上帝讓他有毅力，能夠不憤不懼地面對命運，他也祈禱上帝能寬恕斯維亞托波克。接著他在睡覺的臥榻躺下，刺客便在此時俐落地刺了許多刀在他身上。之後他被帶到基輔，旁人發現他還有呼吸，斯維亞托波克的一名屬下於是拿起一支矛刺入波利斯的心臟。

斯維亞托波克再派人送信給葛雷伯，謊稱他們的父親病危。葛雷伯搭船趕往基輔的途中，卻發現父親已經去世，而波利斯也遭刺客謀害。收了斯維亞托波克佣金的刺客便趁著葛雷伯難過得流淚時，用一把菜刀切斷他的喉嚨，原來，這名刺客是葛雷伯的專屬廚師。刺客後來便將葛雷伯的屍體丟在河岸邊的叢林裡。

無論如何，上述故事確實做為一則神聖的傳說流傳至今，歷史學家對其真實性有所質疑，不只是對特定細節，而是對整個故事本身。有些學者甚至懷疑，斯維亞托波克是否真和弟弟們的死亡有所關聯。但不管故事真實與否，這兩位大公寧願選擇如基督般安詳地接受死亡、也不願兵戎相見的故事，確實深深影響了俄羅斯東正教傳統的精神思想。

東西教會大分裂

此為伊斯坦堡聖索菲亞大教堂中的馬賽克壁畫，基督身旁分別是佐伊女皇和皇帝君士坦丁九世莫諾瑪丘斯。當嫁給君士坦丁九世時，佐伊已是兩位前任拜占庭皇帝羅曼努斯三世阿基羅斯（Romanos III Argyros）與米海爾四世的遺孀，手握大權。

到了公元十一世紀，各占基督教世界一半的拜占庭教會與拉丁教會無論從哪方面來看都是不同的實體，不僅政治和文化如此，宗教方面的情況亦然。幾個世紀以來，東方和西方教會漸行漸遠，彼此的關係已經不只是「一個基督教，存在著兩種禮拜方式」那麼單純，而是呈現出一種互相競爭的態勢，儘管雙方在形式上仍屬於同一個教會。

古代基督教會一分而二、分裂爲東方正統教會（Eastern Orthodox Church）和羅馬大公教會（Roman Catholic Church）之時，「正式」發生的時間爲——公元一〇五四年。當時，君士坦丁堡和羅馬教區中止了正式交流，而且也許有點出人意料地，雙方並未再度復合；儘管如此，東西方教會依然持續互動了好一段時間才完全停止，這個過程是慢慢的。

教宗的權力與改革

公元十一世紀時，東西方教會在神學和禮儀上已然存在著明顯差異，就連拜占庭和法蘭克人之間亦有著不可謂不大的文化隔閡——拜占庭文化追求精緻、帶著些許頹廢風格，而法蘭克文化則偏向樸實、殘存著幾分戰士色彩。儘管有上述這些差異與隔閡，但出於當時帝國與宗教之間的政治情勢考量，兩方的教會依舊維持著一統局面。但到了公元十一世紀後半期，拉丁教會接連由幾位強勢的教宗主事，他們都矢志改革西方教會、建立禮拜儀式的規範，並在管轄權方面採取更進一步的中央集權。

第一位希望改革教會的教宗，是良九世（Leo IX，公元一〇〇二年～一〇五四年），他特別著重於肅清拉丁教會裡神職人員的濫權情狀，例如以金錢買賣宗教職位〔稱爲「買賣聖職」（Simony）〕，或由世俗統治者任命神職人員〔稱爲「俗人授職」（Lay Investiture）〕。他也希望剷除「尼可拉主義」（Nicolaitism）的信奉者，也就是娶妻生子或擁有情人的神職人員。事實上，西方拉丁教會偏好獨身的神職人員已有數個世紀之久，但希臘與東敍利亞教會都有已婚的神職人員，因此羅馬方面不能宣稱神職人員的獨身傳統是普世教會都該遵守的「教條」。關於這些改革，良九世很清楚，倘若不先增強教宗的權力是什麼都辦不到的，因此他所任命的其中

此爲教宗良九世於公元1052年發布的詔書。為了更進一步實行他的改革計畫，良九世將志同道合的同伴任命為樞機主教，做為他的顧問，並召開了一場宗教會議。這場會議促成了公元12世紀樞機主教團（College of Cardinals）的成立。

註1：教會大分裂，專有說法為Great Schism。

189

一位樞機主教，是他很信任的老朋友——希瓦康第達的胡伯（Humbert of Silva Candida，約公元一〇〇〇年～一〇六一年）。精通希臘文的胡伯是本篤會修士與傳教士，忠貞擁戴教宗應享有普世的教會管轄權。

以胡伯為首的羅馬使節團

良九世於公元一〇四九年成為教宗時，君士坦丁堡的皇帝是君士坦丁九世莫諾瑪丘斯（Constantine IX Monomachus，公元九八〇年～一〇五五年）。此人個性略顯軟弱，是因為和佐伊女皇（Empress Zoe，約公元九七八年～一〇四二年）結婚而登上皇位。他做為皇帝的主要政績是擴建君士坦丁堡大學和促進拜占庭藝術、文學的復興。但他也將鉅額公帑浪費在興建豪華建築的計畫及其他奢侈品的花用上，而為了彌補國庫虛空對經濟造成的巨大衝擊，他只好大幅刪減軍隊數量。但這麼一來便使得他面臨危機時顯得手足無措，無法有效因應，像是——那因他的鋪張浪費而引起的暴動事件；當賽爾柱土耳其人（Seljuq Turks）進逼拜占庭的亞美尼亞時；當佩切涅格人（Patzinak）入侵馬其頓省|2（Macedonia）和保加利亞時；當諾曼人（Norman）征服了拜占庭的卡拉布里亞時。

其中，諾曼人在義大利南部遍地作亂的事件，也是良九世要面對的問題，不只是因為義大利教會受到了損害，更因為這對羅馬造成了威脅。良九世向神聖羅馬帝國皇帝亨利三世（Henry III，公元一〇一七年～一〇五六年）尋求軍事協助，但亨利置之不理。良九世只能決定向諾曼人發動攻擊，由此派遣了一支完全不適任的天主教軍隊，後於公元一〇五三年六月遭諾曼人擊潰。良九世在這場戰役中遭到諾曼人俘虜，被囚禁了九個月之久。被釋放後，他決定派一支使節團前往君士坦丁堡，以探詢與拜占庭結盟的可能性，胡伯便是當時的使節團

成員。

　　而拜占庭皇帝君士坦丁九世原本就希望能與教宗結盟，以共同對抗諾曼人，於是表現出願對羅馬方面做若干讓步的態度，然而這個計畫卻為當時擁有強大影響力的——君士坦丁堡牧首米恰爾·色路拉里烏斯（Michael Cerularius，約公元一〇〇〇年～一〇五九年）所阻撓。如同良九世有意堅持羅馬擁有整個基督教世界的管轄權，色路拉里烏斯也同樣企圖維護自己教區的自主性。公元一〇五二年，色路拉里烏斯頻繁地公開抨擊羅馬教會在教義上的「錯誤」與「革新」，有一部分原因是為了回應皇帝對羅馬方面的讓步提議。

　　此外，他或許還嚴禁在自己的教區實施拉丁禮儀；不過，歷史學家還無法完全確定這一點。面對色路拉里烏斯對拉丁教會的指責，胡伯於公元一〇五三年寫下《駁希臘人的誹謗》（Against the Calumnies of the Greeks），亦毫不留情地予以還擊。他在文中慷慨陳詞，強調羅馬的威信高於所有的基督教教會；同時，教宗的主權及於舊西羅馬帝國的所有土地（後面這一點取自《君士坦丁的捐贈》法令，但這卻是一份以君士坦丁大帝為名的偽造文件）。接著，良九世於公元一〇五四年選擇了胡伯做為教廷特使前往君士坦丁堡，這項決定可說是帶著無比的勇氣，也可說是難以想像的荒唐舉動（或許兩者皆是）。

▌「互相」革除教籍

　　當教廷的特使來到君士坦丁堡時，胡伯和另兩位特使同伴，向牧首官邸遞交了一份語帶侮辱又蠻橫無禮的「教宗書信」。驕傲暴躁的色路拉里烏斯由此大怒，後來更拒絕承認並接見特使。而胡伯，這位即使在心情最好時也同樣任性頑固的特使，偏偏又在此時以幼稚可笑的行為讓事態更形惡化——他，與君士坦丁堡的神學

年表

公元1075年
額我略七世發表《教宗訓令》（Dictatus Papae），其中所包含的二十七項原則確立了宗教授權高於俗世授權。

公元1076年
在沃爾姆斯（Worms）舉行的宗教會議上，神聖羅馬帝國皇帝亨利四世宣布罷黜額我略七世。

公元1077年
亨利四世為「俗人授職爭議」前往卡諾莎懺悔，懇求額我略七世的寬恕。

註2：這裡的馬其頓是拜占庭帝國的一個省分，位置並非在馬其頓帝國，而是在色雷斯。

家進行公開辯論，其辯論策略幾乎都放在「強烈要求拜占庭完全順服羅馬教宗的命令」上，並誇張地發表長篇大論抨擊希臘的教義和禮儀。

至於良九世，他於派遣使節團前往君士坦丁堡後不久，便去世了，因此有人質疑使節團的授權是否還有效力。然而良九世先前早已透過教宗敕書形式，明文授予胡伯「完整權力」（carte blanche），希望使節團於合適時機將此敕書派上用場。胡伯則選在教宗繼任前的這段空窗期，想把事情「解決」，以求一勞永逸。但無論是「認為教宗擁有至高無上的權力」或「針對具有爭議的拉丁教義」這些主張，拜占庭都堅決不對胡伯讓步，這令他怒不可抑；此外，牧首一直拒絕接見拉丁使節團也讓他深感氣憤受辱。因而在公元一〇五四年七月十六日星期五的感恩祭儀式中，胡伯和同行特使大步邁入聖索菲亞大教堂，將一份敕書放在祭壇上，宣布將色路拉里烏斯等神職人員——「革除教籍」。

色路拉里烏斯原本就視教廷特使為粗野蠻族，因此他們的舉動早在他預料之內——於是，他反過來將教廷特使「革除教籍」。由於教眾對色路拉里烏斯有很強的向心力，皇帝君士坦丁九世別無選擇，只能同意這位牧首的決定。後來，胡伯又繼續擔任好幾任教宗的顧問；公元一〇五九年，當諾曼人與教宗形成穩定的同盟關係時，胡伯也有部分的功勞。

這之後，東方教會和西方教會的基督徒仍然在世界的某些地方繼續交流，但交集越來越少，終至完全消失。早前於公元一〇五四年發生的教會大分裂，這才以某種關鍵的歷史事件之姿盤固在大多數人心中。最後毫無窒礙地，希臘、敘利亞和巴爾幹半島這些盛行拜占庭儀式的地方，就歸於君士坦丁堡教會，而盛行拉丁儀式的地方則歸於羅馬教會。但我們其實無法將「教會大分裂」準確地放在某個歷史時間點上，它就像一件「發生過」的事，卻永遠說不準「發生在何時」。只能說，教會的大分裂遠在公元一〇五四年之前很早就開始，而在很久之後才結束。

偉大改革者，教宗額我略七世

打從良九世開始，其後的多位教宗繼任者持續進行著教會改革，由此才於公元十一世紀後半（也就是中世紀晚期）出現了「君尊教宗制」（Monarchical Papacy）。而若非羅馬與東方教會分裂，這個制度出現的機會可說是微乎其微。

其中一位教宗雖然任期只有半年多一些，但卻為教宗權力的整個改革計畫貢獻良多，他便是良九世的表哥司提反九世（Stephen IX，約公元一〇〇〇年～一〇五八年），他也是公元一〇五四年出使君士坦丁堡的其中一位特使。司提反九世大力鼓吹神職人員獨身，以及教宗的普世管轄權，並召開宗教會議處理「買賣聖職」的問題。

不過，十一世紀對改革拉丁教會貢獻最多的人，則是教宗額我略七世（Gregory VII，約公元一〇二〇年～一〇八五年），後世也許對他的名字「希爾德布蘭德」（Hildebrand）印象更為深刻。他對於消除「買賣聖職」不遺餘力，並且毫不遲疑地指派特使前往其他教區，斥責一些意志不堅的主教；而除了羅馬教會的禮拜儀式，他絕不容許西方教會使用其他的儀式。

額我略七世的主要成就在於，他展示了教宗權力的真諦，這可從「俗人授職爭議」一事充分看出他的作為。由於德皇亨利（Henry，公元一〇五〇年～一一〇六年），也就是後來

額我略七世的決心證明，只要相信教宗有權掌握所有受洗教眾的靈魂，那麼就沒有一位王公貴族能夠違抗他。

成為神聖羅馬帝國皇帝的亨利四世（Henry IV），在這方面與額我略七世意見相左。由此，公元一〇七五年，額我略七世所舉行的宗教會議中譴責了「俗人授職」，並將亨利的五位私人謀士革除教籍。

然而仗著有日耳曼與北義大利主教的支持，亨利公然違抗教宗特使，自行召集了一場宗教會議，宣布罷黜額我略七世。教宗對此的回應不只是將亨利革除教籍（也宣布該宗教會議無效），更宣告罷免亨利，而原先完全服從皇帝命令的臣民則不予追究，支持亨利的勢力由此完全瓦解。

公元一〇七七年一月，額我略前往奧格斯堡（Augsburg）參加一場貴族會議的途中，聽聞亨利已經進入義大利，他因此撤退到卡諾莎（Canossa）的托斯卡城堡（TuscanCastle），以策安全。亨利的確來了，不過卻是以懺悔者的身分前來。接下來整整三天，亨利赤著腳站在卡諾莎城外，苦求教宗的寬恕。額我略七世最終感其誠意，赦免了亨利。亨利懇求寬恕的事蹟在歷史上稱為「卡諾莎之行」[3]（Walk to Canossa）。

註3：不過，在卡諾莎之行一年之後，亨利又舉兵進攻羅馬，額我略七世被革職。公元一〇八五年，羅伯·吉斯卡擊敗亨利，奪回羅馬，額我略七世於沙來諾召開會議，再度革除亨利的教籍。

早期十字軍聖戰

這幅出自手抄本的插畫，描繪了公元1098年6月3日第一次十字軍東征攻下安提阿的情景。這趟橫越小亞細亞的十字軍之旅充滿了血腥與艱苦，從一開始的十萬大軍，到了進入安提阿城門時只餘四萬之數。

「聖戰」的概念與基督教神學體系是相悖的，而且顯然與史有名載的基督思想相衝突，從古代教會的眼光看來更是令人心生厭惡。當然，信仰基督教的統治者如查士丁尼與查理曼，經常會出於國家一統的考量，迫使那些比較桀傲不馴的臣民接受「信仰」；但就我們所知，那時並沒有人曾把自己的軍事冒險行動視為神聖的使命。

可是到了公元十一世紀結束之際，「戰爭，不只要師出有名，更要發自神聖」這樣的觀念逐漸進入基督教的思維中。諷刺的是，會出現這樣的結果，有一部分得歸因於教會共同致力消弭和限制戰事的發生。

從公元十世紀末期到十一世紀中期，教會在法國舉行的宗教會議上制定了一條名爲「上帝和平」（Peace of God）公約，只要是私自發動戰爭，或攻擊婦女、農夫、商人、神職人員或其他未涉入戰鬥的人，都將被革除教籍；公約並同時要求每家每戶發誓維護和平。

公元十一世紀舉行的宗教會議則訂立了「上帝止戰」（Truce of God）公約，規定一年當中的許多日子禁止發生武力衝突，像是進行懺悔的時期、神聖的節日、收穫期，以及每個星期三傍晚到翌週星期一早晨；到最後，月曆當中有四分之三的日子都被納入了限制範圍內。

▎ 崇 高 的 理 想 ， 卑 劣 的 動 機

說來也許有些諷刺，公元一〇九五年舉行的克萊芒會議（Council of Clermont）裡重新確立並擴大了「上帝止戰」公約；教宗烏爾班二世（Pope Urban II，約公元一〇三五年～一〇九九年）卻同樣是在這次會議中發起了第一次十字軍東征（First Crusade）。不過，止戰公約希望達成的理想主要是——保護沒有抵抗能力的人免於被暴徒劫掠。根據那些自東方回來的基督徒提到，居住在東方的人和西方的信徒前往聖地時，會遭到塞爾柱土耳其人搶劫、奴役和殺害，烏爾班於是想藉這次十字軍東征做爲回應。另一方面，也是爲了響應拜占庭皇帝阿歷克塞一世科穆寧（Alexius I Comnenus，公元一〇五七年～一一一八年）所尋求的軍事協助，望可共同對抗塞爾柱土耳其人步步進犯東方基督教世界，範圍包括安那托利亞、亞美尼亞，以及拜占庭勢力內的小亞細亞、西敘利亞。

然而，十字軍東征的發起，卻吸引了一群可能出乎教宗意料的人士。除了具備俠義心腸和高貴情操、一心救苦

救難的士兵，十字軍的組成分子還包括了許多品行不良的人，他們只比土匪好一點。事實上，這些人之中很多是靠著公元一○九六年搶劫和謀害萊因河地區的猶太人，而開始他們的東征旅程。他們甚至會因為當地主教試圖保護教區內的猶太人，便對主教發動攻擊。由這樣一群烏合之眾組成的軍隊，接下來的情況通常是，整支部隊還沒抵達東方，就解散了。

而那些組織嚴謹的十字軍部隊則主要聽命於法國貴族，公元一○九六年起，他們開始有秩序地往東方前進。最後在公元一○九七年，共有四千名騎士聚集於君士坦丁堡，隨行約有兩萬至三萬的步兵。阿歷克塞有充分理由擔心這群新的同盟軍隊最終將變得和他的敵人一樣危險，因此堅持要這群騎士立下誓約，屆時要將他們所解放的拜占庭領土全數歸還東方帝國。

公元一○九七年六月，十字軍從入侵者手中奪回尼西亞，也確實遵守約定將土地還給拜占庭。西方與拜占庭聯軍從這裡穿越安那托利亞，七月於多歷拉耶烏姆（Dorylaeum）對土耳其人打了一場大勝仗，八月開始對安提阿進行漫長艱辛的圍城戰。之後，阿歷克塞認為沒有希望攻下這個城池，便下令撤軍，繼續圍城的十字軍便認為他已放棄了此城的所有權。因此當一○九八年六月終於攻下城池時，他們將安提阿留做自己合法的戰利品。公元一○九九年一月，十字軍開始朝耶路撒冷前進。

▎十字軍建立耶路撒冷王國

事實上，由一千五百名騎士和一萬多名士兵組成的十字軍抵達耶路撒冷時，塞爾柱土耳其人已經被埃及的法蒂瑪王朝（Egyptian Fatimids）趕走了。但這並沒有讓十字軍打消收復耶路撒冷的想法，圍城，從六月初開始到七月中旬結束。最終攻破城池時，十字軍的

諾曼人指揮官「歐特維爾的坦奎德」
（Tancred of Hauteville，卒於公元一一
一二年）承諾不會傷害城內居民，但軍
隊卻無視他的命令，一進城便開始濫殺
穆斯林、猶太人和阿拉伯裔的基督徒，
連婦女和小孩都不放過，殘暴凶惡的程
度駭人聽聞。

　　收復之後，耶路撒冷受到十字
軍的保護，到了公元一一○○年底
發展成（或說墮落成）耶路撒冷王
國（Kingdom of Jerusalem），由鮑德溫
一世（Baldwin I，約公元一○五八年～
一一一八年）統治。隨著貝魯特（Beirut）、阿克雷|1
等城市陷落，來自西方的新一批十字軍抵達，建立了其
他的十字軍國家，聳立起無數城堡。西歐的封建制度藉
著這種方式進入了近東和北非部分區域，從幼發拉底河
至黎凡特|2地區，甚至到的黎波里都建立起封建國家。
十字軍毫不遲疑地霸占了拜占庭的領土如拉塔基亞港
（Port of Latakia），也不介意激怒東方教會地任用起拉
丁主教，而非希臘主教。

**教宗烏爾班在公元1095年的克萊芒
會議上**，號召收復「聖地」（Tierra
Santa），由此發起了第一次十字軍
東征。

▌ 十 字 軍 東 征 ， 是 沒 有 必 要 的

　　整體來看，十字軍東征是一個偶發事件，大體上來
說並沒有其必要性。在那個西歐人口急遽增加的時代，
屬於歐洲最後一群蠻族的戰士階層已逐漸沒落，因此十
字軍東征的主要作用，某些時候似在為這群戰士提供一
個宣洩能量的出口。儘管和十字軍東征的原意相差了十
萬八千里，但他們的確為西方的基督教王國，以及東方
的拜占庭、伊斯蘭文明建立起一個文化上與商業上大致
穩定的連結；這樣的連結，令東方與西方得以在一定程
度上進行豐碩的文化與學術交流。

*註1：阿克雷（Acre），現名阿卡
（Akko），位於以色列北部。*

*註2：黎凡特（Levant），指的是中東
托魯斯山脈以南、地中海東岸、阿拉
伯沙漠以北，以及上美索不達米亞
以西的區域。*

第二次十字軍東征，是由教宗尤金三世（Pope Eugenius III，卒於公元一一五三年）於公元一一四五年發起；其中，克勒窩的聖伯爾納鐸（St. Bernard of Clair-vaux，公元一○九○年～一一五三年）更是在法國與日耳曼大力鼓吹十字軍東征。而後，由德皇康拉德三世（Conrad III，公元一○九三年～一一五二年）與法王路易七世（Louis VII，公元一一二○年～一一八○年）各率領一支主力軍隊，於公元一一四七年向東進發。十月，康拉德的軍隊在安那托利亞遭遇土耳其人，幾乎全軍覆沒，但在隔月與路易七世的軍隊在尼西亞會合。翌年三月來到了安提阿，遭遇到治理當地的「普瓦捷的雷蒙」（Raymond of Poitiers，約公元一一一五年～一一四九年），康拉德和路易隨即撤退回到君士坦丁堡，而後在德法兩國的其他貴族協助之下，以超過五萬人的部隊向大馬士革發動奇襲，這場戰事死傷極為慘重。圍城數日，時序進入了七月份，後來，不得不在一支軍力遠勝十字軍的對方，土耳其援軍抵達前，自當地撤退。

與第一次十字軍東征奪取的領地相較，公元十二世紀的十字軍領地並未繼續向外拓展，而似乎予人足夠的安定感，吸引了一定數量的西方基督徒從歐洲遷移到東方。第二代的西方基督教統治者經常學習如何說阿拉伯文、並與當地的女性結婚，還採用了許多地區性習俗。

▌ 聖殿騎士團與醫院騎士團

而除了國王領軍的十字軍軍隊，另外還有兩支由修道院體系組成的部隊，他們有著穩定而值得信賴的特點，予人一種出自封建領地的印象。首先是成立於公元一一二八年的聖殿騎士團（Knights Templar），主要為前往聖地朝聖的信徒提供保護；另一支是建立於公元十一世紀的醫院騎士團（Hospitallers），主要目的在於為信徒（及其他需要的人）建造並維護醫院，但到了十二

這幅公元19世紀的浮雕刻畫的是，第三次十字軍東征時，士兵進攻耶路撒冷失敗、紛紛逃離攻城塔的情景。

> 「整個事件看起來肯定給人一種不可思議的感覺，因為在同一天，許多不同的地方因為暴力教唆而採取了一致的行動。儘管大多數人不贊同，並譴責這種行動違反了宗教原則，但我們很清楚，這樣的屠殺遲早會發生，沒辦法避免，因為他們要面對的是教士所強加的革除教籍手段，另一方面又有許多王公威脅要施加處罰。」——弗拉維尼的休|5（Hugh of Flavigny），對公元1096年萊茵河地區發生屠殺猶太人事件的看法

註3：「聖戰」(Jihad，或Holy Struggle)，原意為「神聖的奮鬥」，延伸翻譯為聖戰。

註4：理查一世在戰場上十分驍勇善戰，人稱「獅心理查」(Richard the Lionheart)。

註5：約出生於公元1064年，為本篤會修士和中世紀歷史學家。

世紀也變成一個軍事化的騎士團。

不過，十字軍的力量假象被薩拉·阿丁（Salah al-Din）粉碎了，他被西方基督徒稱為「薩拉丁」（Saladin，公元一一三七年～一一九三年）。身為庫德族人（Kurdish）的薩拉丁是一位果敢虔誠、經常展現出騎士風範的蘇丹和軍事將領，在「聖戰」|3中對抗拉丁入侵者；公元一一八七年他幾乎征服了耶路撒冷的所有王國，並於十月拿下耶路撒冷城，他允許基督徒支付微薄的贖金為自己贖身。這之中，只有泰爾城擋下了薩拉丁的大軍攻擊。

耶路撒冷的陷落，促使教宗額我略八世（Pope Gregory VIII，卒於公元一一八七年）號召了第三次十字軍東征。這場戰爭後來之所以帶有迷人傳奇色彩，主要是由於薩拉丁和英王理查一世|4（Richard I，公元一一五七年～一一九九年）兩人之間的關係。這兩位領導者都是軍事天才，而且雙方似乎都希望能比對方表現得更為寬容大度，但這兩個人對待敵人其實都相當殘酷無情——例如，理查在公元一一九一年從穆斯林手中拿下阿卡城時，由於對交換戰俘的協談失去耐心而處決了所有穆斯林戰俘（及其家屬）。儘管如此，理查和薩拉丁之間的聯繫從未斷絕；公元一一九二年，他們之間的戰事陷入膠著狀態，雙方終於在九月時簽訂了一項停戰協定。一個月之後，理查離開了聖地，薩拉丁也在五個月後於大馬士革安詳地去世。

阿爾比根十字軍戰役，無效

並非所有的十字軍戰役都發生在聖地，其中有一次就是在法國。公元十二世紀和十三世紀時，「阿爾比根派」（Albigensians）教會[6]興起於法國南部和義大利。這是屬於諾斯底思想的教派，教義源於東方的「波格米勒派」（Bogomils）。波格米勒派始於公元十世紀的保加利亞，並在東方基督徒之中留存至公元十五世紀。卡特里派認為──物質世界是惡魔創造出來的產物；發誓絕不生育；相信世界是一座監獄，是靈魂轉世的地方，人類的靈魂會不斷地循環。他們輕

傳說，當聖多明尼克（St Dominic，公元1170年～1221年）與阿爾比根人進行辯論時，雙方都將手上的書丟入火中，卡特里派信徒的書燒得精光，聖多明尼克的書卻奇蹟似的完好無缺。

視傳統的基督教教義，並從內在的體悟與苦行的生活尋求救贖；此外，他們也崇尚和諧樸素的生活。

一開始，教宗英諾森三世（Pope Innocent III，約公元一一六〇年～一二一六年）對於卡特里派希望採取容忍和對話的策略。但公元十二世紀末期，朗格多克（Languedoc）地區一些特定的王公貴族成為卡特里派的信徒，並發生了一些在自家宅邸迫害天主教徒的事情，像是華郡伯爵（Comte de Foix）把僧侶趕出帕米耶（Pamiers）的修道院，褻瀆破壞了教堂之後再將土地占為己有。貝濟耶子爵（Vicomte de Béziers）則是搶劫了修道院後，再將之燒毀；

他囚禁了一位主教和一名修道院院長，院長死後，還將他的屍首掛在公開的講壇上示眾。土魯斯伯爵雷蒙六世（Comet de Toulouse, Raymond VI）迫害僧侶，搶劫教會，並密謀刺殺教宗特使。英諾森三世沒料到事態會變得這麼危急，因此他主動向法王請求發起十字軍，以平定南方的亂事。雖然傷亡無數，但後來證明這場戰役的成效不彰。它變得更像是在為法王鎮壓土魯斯與其他南方地區，以及北方諾曼人貴族竊取天主教徒和阿爾比根人的封邑尋找藉口。

最後，教宗英諾森四世（Pope Innocent IV，卒於公元一二五四年）參考了古羅馬律法，對這類事件制定了一項法規，也就是──「送交宗教審判」；而這套建立於羅馬帝國基督教化之前的律法，與基督教的慣例不符，新近卻為神聖羅馬帝國採用。教宗之所以採取此動作，也有一部分原因是受到法王路易九世（King Louis IX，約公元一二一四年～一二七〇年）的要求。在阿爾比根十字軍戰役失敗之後，教宗的這個手段獲得成功，最終消滅了卡特里派。

註6：「阿爾比根派」教會，或稱「卡特里派」（Cathars），希臘文原意為「純潔的人」。

拜占庭帝國的
興盛與衰落

CH 20

202

教宗英諾森三世痛斥那些於公元一二〇四年劫掠君士坦丁堡的十字軍：「當地人見到拉丁人就如同見到死亡毀滅，這樣該如何讓希臘人的教會和我們回歸一統，如何一同為主教教區奉獻……所以現在他們比起唾棄狗，更有理由唾棄拉丁人？至於那些理當追尋耶穌基督道路的人，卻讓本該用來對抗異教徒的劍，滴著基督徒的血？」

君士坦丁大帝之後過了一千多年，君士坦丁堡已成為世上最偉大的奇蹟之一，如此雄偉壯麗，西方沒有一座城市可與之媲美。東方基督教的拜占庭文明，向來號稱和古希臘羅馬文化一脈相傳，相較之下，西方的王國和帝國自是相形見絀；至少，在拜占庭看來是如此。

此外，公元十一世紀和十二世紀時，拜占庭世界經歷了文化與學術的革新。不過，受到來自伊斯蘭、東方的蠻族部落，甚至是西方基督教軍隊的壓力，拜占庭的軍事力量也於這段時期開始急遽衰退。

▍拜占庭文藝復興，冥想儀式創新

「拜占庭文藝復興」（Byzantine Renaissance）有一部分的特色是精神上的覺醒，尤其是神學與冥想禱告儀式上的創新，而在這個領域，沒有人比「新神學家」聖西默盎（St. Symeon the New Theologian，約公元九四九年～一○二二年）更具代表性。他是一名僧侶、神祕學家和詩人，其著作深深影響了後世東正教的精神。「神學家」（Theologian）這個頭銜，在東方基督教傳統中是非常尊敬的稱呼，表示其人對神祕的聖靈擁有特殊的知識，榮膺此頭銜的僅有三位，而西默盎正是其中一人（另兩位是聖者聖約翰St. John the Divine，以及納齊安的額我略）。

西默盎（他的名字為喬治）出身貴族家庭，家人希望他能進入朝中任職，於是在十一歲時被送到君士坦丁堡接受正統的教育。但十四歲那年，他認識了一位來自史都迪恩修道院的僧侶，名為「虔誠者西默盎」（Symeon the Pious），並自願接受這位長者的精神教導。西默盎並未立刻放棄世俗的學問研究，但在二十歲左右他體驗了一次深刻的神祕經歷，這樣的經驗在他一生中體驗過許多次，而這是第一次發生。當時，在無法言喻的亢奮情緒中，他見到了異象，親眼目睹上帝以純潔永恆的光芒現身。

從新神學家聖西默盎的著作可以看出，他深深相信基督教不僅植根於儀式和外在形式上，更是建立在一個人對於活生生的耶穌有何個人體驗之上。

西默盎繼續遵照家庭的教誨，追求更高的職位，後來甚至升到了議員的位置，但他終究無法抵抗冥思生活

註1：法蘭德斯伯爵鮑德溫九世（Baldwin IX Count of Flanders）是第四次十字軍東征中表現十分傑出的將領；公元1204年，君士坦丁堡城破之後建立了拉丁帝國（Latin Empire），即位後是為鮑德溫一世。

的呼喚。二十七歲那年，他進入了史都迪恩修道院，為自己取了一個與精神導師相同的名字。但修道院裡的資深修士擔心，若他太常依賴精神導師的指引，可能會對修道生活有不好影響。於是他們告訴西默盎，如果他願意住在另一所修道院，他就能繼續接受導師的指導。

西默盎於是遷到聖馬梅斯修道院（Monastery of St. Mamas），而後於公元九八〇年成為修道院院長，並重新帶領眾僧侶進行冥想禱告。但就在公元一〇〇九年，他的導師過世後不久，西默盎與君士坦丁堡牧首辯論，之後被迫隱居於博斯普魯斯海峽偏遠海邊的一所簡陋小屋。後來，信徒景仰他那充滿奧祕的講道與個人典範，開始聚集在他的身邊。他過世之後，其隱居處聚集了相當數量的僧侶，他們繼續獻身於神祕禱告的生活。

西默盎的著作在許多方面都是大膽創新的。他對神祕狀態的描述非常傳神，詞彙之豐富不時讓聽者出神，像是——與上帝同在的狂喜、回復到正常理智時的依依不捨等等。他毫不猶豫地使用最清晰明白的激情意象，形容靈魂與上帝團聚時的親暱；或是借用或陶醉或浪漫欣喜的隱喻，描述靈魂被神聖之愛占有時的欣喜若狂。他的鉅作《神聖之愛的讚美詩》（Hymns of Divine Love）是一本詩集，其中滿是最華麗動人的隱喻、符號和意象，經常讓讀者感受到極致之美。

拜占庭文藝復興，柏拉圖思想興起

而在皇帝君士坦丁九世莫諾瑪丘斯（公元九八〇年～一〇五五年）大力支持下，對拜占庭學術的重生具決定性影響的一號人物，則是米開爾‧普賽羅斯（Michael Psellus，公元一〇一七年～一〇七八年後）。他是一位歷史學家、修辭學家、哲學家、教授、法律學者、科學與醫學百科全書的編撰者，偶爾也是詩人與政治家。身為君士坦丁與繼任皇帝的顧問，君士坦丁

堡大學的教材主要是由普賽羅斯編撰，這份傳奇的教材
不僅包羅萬象地納入了各式學問，同時也兼具淵博的
智慧。

讓嚴謹的哲學研究在中世紀的東方
拜占庭復甦，普賽羅斯自是比任何人更
責無旁貸。此外，他對柏拉圖思想的特
殊偏好，也帶動了基督徒對柏拉圖的興
趣（這裡說的，當然不是指所有的基督
徒）。柏拉圖思想，由此成為影響後來
中世紀拜占庭文明最深的學術傳統，最
終激發了柏拉圖主義者於西方文藝復興
時期的重獲新生。普賽羅斯對異教哲學
的貢獻，以及對非基督教徒宗教與哲學
傳統的熱心研究，偶爾會引起君士坦丁堡部分市民的質
疑；在這種時候，他便不得不對自己的信仰公開表態，
讓民眾對於他的正統性重拾信心。

> 「別說你不可能接受上帝的聖靈。別說
> 沒有祂，你還能成為一個完整的人。別
> 說一個人可以不知道祂而擁有祂。別說
> 上帝沒有化身為人。別說人類無法察覺
> 那神聖的光，或說在這個年紀不可能察
> 覺！沒有什麼是不可能的，我的朋友。
> 相反的，只要一個人心想，什麼都可能
> 事成。」——新神學家聖西默盎（《讚
> 美詩27》，第125-132節

他的名字「普賽羅斯」是「口吃」的意思，這可能
是因為他在說話方面有一些障礙（儘管他本身是以修辭
學宗師之姿聞名於世）。但從現存的著作，尤其是關於
拜占庭皇帝歷史的《拜占庭編年史》（Chronographia）
這本書，我們可以清楚看出其行文筆勁相當有說服力。
這本書記錄了公元十世紀末至十一世紀末的史實，你或
許會認為這是一本集合了阿諛諂媚和自我吹噓的大作，
但也可將它視為一部不帶感情，加以顛覆君士坦丁堡社
會以及朝政偽善面具的諷刺文學，端看你從哪個角度去
讀這本書。

▎ 第四次十字軍東征，劫掠君士坦丁堡

公元十二世紀，東方基督教的土地上出現了十字軍
建立的國家，拉丁基督徒的數目由此與日俱增。在許多
拜占庭人看來，這種情形說得好聽是必要之惡，說得難

註2：當時，威尼斯和埃及的商業往來頻繁，每年都會大量輸出物品至埃及。拜占庭帝國橫亙於地中海咽喉要道上，幾乎掌控了地中海東部所有貿易，導致威尼斯和拜占庭之間形成了商業勁敵關係。

聽就是無法忍受的麻煩。而且「希臘人」與「拉丁人」之間可說是問題多多，兩者摩擦不斷的同盟關係經常被暴力衝突的事件打斷。更重要的是，早在十字軍東征時期之前，拜占庭皇帝與威尼斯之間，就已存在著貿易和戰略的敵對關係[2]，因此無論是出於商業上的私利、文化上的偏見或宗教上的無可忍耐，都讓拜占庭人極度輕視這份關係。

公元十二世紀的最後幾十年，事態已經變得相當嚴重。例如，拜占庭皇帝曼奴埃爾一世科穆寧（Manuel I Comnenus，公元一一一八年～一一八○年）和西方拉丁教會之間的互動密度已然到達了極致（甚至連他的前兩任妻子都是拉丁基督教徒），但他嘗試與西方保持緊密聯繫的結果最終也升高了雙方的敵意。公元一一八二年，安德洛尼卡一世科穆寧（Andronicus I Comnenus，約公元一一一八年～一一八五年）以武力從自己姪兒手上奪取了拜占庭王位，君士坦丁堡當地許多居民便以屠殺城內西方基督徒男性（大多是義大利人）做爲慶祝，並將被害者的妻兒賣給穆斯林的奴隸販子。

希臘人和拉丁人之間的仇恨，於第四次十字軍東征時發生的慘事（或說錯事）而累積到最高點。此次東征是公元一一九八年由教宗英諾森三世（Pope Innocent III，約公元一一六○年～一二一六年）發起，但這支特別的軍隊卻根本沒有抵達聖地，反而變質成一次唯利是圖的探險之旅。他們涉入了一場拜占庭的王位之爭，十字軍答應幫助阿歷克塞四世（Alexius IV，卒於公元一二○四年）奪下王位（只因，阿歷克塞認爲這個位置理當由他來坐），交換條件是大筆的酬金、派遣額外軍隊入侵埃及，以及東方教會將聽令於教宗。

公元一二○三年六月，十字軍進攻君士坦丁堡，扶植了阿歷克塞爲皇帝，可是，他根本沒有錢支付這筆酬金；此外，君士坦丁堡當地居民對於十字軍的暴力

兒童十字軍

十字軍東征的年代出現了一些奇特的故事，其中一則就是「兒童十字軍」（Children's Crusade）。要說這則故事是歷史事實，還不如說是一則傳說，這個代代相傳了幾個世紀的故事是這樣的——

公元十三世紀初期，有一個法國或日耳曼的小孩宣稱看到異象，耶穌派遣他帶領一支兒童軍隊前往聖地，讓穆斯林改信基督教，但不是憑藉武力，而是以慈悲的心。據說有多達兩萬名兒童加入了行列，而且他們相信地中海將會在他們前方一分為二，這樣他們才能步行通過。可是大海並未依他們所想從中分開，這時，馬賽的壞心商人答應免費讓他們搭船過海，可是卻將上了船的兒童賣往突尼西亞的奴隸市場。

真實的故事似乎要更複雜，也沒有那麼精采。首先，這批「十字軍」很有可能不是兒童。可能的情況似乎是，公元一二一二年有兩位牧童都宣稱基督在他們面前出現，其中一位是名叫史蒂芬的法國男孩，另一位是名叫尼可拉斯的日耳曼男孩。這名法國年輕人宣稱耶穌給了他一封信，要他交給法王腓力二世（Philip II，公元一一六五年～一二二三年）。他來到巴黎，受到大批群眾圍繞，國王卻下令解散群眾；他們之中，有些人的確朝著聖地出發，後來變成了奴隸，但關於這一點是缺乏證據的。

日耳曼牧童尼可拉斯則似乎真的想帶領一支十字軍隊前往聖地，他領著數千名虔誠的信徒進入了義大利。不過，一般認為這支「十字軍」分裂成好幾個不同的小隊，其中可能有幾隊抵達了熱那亞（Genoa），卻沒有守住向東的道路。故事的某一個版本則說，剩下的小隊來到了羅馬，教宗英諾森三世很體貼地免除了他們的十字軍誓約。而一些人也許的確去了馬賽，最後成了奴隸。但和前一個法國男孩的故事一樣，這些說法全都缺乏可信的證據。

行徑，和自家皇帝所答應的條件無不感到非常憤怒。因此到了公元一二○四年一月，這位新皇帝就被阿歷克塞五世都卡斯·莫特佐夫路斯（Alexius V Ducas Mourtzouphlus）罷黜，隔月便被絞刑處決。

公元一二○四年四月十二日，十字軍因為對皇帝遲遲不付酬金感到不耐，開始大肆洗劫君士坦丁堡、屠殺手無寸鐵的居民、姦淫婦女（包括修女），掠奪教堂並褻瀆聖壇。從這一天開始直到公元一二六一年，君士坦丁堡一直處於外國軍隊的統治之下，教區也被一名拉丁「牧首」霸占。經歷十字軍的掠奪破壞之後，君士坦丁堡再也沒能恢復過去的榮景，而東方和西方教會大分裂的局面，至此終告藥石罔效。

中世紀的
神聖羅馬帝國

公元800年，教宗加冕法蘭克國王查理曼的這個動作，雖無任何效力可言，但卻充滿了濃濃政治意味。教宗由此得到了他所需要的軍援保護，查理曼則得到足可與東方拜占庭帝國平起平坐的「皇帝」榮銜，而其實這位蠻族皇帝從來不是池中物。

「建立一個神聖的基督教帝國，由一位正式任命的皇帝來擔任好的領導者，行使所有合法的管轄權」這樣的概念打從君士坦丁大帝時代開始，便一致深植在東西方的基督教社會傳統思想中。在東方，就某種意義上來說，羅馬帝國仍原封不動地留存至公元十五世紀中期；但在西方，隨著各蠻族王國的興起，基督教皇帝的概念就變得有些抽象了。

公元四七六年至公元八〇〇年之間，西方沒有人能自號爲帝。此時唯一的皇帝位於君士坦丁堡，除了查士丁尼大帝建立的督主教教區，他的律令在西方只被當作一種法律上的形式（而且還得是律令被承認的情況下）。但從公元八〇〇年至公元一八〇六年這一千年的時間裡，只有「神聖羅馬帝國」（Holy Roman Empire）這個政治體宣稱它是基督教西羅馬帝國的唯一正統；然而，這個帝國跟羅馬人從來就沒有關聯，也並非總是一個完整的帝國，更遑論神聖與否。

法 蘭 克 人 的 帝 國 ， 變 得 神 聖

「神聖羅馬帝國」這個詞出自公元十三世紀，但帝國本身始於公元八〇〇年的聖誕節，查理曼在羅馬接受加冕。當時，教宗順利地將自己宣誓效忠的對象，從拜占庭皇帝轉移到法蘭克皇帝身上，也因此承認了這個新的帝國是西方基督教世界眞正神聖的政體。這個動作就教宗的角度來看是具有實用主義色彩的，因爲他需要法蘭克人提供軍事保護；但這麼做也造成了一種帝國與宗教的新迷思，並在接下來的數個世紀裡形塑了西歐的政治與宗教。後來的幾個世紀，教宗與帝國之間的關係如此緊張，也是出於這個因素。在舊體制下，皇帝之所以具有治理國家的權力，這是由於「上帝」（也許有人會將之解讀爲「軍隊」）將這份權力授予皇帝。正因爲如此，「做爲羅馬議員和人民的代表，來治理國家」——這個承自舊羅馬共和的古老說辭，從來沒有一個皇帝曾正式加以拋棄過。但是當教宗爲查理曼加冕時，這個可說史無前例、且於律法上毫無意義的動作，似乎表示——皇帝的政權來自於教會。

查理曼逝世之後，法蘭克人之間的互相殘殺，更形鞏固了教宗的地位。查理曼之子——「虔誠者」路易（Louis "the Pious"，公元七七八年～八四〇年）以非常認眞的態度看待自己繼承自父親的皇位，只是他的臣子並

從公元800年～1806年這一千年的時間裡，只有神聖羅馬帝國這個政治體宣稱自己是基督教西羅馬帝國的唯一正統。但法國作家暨思想家伏爾泰曾如此諷喻：「它既非神聖，又非羅馬，更非帝國。」

不總是依照他的意願做事;由此,儘管他已於公元八一四年繼承政權,仍舊在八一七年要求教宗為他加冕,以期強化他的地位。「虔誠者」路易的兒子,同時也是共治皇帝的洛泰爾一世(Lothair I,公元七九五年~八五五年),亦於公元八二三年也如法炮製自己父親的作法。但整個帝國在九世紀後期遭遇到急遽衰退,到了公元十世紀初期,加冕儀式成了某種滑稽的表演——無能的皇帝從無能的教宗手上繼承政權。公元九二四年,皇帝的稱號則完全被獨斷獨行的羅馬貴族克里先提(Crescentii)氏族去除。

真正的羅馬帝國風華?

然而,這個帝國才剛剛起步。公元九五五年,身為日耳曼的撒克遜國王與北義大利王國的統治者鄂圖一世(Otto I,公元九一二年~九七三年),他在決定性戰役擊敗入侵的馬扎爾人[1]後,宣告成為東法蘭克皇帝。更重要的是,教宗約翰十二世(Pope John XII,約公元九三七年~九六四年)因迫切需要義大利國王的軍事保護,於是在羅馬為鄂圖一世加冕,確定其「鄂圖」的皇帝稱號。

鄂圖的帝國版圖若與查理曼相比並不是很大,只包含了日耳曼和義大利北部。帝王的稱號主要是一種保證,用來表明鄂圖支持並維護教宗的權力地位。鄂圖甚至不曾替自己冠上「羅馬」的頭銜,但鄂圖二世(Otto II,公元九五五年~九八三年)卻因這個額外的頭銜,與拜占庭皇帝巴西爾二世「保加利亞人劊子手」(Basil II Bulgaroctonus,公元九五七年~一〇二五年)之間產生了緊繃的政治關係。而一直要到康拉德二世(Conrad II,約公元九九〇年~一〇三九年)才想到稱自己的王國為「羅馬帝國」。

在新「羅馬」體制下,唯一一位對重現古代羅馬

帝國風華認真以待的皇帝，是那位年方三歲便繼位、年輕又狂熱自戀的鄂圖三世（Otto III，公元九八〇年～一〇〇二年）。公元九九七年，他將羅馬設為國都，以拜占庭為典範訂定了奢華的宮廷儀式，為自己封了許多偉大的稱號（其中一個叫做「世界的皇帝」），後又於公元九九九年扶植他的盟友西爾維斯特二世（Sylveste II，約公元九四五年～一〇〇三年）為教宗。不過，他稱霸世界的夢想沒有持續很久，公元一〇〇二年羅馬發生了暴動，他被迫撤退到拉溫納城外的一座修道院避難，於等待援軍抵達的期間逝世。

教宗與皇帝，誰能凌駕誰？

公元十一世紀後半期，在連續幾任強勢教宗的努力下，教宗的權力轉化成足以與皇帝匹敵的力量。與西西里的諾曼人王國之間的盟約，讓羅馬脫離了之前完全受制的情況，成為有如皇室的力量；而在義大利和勃艮第，有許多帝國臣民不喜歡被日耳曼帝國統治，自然會傾向於視教宗為「羅馬基督教王國」的實際元首。教宗和皇帝之間的爭鬥在「俗人授職爭議」問題上達到最高峰（請參閱第二十七章〈東西教會大分裂〉）。教宗額我略七世甚至更進一步宣稱，教宗的至高無上權力凌駕於皇帝之上，只要他認為合宜，就有權罷免皇帝。

但無論是亨利或之後的任何一位皇帝都不曾為這個說法賦予合法性。自公元一一三八年至公元一二五四年（除了一小段時間外），統治帝國的是霍亨斯陶芬王朝（Hohenstaufen Dynasty），這個王朝在法典當中沿用了羅馬律法，因此對於帝國管轄權的問題大致上以羅馬律法為依歸。根據霍亨斯陶芬王朝的解釋，皇帝的權力是由日耳曼的王公為主體的參政會所賦予，參政會選出來的皇帝是基督教人民的共同君主，教宗在這方面沒有置喙的餘地，而教宗為皇帝加冕，此儀式代表的是對該

年 表

公元1152年
紅鬍子腓特烈成為皇帝，至公元1190年逝世為止。

公元1220年
教宗何諾二世（Pope Honorius II）加冕腓特烈二世為神聖羅馬帝國皇帝，皇帝與教會之間的關係在腓特烈二世執政期間達到高點。

公元1254年
康拉德四世（Conrad IV）之死，象徵了神聖羅馬帝國霍亨斯陶芬王朝的結束。

註1：撒克遜（Saxon），又譯為薩克遜或薩克森；馬扎爾人（Magyars），即匈牙利人。

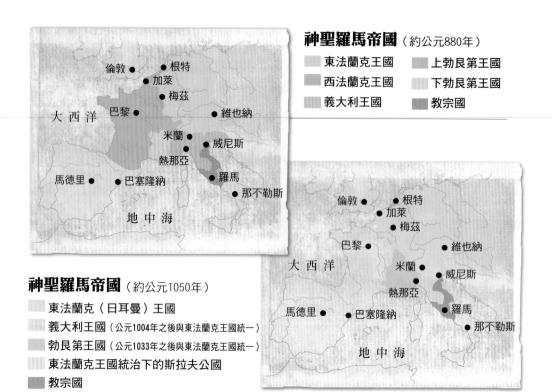

神聖羅馬帝國（約公元880年）

- 東法蘭克王國
- 西法蘭克王國
- 義大利王國
- 上勃艮第王國
- 下勃艮第王國
- 教宗國

神聖羅馬帝國（約公元1050年）

- 東法蘭克（日耳曼）王國
- 義大利王國（公元1004年之後與東法蘭克王國統一）
- 勃艮第王國（公元1033年之後與東法蘭克王國統一）
- 東法蘭克王國統治下的斯拉夫公國
- 教宗國

次選舉結果的封印證明，而非本源。

公元一一五七年，腓特烈一世「紅鬍子」|**2**（Frederick I Barbarossa，約公元一一二三年～一一九〇年）為自己的王國採用了「神聖帝國」之名，彷彿表示其自內而外都是神聖的。接下來公元十三世紀的大部分時間裡，帝國為了在日耳曼和義大利重新分配勢力而忙得焦頭爛額，而教宗方面則經常企圖摒棄帝國對教宗權力的解釋；例如，腓特烈一世之子亨利六世（Henry VI，公元一一六五年～一一九七年），由於和諾曼人的公主康斯坦絲（Constance）結婚，而成為西西里與南義大利的國王；也是出於這一層緣故，他才能在義大利重申前面一段提到的帝國主張。霍亨斯陶芬王朝最後一位偉大皇帝亨利之子——腓特烈二世（Frederick II，公元一一九四年～一二五〇年），他在擔任皇帝的數年之中，是一位成功而令人敬畏的皇帝，但最後證明了，想與日耳曼的王公貴族以及教宗同時保持良好關係，這是不可能的。在他去世之後，這個保持著中世紀形式的帝國只繼續維持了四年多。

當帝國的傳統於公元一二七三年再度以另一種不同方式出現時，帝國已經由另外一個新的王朝治理——哈布斯堡王朝（Habsburgs）。

註2：腓特烈一世因為在義大利殺人無數，義大利人的血染紅了他的鬍子，外號「紅鬍子」（Barbarossa）即因此而來。

偉大的皇帝，腓特烈二世

腓特烈二世（於公元1220年～1250年在位），執政時期的大多數時間都用來維持或收復部分國土，並嘗試建立一種和諧的帝制，希望能與日耳曼參政會以及教宗雙方相處愉快。

在神聖羅馬帝國的眾多皇帝當中，執政最有特色（或說最多采多姿）的便是腓特烈二世。他在兩歲時便被選為日耳曼國王，三歲時成為西西里的王位繼承人，二十二歲受加冕為帝。腓特烈在位期間幾乎戰火不斷，但這並非他所願——出生於帝國和教廷關係複雜難解的時期，而且很早就被迫為保有西西里而戰，腓特烈二世做為皇帝的目標就是創造一個穩定的政權，並和羅馬保持良好關係。

他創建了那不勒斯大學（University of Naples），設立市民服務，扶植商業發展，建造海軍；此外，也嘗試在義大利重新施行若干帝國特權，但這個目標受到強大的北義大利倫巴底聯盟（Lombard League）阻撓而落空。公元一二二○年的加冕典禮中，他向自己起誓要發起一次十字軍東征，而實際上，在他於公元一二二五年迎娶布里昂的約蘭蒂（Yolande of Brienne）之後，已經足以擁有耶路撒冷王國的所有權。

在這次的十字軍東征中，他首次和之前的盟友教宗額我略九世（Pope Gregory IX，公元一一七○年～一二四一年）發生了出乎意料的不愉快，由此，教宗出於若干原因轉而反對腓特烈。公元一二二七年，部隊裡出現了傳染病，因此延誤腓特烈向聖地出兵的時間，額我略指責他耽誤軍機，而革除他的教籍。腓特

烈於盛怒之下痛斥教宗，卻仍在公元一二二八年向東出發；而後經過與埃及蘇丹的協調，一路拿下拿撒勒、伯利恆和耶路撒冷。公元一二二九年，他為自己加冕為耶路撒冷國王，這個舉動在他的支持者看來，正代表了他是上帝選出來做為基督教王國的統治者。

然而在公元一二三○年凱旋歸國後，他被迫將一支教宗的軍隊趕出西西里，由於腓特烈對教宗的侵略動作採取消極回應，因此沒有被革除教籍。他試著進一步強化帝國的權力，但卻失敗；甚至，在他於公元一二三八年對倫巴底聯盟取得勝利時，也沒能確保北義大利的所有城邦都向他歸降。公元一二三九年，擔心羅馬遭到入侵的教宗，又再一次革除了腓特烈的教籍。這導致帝國於公元一二四○年進軍教宗國，也許，只有教宗的死能夠解除圍城的危機。

公元一二四五年，教宗英諾森四世（Pope Innocent IV，卒於公元一二五四年）在里昂會議（Synod of Lyons）上廢除了腓特烈的皇帝頭銜。在那之後，教宗與帝國雙方人馬互相攻訐指責，一連串無法預料的挫折磨耗了腓特烈的壯志。他在公元一二五○年突然去世，戲劇性的一生就此告終；然而，他在支持者心中的印象仍然非常深刻，許多人拒絕相信他已死去，或者說，難以想像他真的不會再回來。

CH 31 中世紀中期，西歐的發展

這幅壁畫出自佛羅倫斯的聖母百花主教座堂（Church of Santa Maria del Fiore），由畫家多梅尼克·迪·米開里諾（Domenico di Michelino）所繪。圖中，但丁手上拿著一本《神曲》。壁畫左邊為地獄的入口，詩人的背後升起了七層的煉獄山；壁畫右邊可以見到佛羅倫斯主教座堂的圓頂。

在基督教歷史的第一個千年當中，羅馬世界的東半部無論在人口、經濟、文化上都比西半部占有優勢。更重要的是，在「蠻族」政權取代了舊羅馬帝制的這段悠長歲月中，西歐社會或許在很多實用技術和戰爭工藝上取得領先，但相較於拜占庭所在的東方，西歐，距離所謂的「文明」還有很長的一段路要走。

不過在基督教的第二個千年裡，西方的基督教王國已經完全發展成熟。大約從公元十一世紀後期一直到十四世紀中期，通常稱爲「中世紀中期」，或是中肯地稱爲「中世紀盛世」（High Middle Ages）。這段時期在文化創新、人口增長、經濟和都市拓展上都有突飛猛進的表現；尤其是文化方面，有一部分原因是由於常和東方的拜占庭、穆斯林接觸而受到相當的影響。

▋ 仿 羅 馬 式 、 哥 德 式 大 教 堂

　　中世紀中期裡，出現了新的建築風格和裝飾藝術的新方法，而在這兩個領域中最偉大的成就便是興建於中世紀的宏偉教堂。尤以公元十一世紀和十二世紀被稱作「仿羅馬式」|1（Romanesque）或「諾曼人風格」（Norman style）的大教堂爲代表，特色是──筒形或穹稜拱頂、大型的支撐墩柱、半圓形拱門、飾有大量雕刻的正面，以及高聳的屋頂。只要拜訪這種風格裡讓人印象深刻的某些經典建築，便能體會到仿羅馬式建築是如何巧妙迷人地將其受到的各式各樣文化影響加以組合，將古典與新穎融合爲一；例如，那座於公元一〇六四年開始興建的比薩主教座堂（Cathedral of Pisa），便是絕佳的代表。

　　不過，中世紀建築裡最輝煌的經典，是公元十二世紀開始盛行的哥德式大教堂。和仿羅馬式建築的沉重雄偉相比，此時期的許多哥德式教堂展現出另一種迥然不同的特質──建造時，會讓光線盡可能穿透到教堂內部，並以優雅形式呈現出來；建築特色包括了飛扶壁、向上的「尖形」拱門、肋形拱頂；此外，還可見高而細長的梁柱支撐著高挑寬廣的天花板，許多大面積窗戶組成的排窗則讓充足的光線透過彩繪玻璃，進入教堂內部。

　　大型哥德式教堂中最早的經典，是巴黎近郊的聖德尼修道院大教堂（Abbey Basilica of St-Denis），由聖德尼的

註1：仿羅馬式，也譯為「羅曼式」、「羅馬式」或「羅馬風」。

僧侶蘇傑爾（Abbot Suger of St-Denis，約公元一○八○年～一一五一年）擔任院長。蘇傑爾對形而上學有著濃厚興趣，這座教堂彷彿將他內在熱情所散發的神聖光芒化為實體，其所展現的輝煌與不凡效果連帶引發了一場始於法國、接著蔓延到整個西歐大陸的建築革命。壯麗的法國主教座堂如巴黎聖母院（Notre Dame de Paris），以及亞眠（Amiens）、魯昂（Rouens）、沙特爾（Chartres）、布爾日（Bourges）等地的主教座堂都是在這場風潮的帶領下誕生；此外，西班牙、葡萄牙、日爾曼、英國等地也建造了許多傑出的教堂、禮拜堂和主教座堂。

> 「當我的整個靈魂沉浸於教堂令人心醉神迷的美，當七彩繽紛的寶石發出的迷人光芒四處引領著我折射，事物從有形轉變為無形，各種神聖的美德充滿其中，我感覺自己正身處宇宙中某個奇特之地，某個不存於污穢塵世或純潔天堂的地方。」——聖德尼的僧侶蘇傑爾，對聖德尼修道院大教堂的看法

▌醫院設施的完善與遍立

十字軍東征帶來的好結果不多，比較重要的是將拜占庭醫院的模式和醫生們著名的先進醫療技術帶回西歐；這些醫生的組成為拜占庭基督徒、敘利亞基督徒，以及穆斯林。當然，無論在東方或西方，基督徒為病人與窮人興建醫院的傳統由來已久，令人敬佩，而建築物通常採用修道院形式。西歐第一所公立醫院由羅馬貴族聖法比歐拉（St. Fabiola，約卒於公元三九九年）建於公元四世紀，她自己也參與了照顧病人的工作，但大規模的「醫院運動」一直要到中世紀才發生，例如聖本篤派僧侶遵循著創辦人的教誨，建造了超過兩千所醫院。

而中世紀歐洲之所以興起組織性的醫療照護，或許最重要的影響力是由於耶路撒冷聖若望騎士團（Order of the Knights of St. John of Jerusalem）的出現，通常也稱為「醫院騎士團」（Knights Hospitaller）。自公元一○九九年開始，這個騎士團在聖地和歐洲興建了很多醫院，最有名的則是位於耶路撒冷、規模宏大的

聖若望醫院（Hospital of St. John）。這些大型醫院除了舊式基督教醫院具備的傳統設施如為貧苦人士設置收容所、生病或病危患者療養院、救濟院、處理食物的廚房，以及孤兒院等等，還提供了全套系統診斷和療癒藥物，而且顯然連特殊部位的處理都包括在內，像是為眼部疾患和傷害進行治療。

位於蒙皮立的聖靈醫院（Hospital of the Holy Spirit in Montpellier）是公元十二世紀最重要的醫院之一，建於公元一一四五年，這所醫院不僅規模大小或提供的醫療品質皆有資料詳載，連院內如何訓練醫生的記錄亦非常詳實；就某方面來說，這是西歐第一所教學醫院，而後到了公元一二二一年正式成為蒙皮立醫學院（Medical School of the University in Montpellier）。公元十三世紀末，法國的許多地方政府都任用了於此受訓的醫生來照料窮人，很多頂尖醫生也都由蒙皮立這個地方的教授所訓練。

▌教會辦理大學，科學新進展

若談到「中世紀中期的成就對後來西方文化的發展」有何重要性，那麼「朝著學術方面努力耕耘，以達成新的貢獻」這一點或許是其他面向無法相比的，因為舉凡抽象的哲學與神學學科、人文、自然、物理和理論科學都有新的進展。至少在公元十一世紀和十二世紀，沙特爾主教座堂學校（Cathedral School of Chartres）的聲勢達到頂點之際，西方學術對「自然哲學」（Natural Philosophy）的貢獻已經非常明確。例如林肯的主教羅伯特・格羅斯泰斯特（The Bishop of Lincoln Robert Grosseteste，約公元一一七五年～一二五三年）是目前已知為科學實驗系統方法提出解釋的第一人。聖艾爾伯（St. Albert the Great，約公元一二○○年～一二八○年）則對所有學問有著永不滿足的好奇心，稱之為生物

田野調查之父或許並不爲過。此外，他也進行了力學方面的研究，探索落體的速度和物質的中心；他認爲，要得到眞實的科學知識不能用形而上學的預測，必須完全根植於經驗才行，而這也是知識唯一確定的來源。

▌ 躍 躍 欲 試 的 物 理 學 者 們

更重要的是，在公元十三世紀和十四世紀，爲數甚多的基督教學者開始爲了了解物理運動定律，而著手發展數學定理。十三世紀初期，布魯塞爾的傑拉德（Gerard of Brussels）沒有參考任何被普遍接受的因果理論，便大膽測量物體的運動方式；在他之後，牛津大學陸續出現了一批學者，他們都是在相同領域裡朝著更精細的方向加以研究，像是——俄坎的威廉（William of Ockham，約公元一二八五年～約一三四八年）、華特・伯雷（Walter Burleigh，公元一二七五年～一三四三年之後）、湯瑪斯・布雷德沃丁（Thomas Bradwardine，約公元一二九〇年～一三四九年）、威廉・赫斯特波里（William Heytesbury，成名於公元一三三五年）、理查・斯瓦因希德（Richard Swineshead，成名於公元一三四八年）、鄧布雷頓的約翰（John of Dumbleton，約卒於公元一三四九年），以及法國的讓・布里丹（Jean Buridan，公元一三〇〇年～一三五八年）、尼可拉斯・奧里斯姆（Nicolas Oresme，約公元一三二〇年～一三八二年）、撒克遜的亞伯特（Albert of Saxony，約公元一三一六年～一三九〇年）等人。

以法國的讓・布里丹爲例，他打破了亞里斯多德科學中的許多錯誤法則，發展出「衝力說」（Theory of Impetus），甚至大膽預測地球可能會繞著自身的軸旋轉。尼可拉斯・奧里斯姆則將相同的假設往前推進一步，以更有力的解釋來強化這個假設。憑藉著研究物體

位於義大利北部的比薩主教座堂，仿羅馬式的後殿圓頂上方為畫家契馬布埃（Cimabue）於公元1302年的馬賽克作品——〈基督在莊嚴中成為王〉（Christ Enthroned in Majesty）。

運動特性，奧里斯姆發展出一套幾何模型，其中包含了進行恆久運動和加速運動的物體；碰到有人批評地球旋轉理論時，他也利用這套定理加以回應。

巴黎、牛津、劍橋大學紛立

當然，如果不是有中世紀大學這樣的機構，這些科學研究便難以發展。基督教王國裡第一所大學（或許也是世上第一所大學），興建於公元八四九年的君士坦丁堡。不過，西歐第一所真正的大學可能是位於義大利北部的波隆那（Bologna），興建於公元十一世紀晚期；而西方的主流學府，則是建於公元十二世紀末的巴黎大學和牛津大學，這些大學都開設了神學、哲學、法律（宗教與世俗）和自由藝術的課程。公元十三世紀，最知名的大學位於劍橋（Cambridge）、薩拉曼卡（Salamanca）、蒙皮立和帕多瓦（Padua）；到了公元十四世紀，羅馬、佛羅倫斯、布拉格、維也納與海德堡（Heidelberg）則是大學中的翹楚。

大學主要是做為教會機構而存在，其仰賴教宗和王公貴族賦予的特許權，即便如此，大學裡仍然容許且極為鼓勵詢問和辯論的自由。大學是自治的，無論是法律或財務上皆獨立於城市之外，且彼此整合在一起（也就是說，大學之間會相互承認對方的資格與證書）。由於大學之間皆使用拉丁文教學，因而構築出一個超越國與國界限的整體歐洲學術社群。

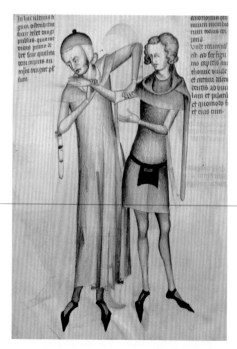

這幅插圖出自公元1345年的手抄本，一位醫生（圖左）正在為學生量脈搏。自公元12世紀末期開始，大學教育的成長使得藝術與科學在整個西歐蓬勃發展。

但丁鉅著—《神曲》

中世紀中期的文學鉅著之中，就作品的深度和原創性來說，沒有一部能和但丁（Dante Alighieri，公元一二六五年～一三二一年）的《神曲》（The Divine Comedy）相比，也沒有一部作品能如此廣泛地呈現當時的精神、學術和社會層面情況。

但丁居住在佛羅倫斯，博學多聞，身兼詩人、古典學者、政治哲學家多種身分，在晚年更成為一名極力擁護皇帝、不支持教宗的人士。《神曲》使用「俚俗方言」，也就是以義大利語而非拉丁語寫作。

由於政治上的不幸遭遇，但丁被迫離開家鄉，流亡於城市之中，此書就是在這段離鄉背井的時間裡完成。《神曲》是一部史詩鉅著，詳述了詩人在地獄、煉獄和天堂的旅程，時間從公元一三○○年的耶穌受難日開始到復活節之後結束。

《神曲》的第一部〈地獄〉（Inferno）中，詩人發現自己置身於一片黑暗森林，最後，當他穿越森林時也穿過了這一世和下一世的邊界。旅程的第一部分由羅馬詩人維吉爾（Virgil）擔任嚮導，他於是目睹了那些被判永世禁錮在地獄的人所遭受的苦痛，甚至與那些被囚禁的魂魄交談（其中有一些人是在世時他就認識的）。從〈地獄〉篇，首次清楚看出了但丁描寫書中人物個性的非凡之處，尤其是詩人遇見尤利西斯（Ulysses）的那些情節。

許多人認為《神曲》的第二部〈煉獄〉（Purgatorio）在故事和精神上最為豐沛，主要是因為但丁於煉獄山上遇見的魂魄，並非悲慘地永遠困在原地受苦。他們不只是居住在那裡，更像是不完美的人正在進行一段耗時艱鉅的精神重生。

不僅如此，但丁自己也參與了這段過程，慢慢剝離自己過去的一些面貌，包括了某些沒有意義的情感，也因此他才能準備好目睹天堂的意象。在山頂上，他找到了俗世的樂園，遇見仙女碧雅翠絲[2]（Lady Beatrice）。

在真實生活中，碧雅翠絲是位年輕可愛的女孩，與但丁實際接觸的時間很短，而且很早就去世了，然而但丁對她有著深深的迷戀。在〈煉獄〉當中，她化身為一個具有寓意的形象，洋溢著強大的幸福力量，因此觀者絕不可能將她的重要性降低成任何單一的表徵。而且由於擔任嚮導的維吉爾是異教徒，不能進入天堂，因此是由碧雅翠絲引領但丁進行最後一段旅程。

但丁一路上升，通過了俗世的樂園，之後來到神聖的九重天之上，這段旅程是整個《神曲》中最如夢似幻的部分。在天堂裡，四處可見聖人與英雄的靈魂，只是他們卻和但丁在下界碰到的靈魂不同，少有個性活潑有趣的。到最後，但丁在聖伯爾納鐸（St Bernard）帶領下得以一見神聖的上帝面容，而整部《神曲》便在一種無法言傳的狂喜之中畫下了句點。

註2：全名為碧雅翠絲‧波堤納瑞（Beatrice Portinari，公元1266年～1290年），但丁一生只見過她兩次，其詩集《新生》（Vita Nuova）便是為了碧雅翠絲而作。

CH 32　中世紀的矛盾：理性與迷信

這幅〈聖方濟接受聖痕〉
（St. Francis Receiving the Stigmata）由法蘭德斯畫家范艾克（Jan Van Eyck）所繪。方濟帶領追隨者前往羅馬謁見教宗英諾森三世之後，於公元1209年創立了這個以方濟為名的修會。

西方中世紀文明在公元十三世紀和十四世紀初到達顛峰。在知識階層看來，這是一個歌頌理性至上的年代；但從政治或社會層面來看，這也是一個充滿暴力的時代。某些基督教文化傳統中禁止的殘忍行為如古代異教徒在審判中刑求犯人，以及不被允許的粗鄙迷信如「異教」信仰、讓人產生歇斯底里恐懼感的黑魔法，全都在這段時間裡死灰復燃、重新出現……

中世紀的政治與社會層面產生了劇烈變遷。公元十二世紀初，由於經濟和人口大量東移而出現的巨大衝擊，到了公元十四世紀初已經明顯開始減緩。

▎ 十 字 軍 東 征 ， 終 於 終 結

公元十二世紀由西歐主導的「探險」之旅——十字軍東征，到了公元十三世紀已如江河日下、輝煌不再，畫下終點。第五次十字軍東征（公元一二一八年～一二二一年）向埃及出兵，這次野心勃勃的入侵行動是企圖從埃及的蘇丹手上奪回耶路撒冷，卻因軍隊組織不良而告失敗，最終只能以協商方式簽訂了停戰協定。第六次十字軍東征（公元一二二七年～一二二九年）更是將協商技巧發揮得更淋漓盡致，兩軍完全沒有交戰，結果卻讓腓特烈二世得到一個耶路撒冷國王的頭銜，並導致占據塞浦路斯和黎凡特的基督教公爵之間長達十多年的衝突；而耶路撒冷後於公元一二四四年落入土耳其手中。

第七次十字軍東征（公元一二四八年～一二五〇年）由虔誠的法王路易九世（Louis IX，公元一二一四年～一二七〇年）率領大軍遠征埃及。雖然一開始取得了幾場勝利如奪下杜姆亞特城（Damietta），但遠征軍很快便大敗而歸，路易九世被俘，付出了巨額贖金才得以回國。第八次十字軍東征（公元一二七〇年）也是由路易九世領軍，原先希望能讓住在當地和說拉丁語的東方基督徒，脫離埃及馬木留克王朝（Mameluke）蘇丹拜巴爾一世（Baybars I，公元一二二三年～一二七七年）殘暴不仁

> 「到了公元1291年5月18日星期五，破曉前，傳來響亮而令人膽顫心驚的銅鼓聲……薩拉森人|1 從四面八方襲擊阿克雷……人數多不可勝數，全都是步兵；前方的人手持高大盾牌，後面的人投擲希臘火|2，再後面的士兵則發射弩箭和羽箭，箭勢之密猶如天空下起了驟雨。」——佚名騎士描述，公元1291年阿克雷被馬木留克王朝大軍攻陷的情景

註1：十字軍東征之後，西歐的基督教王國普遍以「薩拉森人」泛稱亞洲和北非的穆斯林。

註2：希臘火，凝固汽油彈的前身，這是拜占庭帝國使用的一種能在水上燃燒的液態燃燒劑，主要用於海戰，可用管子噴出或裝於陶瓶中丟擲。

的統治。可是大軍往東進發之前出了事，轉進突尼斯（Tunis），然而這次的失敗並不是因為戰爭，而是瘟疫所致，國王和王子皆染病而亡。

等到十三世紀結束，位於聖地的十字軍王國都已被消滅。隨著公元一二九一年阿克雷失陷於馬木留克王朝，城內民眾大多遭到屠殺，倖存者也被賣為奴隸，西方基督教王國統治聖地時予人大權在握或天命加身的錯覺，至此煙消雲散。

▋ 方 濟 會 、 道 明 會 的 創 立

然而，公元十三世紀同時也是以精神和學術發展著稱的時期，或者應該說是精神與學術同步發展的時期，這些發展深深影響了後世的基督教思想與信仰。「方濟會」（Franciscans）和「道明會」[3]（Dominicans）這兩個重要的修道院組織於此時成形，並很快地在神學和哲學思維上發展出各自的獨特傳統，且多方面影響了後來天主教神學的走向。

方濟會之名，不用說，正是源於亞西西的聖方濟（St. Francis of Assisi，公元一一八一年～一二二六年）生平的行道事蹟。他強烈地主張謙遜、貧窮、為窮人服務、熱愛萬物，以及擁有和基督一樣的慈悲心。方濟是一位神祕主義者，而非學者；他更愛自然而非哲學相關書籍；而且，他比較容易目睹或耳聞異象——晚年的一次異象體驗讓他的身上烙印了聖痕[4]，也就是基督被釘十字架時的傷痕。儘管方濟會原本是以心靈修練為宗旨，卻也無礙培養出深具嚴謹學術傳統或思慮細密的學者。

像是自公元一二五七年至公元一二七四年擔任方濟會總會長的聖文德（St. Bonaventure，約公元一二一七年～一二七四年），他不僅活躍於大學，同時也是一位博學而勤於思考的神學家。他的學問源頭是方濟會以虔

誠的心帶來的神祕喜樂，並且融合了學院派哲學的理性
法則。他相信在他還是小男孩的時候，某次重病垂死之
際，聖方濟救了他一命。公元一二四三年，聖文德獲巴
黎大學授予的教授資格|5 （Master of Arts），他報答這
位神聖恩人的方式便是發誓成為聖方濟教會的修士，並
且在巴黎的聖方濟學院（Franciscan　School）繼續他的
研究。從他簡潔而帶著神祕色彩、同時蘊含深厚形上學
修養的論文——《上帝心靈之旅》（The Journey of the
Mind of God，拉丁文為Itinerarium Mentis ad Deum），
最能清楚展現出聖文德的神學研究已達完備境界。他描
述了一種毫無間斷的思想昇華過程，自然和超自然智慧
在其中完美融合，一開始是經驗的知識，經過理論的淬
鍊，最終成為冥想的真知，而最高點則是在大愛之中，
靈魂與上帝團聚。

　　道明會（Dominician）的創始人為聖多明尼克
（St.　Dominic，約公元一一七○年～一二二一年）。他
是卡斯提爾（Castilian）的貴族，一開始以傳教士身分
在法國南部傳播福音，對抗阿爾比根派教會。他的信念
是——福音一如那些「異端」，只能藉由願意過謙遜、
貧窮和聖潔生活的人來傳播才有說服力；此外，還必須
嫻熟地以一種連貫且符合哲學原則的方式來為基督教教
義辯護，這是他於之後的修會中相當程度強調的。

　　在道明會的學術傳統中，最不凡的人物是聖湯瑪
斯·阿奎那（St.　Thomas　Aquinas，公元一二二四年～
一二七四年），稱他為「中世紀，天主教最傑出的哲
學家」也絲毫不為過。被稱為「天使博士」（Angelic
Doctor）的湯瑪斯寫下了數量龐大的作品，種類也極其
多樣，顯示出他在哲學方面的涉獵範圍極廣，這也讓他
有別於當時其他的學者。中世紀後期，自拜占庭、敘利
亞基督教派、東方穆斯林湧入了大批古代哲學文稿和註
記文件，尤其是西方對其幾乎一無所知的亞里斯多德著

註3：方濟會，又譯為「方濟各會」、「法
蘭西斯會」和「佛蘭西斯會」；道明會，
又譯為「多明我會」，亦稱「宣道兄弟
會」。

註4：聖痕（Stigmata）一詞出自〈加拉
太書6:17〉：「從今以後，人都不要攪擾
我，因為我身上帶著耶穌的印記。」聖
痕的原因不明，代表身上會出現和耶
穌受難時相同位置的傷口。聖方濟身
上的聖痕，是羅馬教廷至今唯一承認
的聖痕。

註5：Master　of　Arts，在中世紀的巴
黎大學是可以在學校授課的證書，與
現今的認知不同。

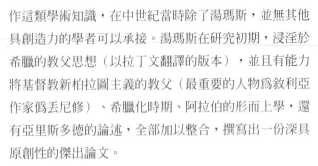

作這類學術知識，在中世紀當時除了湯瑪斯，並無其他具創造力的學者可以承接。湯瑪斯在研究初期，浸淫於希臘的教父思想（以拉丁文翻譯的版本），並且有能力將基督教新柏拉圖主義的教父（最重要的人物為敘利亞作家偽丟尼修）、希臘化時期、阿拉伯的形而上學，還有亞里斯多德的論述，全部加以整合，撰寫出一份深具原創性的傑出論文。

　　湯瑪斯是巴黎大學和那不勒斯大學的教授，由於恪遵中世紀大學風氣，他偏好以嚴密的辯證進行推論。他在主要論文中使用的方法是──先提出問題，思考可能的答案，再無所不用其極地找出可能推翻答案的反面解釋，接著一一回應這些解釋。其經典之作《神學大全》（Summa Theologiae）和《哲學大全》（Summa Contra Gentiles）對於主題的闡述清晰明快，不偏不倚，堪稱神學的模範之作。但就在他去世前不久，由於經歷了一段深奧難解的神祕體驗（根據他自己所說），終於使他不再執著於「名聲和形式」這些事情上。

「聖湯瑪斯·阿奎那」出自〈戴米朵夫的祭壇屏風〉（Demidoff Altarpiece），公元1476年由畫家卡羅·克里維利（Carlo Crivelli）所繪。湯瑪斯所著的《神學大全》，是天主教教義中所有重要原則的權威著作。

▌女巫和施行魔法的人

　　中世紀晚期也可發現，相信巫術真的存在的平民百姓越來越多。一般印象中的中世紀，是個「瘋狂的宗教審判官將數以千計『女巫』活活燒死」的年代，然而這樣的舊印象錯得離譜。這種想法之所以錯誤的其中一個原因是，實際上，歇斯底里搜捕巫婆的年代是在近代初期，尤其是公元十六和十七世紀；另一個原因則是，那時的世俗法庭實在不太可能處決並譴責女巫，畢竟她們和世俗法庭一樣，都是教廷的敵手。

在基督教早期和中世紀大多數的歷史中，教會對於施行魔法（通常只是民間魔術）一般採取忽視或極為溫和的態度，而這些「魔法」通常是用來求取懺悔和調解生活衝突的手段。此外，要是有人相信這類魔法具有實際效力，在教會傳統上便會被視為異教徒的迷信；至於回報自己曾有過不尋常的經驗，像是能在空中飛翔或有辦法穿越上了鎖的門，教會頂多指其妖言惑眾。至於對世俗審判機構的態度，教會則視情況而有不同回應，例如，教宗額我略七世（Pope Gregory VII，約公元一〇二二年～一〇八五年）就不得不正式公開禁止丹麥法庭處決被指控的女巫。

儘管如此，公元十三世紀晚期，「和撒旦有關的女巫集會確實存在」這個說法開始流傳，並逐漸滲入宗教文化當中。公元一三七四年，教宗額我略十一世（公元一三二九年～一三七八年）便允許宗教法庭可視情況將女巫視為異端來審判。教宗英諾森八世（公元一四三二年～一四九二年）由於發現「一群崇拜撒旦的人密謀拐騙兒童，以之為食」此一則廣為人知且可信度很高的謠言，便在一四八四年頒布詔書，贊成教會正式介入調查。公元一四八六年，兩位道明會修士海因里希·克雷默（Heinrich Krämer）和雅各·斯普蘭格|6（Jacob Sprenger）出版了淺顯易懂到令人膽寒的《女巫之槌》（Malleus Maleficarum），這是一本惡名昭彰且影響深遠的獵殺女巫手冊。

儘管如此，但並非所有的神職人員都是共犯。像是主教因斯布魯克（Innsbruck）就認為克雷默是個腦筋不正常的笨蛋，並為教區內被指稱行使巫術的婦女全

> 「她們的嘴巴藏不住祕密，而且在女性同伴面前無法隱藏那些自己熟知的邪惡術法。此外，她們的心志不堅，於是找了一種簡單祕密的方式來證明自己跟巫術無關……所有的邪惡和女人的邪惡相比都微不足道。而就此點也許可以補充說明，由於她們很容易受到影響，所以她們的一舉一動都連帶地反映出這一點。」——摘自海因里希·克雷默、雅各·斯普蘭格於公元1486年出版的《女巫之槌》〈為什麼迷信主要都在女人身上發生〉篇章

註6：雅各·斯普蘭格，亦譯為詹姆斯·斯普蘭格。

數撤銷指控，最後則將克雷默趕出城外。而在《女巫之槌》出版的同一年，加爾默羅會的修士揚‧范‧比才（Carmelite Jan van Beetz）發表了一篇論文，文中不帶感情地質疑黑魔法的存在。最終，在當時所有的組織機構中，天主教會首先發難質疑巫術故事的真實性，而在公元十六世紀和之後發生的瘋狂獵殺女巫事件裡，也是教會下令禁止巫術審判（因為只有教會有權力加以禁止）。

相傳女巫經常在無人的荒地煉藥或施行魔法，有時還會用法杖在地上畫出一個魔法圈，藉此淨化一個圓形區域，然後口誦咒語，邀請靈力進入，為她所用。

黑死病肆虐歐洲

中世紀中期如同一場漫長的盛夏，這段西方文明最有創造活力的時期，由於許多原因轉變成暮秋般的蕭瑟凋零，其中最具決定性、也最毀滅性的因素便是黑死病的到來。

公元一三四七年，一場肆虐亞洲的淋巴腺鼠疫，經由一艘自克里米亞（Crimea）歸來的熱那亞商船進入西西里；許多歷史學家相信，這是一種綜合了肺鼠疫的腺鼠疫。到了公元一三四八年年底，鼠疫已經散布到整個地中海西部沿岸，包括北非、西班牙、葡萄牙和義大利，並且到達法國和英國。公元一三四九年，鼠疫來到低地國家|7、日耳曼諸公國和匈牙利。公元一三五○年則往更北邊散布。

感染黑死病意味著必然而且痛苦的死亡，畢竟公元十四世紀的人並沒有任何流行病學的知識，預防感染成了不可能的事。黑死病奪走了社會各個階層數百萬人的性命，從國王和皇后、樞機主教與大主教，到城市居民和農民無一倖免。

在一些地區，猶太人被當成了代罪羔羊，並且被指控在井裡下毒傳播疾病。公元一三四八年，教宗革利免六世（Clement VI，約公元一二九一年～一三五二年）不得不頒布命令宣告猶太人的清白，並指出他們也同樣在基督徒身邊一起病死。

在公元十四世紀的後半，鼠疫又反覆地出現了五次。到了公元十五世紀初，它已奪去兩千五百萬人的生命，是當時整個西歐整整三分之一的人口。

註7：低地國家，通常指荷蘭、比利時、盧森堡三國，因為它們同樣位於歐洲西北的低窪地區，但廣義說法也包括法國北部和德國西部。

圖為染上黑死病的患者。不管是社會上、經濟上和精神上，鼠疫帶來的毀滅都遠遠超過估計。

中世紀後期，
「東方教會」景況

此為埃奇米阿津|1 （Echmi-
adzin）的主教座堂內部。這
裡是亞美尼亞最神聖的城市，
也是亞美尼亞使徒教會的牧首
所在地。

自從公元四五一年的迦克墩大公會議之後，古老
的東方教會便與帝國的教會切斷了聯繫，或者只
是單純隨著時間流逝而逐漸與其他的基督教王國
隔離開來。這便是為什麼，十字軍東征的時期
裡，許多教會幾乎不被歐洲基督教世界發生的重
要事件或運動所波及。然而，也有很多教會深受
十字軍到來所造成的影響，對於其中一些教會而
言，它們所受到的改變是永久的。

例如，信仰「一志論」的黎巴嫩馬龍派基督徒（Maronite Christians）不僅擔任了嚮導和士兵的角色，與十字軍並肩作戰，更於公元一一八二年宣布放棄他們的「異端」信仰，與羅馬方面重新言歸於好。

▌ 亞美尼亞教會，再分裂

至於亞美尼亞的基督徒，雖然不願成爲天主教徒，但對於十字軍的到來仍然有理由高興，至少在最初是如此。

公元八世紀時，穆斯林征服了亞美尼亞，從某方面來說是讓人民從拜占庭與波斯的暴政中獲得解放，同時又能讓亞美尼亞教會無後顧之憂地拒絕拜占庭教會的企圖，意即，欲將亞美尼亞教會改變爲遵守迦克墩大公會議決議的教會。但阿拉伯的統治有時是相當嚴苛的。公元十世紀後期，伊斯蘭帝國哈里發的統治力量衰退，導致塞爾柱土耳其人入侵，結果證明，新主子比先前的阿拉伯統治者更殘酷和貪婪，也更具破壞性。

公元一〇八〇年，一個獨立的小亞美尼亞（Lesser Armenia）王國於先前拜占庭帝國的領土上建國。而後，這個王國在超過兩個世紀的時間裡，經常因時制宜，選擇站在拉丁人一方對抗土耳其人。更重要的是，十字軍和亞美尼亞人同樣對希臘人沒什麼好感，十字軍王國和亞美尼亞的皇室之間甚至會互相聯姻。

只是，這樣的同盟關係是需要付出代價的。在整個公元十二世紀裡，在國力上居於優勢的拉丁基督教徒，不斷逼迫亞美尼亞人採用迦克墩大公會議的決議，並且要他們服從羅馬的指示。雙方就重新合而爲一的事情進行了多次協商，其中有幾次似乎是真誠地以基督教信仰爲出發點，像是亞美尼亞牧首「慈悲者」納賽斯四世（Nerses IV "the Gracious"，公元一〇九八年～一一七三年）便積極鼓吹拜

註1：埃奇米阿津，這個城市的正式名稱爲「瓦加爾夏巴特」（Vagharshapat），爲亞美尼亞第四大城市。

占庭、拉丁、敘利亞、亞美尼亞等教會一起舉行一場大公會議，以討論教會統一的事情。

公元十三世紀，這些協商討論卻造成了亞美尼亞教會的分裂。一群基督徒以「合一的教會」（Uniate Church）為名，由牧首君士坦丁一世（Constantine I，卒於公元一二六七年）帶領，公開採納迦克墩大公會議的決議。自此之後，亞美尼亞人便分為西方派與傳統派；拉丁傳教士由西方派引入亞美尼亞，傳統派則另外選出一位牧首。但最終，亞美尼亞仍舊未服膺羅馬教廷的命令。

▍埃及的科普特人，命運多舛

至於埃及的科普特人，則和亞美尼亞人一樣，由於在公元七世紀被穆斯林征服，而免於受拜占庭要求遵循迦克墩大公會議的決議——阿拉伯入侵者和希臘人不同的是，他們對於鎮壓當地埃及教會的信仰不感興趣。儘管如此，科普特基督徒依然是一群被奴役的人，不時成為壓迫與暴力的受害者，但大體而言，他們倖存了下來，甚至在許多時期裡信仰傳布得相當興盛。

然而，十字軍東征時期對埃及的科普特基督徒來說，卻是一場十足的災難。科普特人的穆斯林統治者無法分辨不同教派的基督徒，因此對統治者而言，會懷疑科普特臣民私下同情這些十字軍、甚或與十字軍一塊兒陰謀作亂並不奇怪。當然，拉丁基督徒的內心對於埃及

這幅以「努比亞的瑪莎皇后（Queen Martha of Nubia）和聖母聖子」為主題的濕壁畫，繪於公元12世紀初期，現存於法拉斯大教堂（Basilica at Faras）。法拉斯，是挪貝夏（Nobatia，位於現今蘇丹境內）的北努比亞王國之前的國都。

科普特基督徒這些「異端分子」，一點好感也沒有——
像是，由十字軍建立的耶路撒冷王國就不准科普特人以
信徒身分入城朝拜基督的聖墓。

而即便在穆斯林的薩拉丁初期統治之下，科普特人
也沒有好日子過，他們被強迫賦重稅，並且必須穿著特
殊的服裝以為標示，甚至連栓馬都被禁止；此外，他們
的亞歷山卓主教座堂被剷平，其他的教堂和修道院也未
能倖免於難；他們一有騷動不安的跡象便會受到暴力鎮
壓，而許多努比亞的基督徒（信仰上屬於科普特教會）
更是遭到殺害或奴役。

情況在薩拉丁征服耶路撒冷之後，稍見改善。但在
十字軍東征的最後數十年裡（公元十三世紀後半），以
及之後的很長一段時間，於馬木留克王朝的新任蘇丹統
治下，埃及基督徒的生活經常是慘不忍睹的。

▌ 衣索比亞基督教信仰，延續且強大

即使在宗教上與埃及的科普特教會屬於一體，但衣
索比亞的基督教帝國「阿克蘇姆」於公元七世紀之後，
便與基督教世界的其他地區大致隔離開來；也由於地理
上擁有高聳廣闊的群山保護，欲征服埃及和努比亞的穆
斯林大軍要想攻下衣索比亞，確有其困難。

當紅海貿易路線被阿拉伯商人奪走之後，衣索比亞
失去了它做為商業大國的憑恃，殘餘的勢力便轉向內陸
發展，它從厄利垂亞平原（Eritrean Plain）往外、從提
格里高原（Tigray Plateau）往南，在東非高地區域吸收
了土地與人民。當地有一支阿高族（Agaw）原本與阿
姆哈拉文化（Amharic）融合得非常好，但後來不僅捨
棄了原有方言、改說吉茲語，也捨棄了原有的宗教，改
信阿克蘇姆基督教。而後他們甚至於公元十二世紀末到
十三世紀末期，成為衣索比亞帝國的統治政權——札格
維王朝（Zagwé Dynasty）。

札格維王朝的皇帝之中,最英明的要數革伯雷‧梅斯凱爾‧拉利貝里(Gebre Meskel Lalibela),其在位時間約公元一一八九年至一二二九年。據說在他的統治下,札格維的國都羅哈(Roha,現名拉利貝里)興建了十一座壯觀的花崗岩教堂。

札格維王朝於公元十三世紀末期被衣索比亞的施瓦王國(Kingdom of Shewa)阿姆哈拉皇室推翻,建立(或可稱「重建」)了「所羅門」王朝,之所以以此為名,是因為皇室宣稱其帝國權力來自所羅門王與席巴女王之子麥勒尼科一世的後代。儘管始於札格維王朝時期,但公元十三世紀和十四世紀之中,衣索比亞所經歷的文學、文化、建築和宗教方面的文藝復興,確然猶如一則帝國神話,表明了衣索比亞正是新的聖地,也昭顯了施瓦王國的皇帝乃是大衛王系譜之中真正的繼承者。

公元十四世紀裡的大部分時間,衣索比亞可說是個軍事力量相當強盛的國家,曾陸續參與一些戰事以防止

十一座建於公元13世紀初的巨大雄偉花崗岩教堂,位於衣索比亞高地「拉利貝里」這座城市。這些教堂是結結實實地從深處的岩層一斧一鑿砍劈而成,施工時自地面層開始,逐次向下,再以很深的溝渠和隧道相互連接。圖為其中一座教堂——聖喬治教堂(Church of St George,衣索比亞語為「Bete Giyorgis」)。

伊斯蘭勢力的蠶食，甚至還能充當埃及科普特人的某種
保護者角色——所羅門王朝皇帝阿姆達・柴永（Amda
Tseyon，公元一三一四年～一三四四年在位）建立了武
裝要塞，並且對勢力較弱的南方地區大肆征戰。他和
繼承人不只一次威脅馬木留克王朝，若是他們再不停
止迫害科普特人，便要讓尼羅河轉向，使埃及變成一片
沙漠。

　　而所羅門王朝另一位皇帝扎拉・雅各布（Zar' Ya-
kob，公元一四三四年～一四六八年在位）的諸多軍事
成就中，最有名的便是在公元一四四五年以壓倒性態勢
擊敗了阿達爾王國（Adal Sultanate）的軍隊，甚至威脅
要入侵埃及。

▌ 東 方 敘 利 亞 教 會 與 蒙 古 帝 國

　　在中世紀後期，眾多東方教派之中沒有任何一個比
東方敘利亞教會（或稱聶斯多留教會）的歷史更悲慘。
儘管東方敘利亞教會的學者和哲學家於數個世紀之中，
一直在伊斯蘭帝國哈里發的宮廷裡享有榮譽地位，即
使偶爾能打破官方禁令興建新教堂，畢竟仍屬於次等族
群。在公元十二世紀裡，他們就像埃及科普特人一樣，
被迫接受許多關於言行舉止衣著等令人屈辱的法律，以
及諸多不合理的賦稅。

　　然而再往東方的中亞與東亞地區，在那裡，聶斯
多留教會遇上了最大的災難。公元十四世紀開始時，從
地理上來看，聶斯多留教會是基督教王國之中散播得最
遠、最廣的，但到了這個世紀結束，卻變成最小的教
會。中亞的基督徒，於蒙古西征最緊鑼密鼓的時期受創
非常嚴重（當然，他們身邊的其他人也不能倖免），這
是因為——成吉思汗（Genghis Khan，約公元一一五〇
年～一二二七年）的「金帳汗國」摧毀了其他西征路線
上的每一座村莊和城市，甚至連撒馬爾罕、布哈拉這種

大城市都難逃一劫。

「帖木兒回到呼羅珊（Khorasan），目的只有一個，便是報復錫斯坦城（Seistan）。居民前去，希望能和他協商以換取和平。帖木兒答應，只要城內居民把所有武器都交出來……而就在居民履行了帖木兒的條件之後，他立刻拔刀相向，並派大軍將所有人踐踏至死。接著，他夷平整座城市，不留一草一木或一磚一瓦，徹底消滅了錫斯坦城，連一點記號或痕跡都沒有留下。」——《帖木兒傳》[3]

註2：忽必烈（Kublai，公元1215年～1294年）；旭烈兀（Hülegu，公元1217年～1265年）。

註3：呼羅珊位於現今伊朗東部和北部，意為「太陽初升之地」；錫斯坦則位於現今伊朗東部的錫斯坦—俾路支斯坦省。《帖木兒傳》（Tamerlane或稱Timur the Great Amir），由艾哈邁德·伊本·阿拉貝夏（Ahmed Ibn Arabshah，公元1388年～1450年）所著。

但實際上，後來的大汗對於聶斯多留教徒算是寬容許多的；根據傳說，成吉思汗的孫子、也就是忽必烈和旭烈兀[2]的兄長蒙哥（Möngke Khan，公元一二〇八年～一二五九年）便是以基督教為信仰。旭烈兀的妻子則是基督徒，由此公元一二五八年，大軍攻陷巴格達時，那些於屠城時退到教堂裡的基督徒全都毫髮未傷。此外，忽必烈在中國，對於東方敘利亞教會則是採取容忍、甚至也許算得上是鼓勵的態度。

但到了公元十三世紀後期，情況開始一百八十度大轉變。位在巴格達的蒙古大汗合贊（Ghazan Khan，公元一二九五年～一三〇四年在位）改信了伊斯蘭教，東方敘利亞教會立刻成為被殘酷迫害的對象，發生了諸多屠殺事件。此外，公元一三六九年的中國明朝，亦有系統執行了對外國教派的滅絕行動，導致東方敘利亞教會於中土（Middle Kindom）迅速消失。而在中亞，身為穆斯林的突厥霸主帖木兒（Timur，公元一三三六年～一四〇五年）則是近代前期最瘋狂嗜殺和精神異常的君主，在他的一陣肆虐打壓之後，東方敘利亞教會從此再起不能。

祭司王約翰的傳說

> 「我們的土地是大象、駱駝、鱷魚……土狼、野馬、公牛的家；另外還有長著角的、獨眼的、腦袋前後都長著眼睛的野人；還有半人馬、半人羊、半人獸、侏儒、身高達四十厄爾[4]的巨人、獨眼巨人以及長相相似的女人……參加戰爭時，我們不用大旗，而是帶著十四個以黃金打造、鑲著寶石的十字架，每一個十字架都跟著一萬名騎兵和十萬名步兵……」
>
> ——〈祭司王約翰的信〉，公元1165年

在十字軍東征的時代，拉丁人所在的西方，他們對東方基督教（Oriental Christian-ity）的知識相當模糊，由此造就了廣為人知的浪漫傳說——「祭司王約翰」（Prester John），或稱「長老約翰」（John the Priest）。傳說是這樣的——祭司王約翰，是一位基督教的國王，他統治著一個富裕強大的基督教王國，位置就在遙遠的東方某處。在一些記載裡，他擁有不可思議的力量，其所統治的地方緊鄰著一座世間樂園。此王國的確切位置可謂眾說紛紜，有人說是在印度、東亞或衣索比亞。

傳說的原始出處，或許是印度聖多馬基督徒留下的記載，甚至有可能是教宗嘉禮二世（Callixtus II，卒於公元一一二四年）時期，印度使節團訪問羅馬期間所留下。但熙篤會（Cistercian）的修士——弗賴辛的奧圖（Otto of Freising），於公元一一四五年所著的《雙城歷史》（Chronicon）中寫道，他在黎巴嫩遇見賈伯萊的主教修（Bishop Hugh of Jabayl），修告訴他，祭司王約翰是一名敘利亞人，同時也是基督出生時其中一位前往拜訪的博士後人，而且不久前才於埃克巴坦那（Ecbatana）擊敗波斯人。

這份記錄，很可能與西遼的菊兒汗（Gur-Khan）耶律大石（Yelu Dashi），在公元一一四一年於波斯的卡塔旺（Katwan）擊敗塞爾柱土耳其大軍一事相互混淆；當時，耶律大石為佛教徒。若然如此，那麼底下的故事也反映了一樣的問題——公元一二二一年，阿克雷的主教雅格維特里（Jacques de Vitry）從第五次十字軍東征回來時提到，東方有位印度的大衛王，他對穆斯林打了很多場勝仗，這個國王是祭司王約翰的兒子或孫子。由此，我們似乎可以合理肯定地說，這位大衛王不是別人，正是成吉思汗。

此傳說最精彩的發展，是《祭司王約翰的信》（The Letter of Prester John），根據公元十三世紀史學家阿培利克（Alberic de Trois-Fontaines）的說法，這封信於公元一一六五年首次出現。在這封文件中[5]，身為統治「三印度地區」的基督教國王、同時也是聖多馬陵墓守護者的祭司王約翰，也誇耀自己王國的自然美景與高度文明，並宣稱希望拿下耶路撒冷。這封信的副本後來以多種語言和變體在整個歐洲四處流傳。教宗亞歷山大三世（Pope Alex-ander III，約公元一一〇〇年～一一八一年）據說還在公元一一七七年提筆回信。

公元十四世紀之後，歐洲人開始認為祭司王約翰就是衣索比亞皇帝，並以「一個統治著神祕強大衣索比亞王朝的東方基督教國王」形象，進入了後來的浪漫傳說之中，最為人所知的相關著作或許是阿里奧斯托的《瘋狂的羅蘭》（Ariosto's Orlando Furioso）。

註4：厄爾（ell）是古代的長度單位，約成年男子從手肘到中指指尖的長度，約為18英寸。

註5：這封信，據說是呈給神聖羅馬帝國皇帝腓特烈一世、拜占庭皇帝曼奴埃爾一世科穆寧，以及信仰基督教的其他王公。

CH 34 拜占庭的沒落

法蘭西國王──安茹的查理一世，於公元1262年由教宗革利免四世授任為那不勒斯和西西里的國王。

公元一二〇四年，君士坦丁堡遭到劫掠之後，東羅馬帝國分裂為數個自治的公國，有些由法國或義大利的入侵者治理，其餘的則由當地希臘貴族統轄；其中一位希臘貴族希歐多爾一世拉斯卡利斯（Theodore I Lascaris，約公元一一七四年～一二二一年）於公元一二〇八年定尼西亞為其帝國國都，只是，他的國土並不太大。但尼西亞帝國很快便成為一個經濟繁榮和軍力強盛的國度，控制著西部安那托利亞的大部分地區，並孕育了以希臘主義為中心的高度文化。

公元一二五九年，米海爾·帕里奧洛格斯（Michael Palaeologos，約公元一二二四年～一二八二年）奪取了尼西亞帝國的王位，接著於公元一二六一年重新拿下君士坦丁堡，自立為皇帝米海爾八世（Emperor Michael VIII）。帕里奧洛格斯王朝自此建立，拜占庭帝國的最後紀元正式開始。

尼西亞帝國的逆襲

為了讓帝國恢復昔日榮光，這位新上任的皇帝必須籌措軍費，以軍事手段將占領希臘諸島、伯羅奔尼撒半島摩里亞地區（the Morea in the Peloponnese）的拉丁人驅逐出境，同時也得鎮壓色薩利（Thessaly）、伊派羅斯（Epirus）這兩個行省，只因這兩個省分的統治者視他為篡位者。此外，米海爾還得重建君士坦丁堡，並加強城市的防衛……但要是沒有商業活動沒有金錢收入，這一切都只是紙上談兵。因此他仰賴熱那亞，這個城市願意提供船隻，以換取一度只有威尼斯才能享有的某種商業優惠權利。最重要的是，他必須盡可能步步為營，確保那不勒斯和西西里的法蘭西國王——安茹的查理（Charles of Anjou，公元一二二六年～一二八五年）無法達遂心願，因為查理公開表明了，他想奪回君士坦丁堡。

為避免與法王之間的衝突，米海爾走了極不尋常的一步棋——向教宗請求保護，並承諾將讓東方教會歸順在羅馬之下，以為回報；米海爾確實遵守了諾言——在公元一二七四年的里昂大公會議（Council of Lyons）上，這位皇帝的代表依約接受與羅馬合而為一。但東正教的人拒絕遵守皇帝的決定；到了公元一二八一年，儘管有里昂大公會議的決議，以及米海爾頒布嚴刑峻法以壓制異議份子，但真正的「合而為一」顯然並不存在。

靜修主義的傑出辯護者貴格利·帕拉瑪斯，阿索斯山的僧侶和哲學家，堅稱此靜修儀式完全不違背上帝超越一切的永恆存在，並認為上帝的存在無法理解、肉眼亦無從得見。但藉由祂的大能（Energeiai），也就是創造萬物的過程，上帝讓祂本身真實地展現在人類的內心、精神和肉體上。帕拉瑪斯的主張經常在深刻領悟的瞬間和不連貫的片刻之中搖擺，但他的奧祕神學繁複且博大精深，在他有生之年便為東正教會所認可。

由此，同年，法王查理趁機發動戰爭，入侵拜占庭帝國；只是，他的大軍在抵達小亞細亞之前就吃了敗仗，而他計畫展開的另一次入侵行動也因西西里的臣民造反，無疾而終。

即便米海爾重建了拜占庭帝國、擊敗了法國入侵者，還為君士坦丁堡的未來防禦做了準備，但逝世之際他仍被許多拜占庭人視為背教者。此外，他的許多臣子也都意識到，這位皇帝如此積極針對拉丁人發動軍事行動，等於削弱了他對東方諸省的防禦，給了土耳其人可乘之機。

帝國皇帝辱嘗拘禁、人質滋味

公元十四世紀，帝國的帕里奧洛格斯王朝皇帝介入了一連串紛爭，以求在一些無法避免的事務上先發制人。臣民造反、省分不聽命令、軍隊過度倚賴傭兵、土耳其人襲擊拜占庭領土、經濟蕭條、小亞細亞的鄂圖曼人逐漸壯大、城市紛爭等等……簡單地說，任何想得到的騷動和苦難，都成了拜占庭政治事務上司空見慣的問題。

此外，還有蠻族的存在（應該說是一直都有），尤其是塞爾維亞人和保加爾人。公元一三四六年，強勢的塞爾維亞國王、本身亦為基督徒的統治者史蒂方·杜響（Stefan Dushan，公元一三〇八年～一三五五年），宣告自己為「塞爾維亞人和希臘人的皇帝」；而到了公元一三四八年，他已經征服了整個希臘北部。由於塞爾維亞先前已與土耳其人組成同盟關係，拜占庭帝國損失更多領土自是在所難免。公元一三四七年，黑死病降臨君士坦丁堡和拜占庭東方的其他地區，導致人口和經濟方面的損失非常慘重。

到了十四世紀中期，拜占庭帝國鑄造的錢幣混入了

賤金屬，黃金的比例減少（由此在國際貨幣中貶值）；王冠上的珠寶被送到威尼斯做擔保，只因內戰期間爲籌措軍費而積欠下大筆債務；帝國對轄下各省的控制力量逐漸衰退，朝廷對此情況完全無能爲力；帝國商業活動的主要獲益者是義大利人，而非希臘人；與塞爾維亞人和土耳其人的戰事連綿不斷，而任何可能來自羅馬方面的援助，都被「東方教會能否聽從於西方教會」的問題所左右。公元一三六九年，拜占庭皇帝約翰五世帕里奧洛格斯（John V Palaeologos，公元一三三二年～一三九一年）前往羅馬，宣告將遵循羅馬教區的命令；而甫自這趟受盡屈辱的外交之旅返國，竟在威尼斯被債主以其無力償還債務爲由短暫拘禁。公元一三七三年，土耳其軍隊控制了馬其頓的大部分地區之後，他被迫接受土耳其人的宗主地位，答應向土耳其人進貢。

公元一三九○年，皇帝曼奴埃爾二世帕里奧洛格斯（Manuel II Palaeologos，公元一三五○年～一四二五年）實際上曾有一段時間，被迫在鄂圖曼蘇丹巴耶塞特一世（Bayezid I，約公元一三六○年～一四○二年）的朝中爲臣，擔任人質的角色。甚至，當曼奴埃爾於公元一三九一年回到君士坦丁堡，巴耶塞特還提醒曼奴埃爾，其國家範圍現在只到這座城市的城牆爲止。公元一三九九年至一四○三年，曼奴埃爾走遍西歐，確實得到了許多軍事援助的承諾，只是事實證明，承諾，不過是毫無用武之地

> 「但王冠上的寶石是用玻璃做的，宴會用的盤子是用白蠟和陶土做的。」——學者尼斯波羅斯‧格里哥拉斯，描繪公元1347年拜占庭皇帝約翰六世的加冕典禮

的援軍。然而當他身在外地，帖木兒的大軍已然兵臨安卡拉（Ankara）重挫巴耶塞特的鄂圖曼軍隊，並俘虜了巴耶塞特。接踵而至的局面是，巴耶塞特的兒子們爲了權力你爭我奪，君士坦丁堡的軍援此時成了拜占庭皇帝用以與之交易的絕佳籌碼。公元一四一三年，

穆罕默德一世（Mehmet I，卒於公元一四
二一年）便在拜占庭的協助下於塞爾維亞
擊敗最後一個競爭者，也就是他的兄弟
慕沙（Musa）。為表示謝意，這位新任
的蘇丹免除了拜占庭皇帝接下來的所有進
貢，並將一些領土歸還拜占庭，如塞薩洛
尼卡（Thessalonica）這座城市。曼奴埃
爾利用穆罕默德一世的寬容政策，重新建
設了帝國的軍事防禦力量以及君士坦丁堡
的要塞。但待穆罕默德一死，帝國與鄂圖
曼人之間的良好關係亦將不可避免地宣告
終結。

▌文化與精神發展，
　意外蓬勃豐富

　　在拜占庭文明漫長的衰落期中，儘
管帝國的經濟、軍事和政府都在持續走下
坡，文化方面卻走向了更高層次與更豐
富的內涵。自公元十一世紀米開爾・普
賽羅斯（Michael Psellus）的時期，到公
元十五世紀帝國滅亡之前最後幾年，無論
是古典學術領域、亞歷山卓地區或基督
教世界都瀰漫著一股不尋常的希臘主義風
潮——皇帝安德洛尼亞二世帕里奧洛格斯
（Andronicus II Palaeologos，約公元一二
六〇年～一三三二年）大力贊助君士坦丁
堡的學者，但要像希歐多爾・梅托契特
斯（Theodore Metochites，公元一二七〇
年～一三三二年）這麼出色的並不多見，
他不僅是詩人、哲學家、天文學家，更
是亞里斯多德著作的注釋者。而另一位

才華洋溢的人士則是希歐多爾的學生——
尼斯波羅斯・格里哥拉斯（Nicephorus
Gregoras，約公元一二九五年～一三六〇
年），他是一位哲學家、天文學家、歷史
學家和語言學家。

　　同樣在這段時期，古典與基督教的拉
丁文學，以希臘文譯本之姿進入了拜占庭
世界，其中許多作品是由身兼文法學家、
希臘文學編輯和神學家的馬克西穆斯・
普拉努得斯（Maximus Planudes，約公元
一二六〇年～一三三〇年）翻譯。而接下
來的這個世代中，最具希臘人道主義色
彩的傑出學者為迪米崔烏斯・西多尼斯
（Demetrius Cydones，約公元一三二四年
～約一三九八年），他所翻譯的書籍不只
是神學家奧古斯丁的著作，還包含了湯瑪
斯・阿奎那的經典；同時，他也是第一
個加入拜占庭湯瑪斯學派這個小團體的人
（實際上，最後他加入了拉丁教會）。

　　不過，東方教會的神祕傳統，在帕
里奧洛格斯的時代也有了新的轉變，特
別明顯的就是靜修主義（Hesychasm）
的盛行。靜修主義一詞源於希臘文的
「Hesychia」，原意為「寧靜」。靜修，
代表了一種特殊的冥想祈禱形式，並引領
虔誠的教徒到達狂喜的心理狀態，體驗上
帝那「非受造的光」（Uncreated Light）；
據稱，進行冥想的人身體偶爾也會發出此
種肉眼可見的神聖光芒。

　　公元十四世紀之中，靜修主義是阿索
斯山[1]（Mount Athos）的僧侶所進行的特

萊因河谷地，奧祕神學

公元十四世紀裡，奧祕神學不只是在東方基督教世界復甦，在西方也重新崛起，尤其是歐洲北方。英國便出現了幾位傑出作家，他們對冥想祈禱、靈魂與上帝團聚有著精闢的見解，像是理查‧羅勒（Richard Rolle，約公元一三○○年～一三四九年）、華特‧希爾頓（Walter Hilton，約公元一三四○年～一三九六年）、諾威治的茱里安娜夫人（Dame Juliana of Norwich，公元一三四二～一四一六年之後），以及寫下《不知之雲》（The Cloud of Unknowing）這篇論文的某位匿名作者。

不過，在十四世紀的前半，以幾位德國道明會修士撰寫的西歐奧祕文學數量最為豐富，像是麥斯特‧艾克哈特（Meister Eckhart，約公元一二六○年～約一三二七年）、約翰內斯‧陶勒（Johannes Tauler，卒於公元一三六一年）、海因瑞希‧蘇梭（Heinrich Suso，約公元一二九五年～一三六六年）。陶勒也許不如另兩位那麼純粹奧祕，但其「靈魂因與上帝同在，而得到淨化」論述的影響力不下於當時任何重要的思想著作。至於蘇梭，他是艾克哈

特的學生，且終其一生都在為艾克哈特辯護；這有時令他面臨難堪的處境，只因艾克哈特是基督教歷史上最具爭議的人物之一。

麥斯特‧艾克哈特是一位思想縝密的神學家，同時也是個才氣洋溢的作家。此外，他偏好以一種幾乎可稱之刻意而膽大妄為的語言，來表達自己那些艱澀難懂的概念。他顯然認為自己的許多概念完全遵循基督教思想的發展，而其所本的則是湯瑪斯‧阿奎那形而上學的中心原則。只是，他自己也曾提筆寫下並想像著──關於湯瑪斯會不會接受他的概念，這是有所疑問的。

艾克哈特最著名的主張是，靈魂升天與上帝團聚時，不只是要從肉身脫離，甚至要卸下心中所想的上帝，這是因為人類是用有限的心智去認知上帝。他宣稱，有一位「超越上帝的上帝」，有一片永恆無垠的「神聖荒漠」，在這個地方所有神聖的概念都不適用。他也提到，在靈魂當中有一種非受造的「閃光」，它來自於上帝；而靈魂裡面也有一片上帝與靈魂合一之地。

殊精神修行。靜修主義者招致了許多人的批評，無論是針對其神學或靜修方式，但他們也有一位偉大的辯護者──貴格利‧帕拉瑪斯（Gregory Palamas，公元一二九六年～一三五九年），此人或許是中世紀最重要的東正教神學家。

註1：*阿索斯山，位於愛琴海上哈爾基季基半島（Chalcidice Peninsula）的一處海角，自公元10世紀以來便坐落著許多東方教會修道院。*

最後的羅馬皇帝

公元16世紀的一幅濕壁畫，描繪了君士坦丁堡最後圍城的情景。穆罕默德二世為拿下拜占庭帝國的都城，做了縝密的準備，包括——需要五十對公牛，才能拉動的特製巨型攻城大炮。面對鄂圖曼人的猛烈攻擊，城中七千名基督徒守軍被迫投降只是時間問題而已。

西羅馬帝國於公元五世紀壽終正寢，然而承接了法統、文化和政治的羅馬帝國則在東方又持續了千年。做為國都的「新羅馬」——君士坦丁堡，成了羅馬皇帝的朝廷所在，並見證了火藥與大炮時代的到來。而當帝國最後幾位羅馬皇帝去世後，僅僅再過四十年，歐洲人就發現了美洲新大陸。

君士坦丁堡，一直都是歐洲第一座基督教城市，數個世紀以來，一直令人忌妒地保存了帝國後來高度發展的希臘文化寶藏。但純以地理因素來看，這座城市要想永遠做為基督教的國都是不可能的，因為它的四周環繞著太多敵人如阿拉伯人、斯拉夫人、土耳其人、保加爾人、蒙古人等等。從公元七世紀以降，這個城市與強大的伊斯蘭勢力之間的衝突紛爭，幾乎從未停止。而隨著鄂圖曼帝國的崛起，拜占庭面對的不僅是一個無法擊敗的敵人，也是一個不可能永遠成功抵擋得住的對手。

▌希臘教會與羅馬教會，情非得已結合

公元十五世紀初期，帝國皇帝曼奴埃爾二世帕里奧洛格斯為了子民，從穆罕默德一世手上爭取到了有利情勢，但隨著公元一四二一年穆罕默德去世，偏安情勢很快地告一段落。新上任的鄂圖曼蘇丹穆拉德二世（Sultan Murad II，公元一四○四年～一四五一年）記得很清楚，曼奴埃爾先前曾對與之競爭鄂圖曼帝國王位的對手，提供軍事援助。穆拉德由此一改穆罕默德過去對希臘人的寬大政策，將君士坦丁堡圍困了一小段時間，並封鎖了塞薩洛尼卡。由於拜占庭方面無法為塞薩洛尼卡提供有效的防禦，便只好在公元一四二三年將這座城市賣給國力較強的威尼斯人；然而，到了公元一四三○年，該城仍被穆拉德的大軍攻破，結局還是一樣。

此時，曼奴埃爾的兒子約翰八世帕里奧洛格斯已經繼位，為確保來自西方的軍事支援足以對抗土耳其人，他幾乎整個執政生涯都在為此疲於奔命。只是，這樣的軍事支援自然毫無例外地伴隨著條件，也就是——希臘教會必須聽命於拉丁教宗。也因此，公元一四三九年的佛羅倫斯大公會議（Council of Florence）上，在君士坦丁堡牧首和約莫七百位特使的陪同下，約翰同意與羅馬合一，並遵從教宗的指示。

這幅拜占庭皇帝約翰八世帕里奧洛格斯的畫像，由喬凡尼·貝里尼學派（School of Giovanni Bellini）所繪。約翰八世於公元1439年同意與羅馬教會結合，由此迫使東方教會同意在尼西亞信經中加入「和子」一詞，並接受西方對「煉獄」的概念，同時服從羅馬教宗至高無上的管轄權。

無須贅言，許多希臘人對於向羅馬讓步的信念並不一致，而只是基於情勢需要。畢竟，雙方重新結合，幾乎等同於完全放棄先前和拉丁教會的意見之爭。即便如此，幾乎所有的希臘特使都還是簽字同意，唯有一人除外，那就是受人敬重的以弗所主教馬克·尤金尼古斯（Mark Eugenicus，卒於公元一四四四年）。他雖然真心希望希臘教會和拉丁教會能言歸於好，但若得付出背叛東正教傳統的代價才能結合，他無法寬恕這樣的自己。

的確，不只是他有這樣的想法，君士坦丁堡大多數的人，以及更寬廣的東正教世界都不能接受。甚至，大多數簽了字同意結合的特使們，在返回東方的路上便否認了佛羅倫斯大公會議的結論；當時風傳著這樣一句話——倘若拜占庭真要臣服於人，那麼「被蘇丹的包頭統治，還比向教宗的三重冕低頭來得好」。不過，有些著名的主教仍對教會一統抱著支持態度，像是偉大的拜占庭人道主義者和哲學家、亦為尼西亞總主教的巴西流·貝薩里翁（Basil Bessarion，公元一四〇三年～一四七二年），他被教宗尤金四世（Pope Eugenius IV，約公元一三八三年～一四四七年）提拔為樞機主教，晚年一直住在義大利。此外，基輔和莫斯科兩地的總主教以西鐸（Isidore of Kiev，卒於公元一四六三年）因致力於教會的結合，令其最後必須逃出俄羅斯，並於公元一四五八年受到教宗授與君士坦丁堡牧首的榮譽頭銜，然而隨著東羅馬帝國已於公元一四五三年滅亡，這也就沒有什麼意義了。

▌拜占庭露敗相，鄂圖曼握勝券

無論如何，佛羅倫斯大公會議的確幫助拜占庭皇帝獲得了西方的軍事援助。公元一四四四年，波蘭國王、同時也是匈牙利國王的瓦迪斯瓦斯三世

（Władysław III，公元一四二四年～一四四四年）派遣的軍隊，於特蘭西瓦尼亞（Transylvania）總督亞諾什・匈雅提（Janos Hunyadi，約公元一三八七年～一四五六年）的指揮下，趕走了來自塞爾維亞、阿爾巴尼亞、保加利亞的土耳其人，並派遣一支威尼斯艦隊巡弋於博斯普魯斯海峽，防止鄂圖曼軍隊渡海進犯歐洲，而後越過多瑙河，朝君士坦丁堡前進；只是，威尼斯人沒能成功防堵博斯普魯斯海峽。此前數個月，見情勢有利，塞爾維亞國王與土耳其人簽訂了和約，準備和鄂圖曼蘇丹共謀阻斷這些基督徒遠征軍，土耳其人由此在瓦爾納（Varna）與這支新的十字軍遭遇，並將之殲滅。

在這之後，拜占庭帝國的壽命已是日暮西山。公元一四四九年，約翰八世的王位由他的弟弟君士坦丁十一世帕里奧洛格斯（Constantine XI Palaeologos，公元一四○四年～一四五三年）繼承。君士坦丁十一世是一位堅強而有天賦的統治者，只可惜他面對的是一個沒有希望的局面。他一如兄長，希望藉著「重申希臘教會服從於羅馬教會的方式」贏得西方的軍事協助，他甚至在公元一四五二年於聖索菲亞大教堂公開慶祝雙方教會合而爲一。但就算無視於人民因其作爲而發動的激烈公開抗議，他的希望最終仍是一場空。

穆罕默德二世最想要的獎品

公元一四四九年，非常年輕、卻有著不尋常決心的穆罕默德二世（Mehmet II，公元一四三二年～一四八一年）開始準備對君士坦丁堡發動一次規模浩大的攻擊行動，這個坐落著聖索菲亞「偉大教堂」的都城，是穆罕默德發自內心無比熱情想要拿下的獎品。到了公元一四五一年，穆罕默德成爲鄂圖曼帝國唯一的蘇丹，他開始積極地準備這場最後大戰，而且他知道不宜操之過急。穆罕默德不只先和匈牙利人簽訂和約，以防其

在允許軍隊洗劫三天三夜之後，鄂圖曼蘇丹穆罕默德二世進入君士坦丁堡，直驅聖索菲亞大教堂。他直接下令，將教堂改建爲清真寺。

成爲希臘方面的盟友，更指派了一位匈牙利工匠製造一座尺寸與威力都前所未見的大炮；此外，他也和威尼斯簽署了一份條約，確保其艦隊不會選擇站在基督教的一方共同作戰。

公元一四五二年，穆罕默德擴充了艦隊的規模，並建造一座幾乎無法攻陷的要塞，令其大軍能毫無阻礙地越過博斯普魯斯海峽。接著在公元一四五三年四月，君士坦丁堡最後的圍城開始了。拜占庭方面於金角灣（Golden Horn）出口處橫拉了一條巨大鐵鍊，但這只能暫時減緩鄂圖曼艦隊的速度；很快地，鄂圖曼軍隊僅僅以上了油的原木，便將船隻從陸地運達港口。等到開始對城牆進行轟擊，土耳其大軍要想攻破守軍的防衛，只是時間問題而已。

君士坦丁堡，最後的圍城

威尼斯雖遵守了和鄂圖曼蘇丹之間的條約，未派遣援軍協助拜占庭皇帝，但他們仍允許拜占庭從克里特島（Crete，當時爲威尼斯人所有）招募士兵和船員；此外，身在君士坦丁堡的威尼斯人也和希臘人共抗強敵。不僅如此，具有非凡才能與勇氣的熱那亞將軍喬凡尼·鳩斯提阿尼（Giovanni Giustiniani，卒於公元一四五三年）更是自掏腰包，帶來一支七百人的軍隊協防，並交與拜占庭皇帝指揮，以加強地面防衛。基輔的總主教以西鐸則雇用了兩百名那不勒斯士兵，費用由教宗支付。除此之外，一些西方的基督徒，像是西班牙貴族托雷多的唐·法蘭西斯科（Don Francisco of Toledo）亦選擇站在拜占庭一方參戰，而鄂圖曼王子奧漢（Orhan）亦然。

君士坦丁堡支撐的時間非常久，甚或遠超過原先的合理預測，但於五月底，陸地一側的城牆最終仍被攻破。五月二十八日晚上，情勢已經再明白不過，城池將於隔天陷落；此時，不分東方或西方的基督徒，眾人共同舉行了一場大遊行，走遍城中所有神聖的遺跡。來到聖索菲亞大教堂時，東正教和天主教教徒一起參加禮拜儀式，準備迎接死亡的到來。拜占庭皇帝對城市裡的各界要人發表了一篇動人演說，內容有關人世間的無常，以及爲了信仰與國家犧牲的高貴情操。

翌日，土耳其軍隊於城牆裂口處鏖戰了數小時，之後破城而入。鳩斯提阿尼身負重傷，被抬離戰場，並於君士坦丁堡陷落之後數天，在自己的船上過世。拜占庭皇帝亦脫下紫色帝袍，加入步兵戰鬥；最後，他在眾人眼前，與自己的表親特奧菲盧斯·帕里奧洛格斯（Theophilus Palaeologos）、西班牙貴族唐·法蘭西斯科，和另外一位名爲約翰·達爾瑪圖斯（John Dalmatus）的貴族，齊將手中寶劍高舉過頂，衝進瘋狂湧入城門的土耳其大軍之中。

教宗與大公會議的權力，孰大？

讓東正教會和羅馬教會形式上合而為一、實質上卻並非如此的「佛羅倫斯大公會議」[1]，所關注的事情並非只有希臘與拉丁教會的和解。

自公元一四三九年至一四四五年，這場會議也和其他東方教會的代表擬定了重新結合的約定，這些教會包括亞美尼亞教會、敘利亞的「一性論」雅各教會、東方敘利亞的「聶斯多留」教會，以及塞浦路斯的「馬龍」教會。但後來證實，並非所有約定都被實際加以執行，或是持續下去。

這場大公會議的另一個重要性在於，解決羅馬天主教在正統性上的內部紛爭。從公元一三七八年至一四一七年，歷史上稱之為「西方教會大分裂」（Great Western Schism），羅馬教會的階級在此時期非常混亂。這段時間裡，教宗繼承權出現了兩股敵對勢力，互相競爭到最後，出現了三位教宗。自公元一三〇九年至一三七七年，教宗出於諸多原因，一直將教廷設於法國南部的亞維農（Avignon），而樞機主教團[2]在這些年裡一直享有相當高的權力。

然而，當教廷回到羅馬後選出了第一位教宗伍朋六世（Urban VI，約公元一三一八年～一三八九年），對其法國樞機主教懷抱著很深的敵意，這導致一些主教返回亞維農，宣布之前於羅馬的教宗選舉無效（原因是投票時受到脅迫），而後自行選出了日內瓦的羅伯特（Robert of Geneva，約公元一三四二年～一三九四年）為教宗革利免七世（Clement VII），由此，出現了兩個教廷。

公元一四〇九年，為解決此衝突，雙方的樞機主教團各派出代表選出了第三位教宗，令情況變得更為複雜。

這場混亂直到公元一四一七年的康斯坦斯大公會議（Council of Constance）才底定下來，會中分別解除了三位教宗的職位，並由羅馬教宗額我略十二世（Gregory XII，約公元一三二五年～一四一七年）藉著自行退位，指定了馬丁五世（Martin V，公元一三六八年～一四三一年）為唯一的教宗。

然而，康斯坦斯大公會議也明白地規定，一般大公會議的權力高於教宗，而且這類大公會議應該經常舉行；這種「以大公會議為主」的立場，是受到當時許多人支持的。但康斯坦斯大公會議也明確地制定了一條對立的原則，藉以闡明羅馬教會的地位，那就是——無論對於任何事情，教宗皆握有教會裡至高無上的權力。

註1：後來，羅馬天主教將這次佛羅倫斯大公會議，定為第十七次大公會議。

註2：或稱「樞機團」，是羅馬天主教所有樞機主教的總稱，主要功能是在教宗需要的時候為教會事務提供建言，並在教宗去世或從缺時選出新任教宗。樞機主教於平時並無實權，即使是教宗選舉時期，權力也受到諸多法律規範。

文藝復興時期的
基督教思想

CH 26

從米開朗基羅廣場俯瞰佛羅倫斯的風景，令人遙想起義大利文藝復興時期的一切美好。此間的「人文主義」發展第一個時期裡，致力於恢復古典文學、學術、哲學和藝術的形式，並兼及發展新的藝術技巧、新的文學形式和新的科學。

公元十五世紀，儘管東方基督教的文明正在凋零，但西方基督教的文明卻正處於偉大的「文藝復興」（Renaissance）當中；事實上，東方的現實情況成了推動西方的助力。在拜占庭帝國國祚的最後數十年間，無論是書籍或學者都或多或少地從東方往西方遷移；自學者米開爾‧普賽羅斯開始綻放思想的年代，也就是公元十一世紀偉大的「拜占庭文藝復興」開始，在斷斷續續持續了近四個世紀之後，如今終於被迫將豐碩果實拱手讓給西方。

當然，藝術、哲學、思辨神學、學術制度和科學研究之所以在中世紀末期於西方非凡地開花結果，或是新「人文主義」於現代初期的興起，這些成就都不是單一原因所能及。一般性的解釋多不勝數，如出現了新的商人階級、經濟情況普遍改善、地主與教會掌握的財富流入了形形色色的社會階層，以及古典書籍的取得越來越容易等等。無論原因為何，始於義大利、繼而向外傳播的文藝復興時期，興起了一股恢復古代世界「遺失的智慧」的嶄新熱情。而就我們現今對「文藝復興」的了解，便可明白這絕不僅僅只是一個 「世俗的」運動。

▌ 文藝復興第一個徵兆：東方典籍流入

　　若不是毀滅性的黑死病於公元十四世紀後半造訪歐洲，文藝復興開始向外傳播的時間會更加提早。義大利由於諸多因素，長期以來一直享受著特殊待遇，得以與拜占庭世界和東方伊斯蘭世界接觸。「人文主義」的第一個發展時期，始於公元十三世紀晚期和十四世紀初期，眾人無不同心協力地恢復古典文學、學術、哲學和藝術的形式，並且也以同等的努力發展新的藝術技巧、新的文學形式和新的科學。但丁的《神曲》或許是中世紀文明裡登峰造極的文學作品，但它在文學形式的創新上，絕大多數的靈感其實來自於古典文學，而非中世紀當時的文學形式。此外，後來的義大利繪畫，無論就方法或形式而言，喬托（Giotto，約公元一二七○年～一三三七年）都可說是真正的革命之父。

　　更重要的是，東方的典籍於中世紀末期湧入了西方，令後來的經院哲學，以及中世紀後期興起的「大學」，得藉此而茁壯。這些大學為公元十五世紀突飛猛進的發展創造出所需的知識環境。舉例而言，文藝復興初期最偉大、也最有想像力的思想家，是樞機主教庫薩的尼古拉（Nicholas of Cusa，公元一四○一年～一四

一位不知名的藝術家繪製了庫薩的尼古拉畫像。多才多藝的尼古拉不僅是一位神學家，也是科學家、哲學家、數學家、律法學者，以及天文學家。

六四年）。佛羅倫斯大公會議召開前夕，尼古拉在教宗的命令下前往君士坦丁堡，在那裡，他首次接觸了拜占庭的柏拉圖主義和學術知識，而從東方回來之後，尼古拉提到他在神聖的超然存在本質問題方面，確實有了重大的覺醒。但由於其思想原本即根植於西方現有的經籍和傳統之上，因此能毫無困難地吸收東方基督教的思想，然後轉換到他的著作裡，像是——有限的心靈必須漸進地朝上帝的知識靠近；上帝乃是「對立的巧合」（Coincidence of Opposites）；什麼是永恆的本質；上帝單純地以永恆來「包容」萬物，而這正是從創造之中「延伸」出的聯繫；該如何看待基督這個人；什麼是前往天國的本質……這些見解象徵著東方和西方思想源流的完美匯合（當然，沒有他本人的天縱英明也不可能辦得到）。

▌出「拜占庭」記：東方的柏拉圖主義

毫無疑問地，義大利之所以發展出文藝復興，是由於接受了東方帝國末期拜占庭學術的一劑強心針，而獲致充足的活力。在這方面，沒有人比偉大且博學多聞的喬治‧格彌斯托士‧卜列東（George Gemistus Plethon，約公元一三五二　年～一四五二年）更具影響力。於佛羅倫斯大公會議期間擔任代表的卜列東，是位卓越的拜占庭柏拉圖主義者，他曾發表一篇《關於亞里斯多德和柏拉圖之間差異》（Concerning the Differences between Aristotle and Plato）的著名演說，佛羅倫斯由此出現一陣柏拉圖主義熱潮，此熱潮之熱，最終甚且令科西莫‧德‧梅第奇（Cosimo de' Medici，公元一三八九年～一四六四年）創建了柏拉圖學院（Academia Platonica）。

無巧不巧地，這正是比教會一統更貼近卜列東內心想做的事。說穿了，他在信仰上並非真的是基督徒，而應該算是某種後期新柏拉圖主義的祕密擁戴者；此思想

汲取自許多傳統（異教徒、祆教徒、迦勒底人、猶太人、穆斯林和基督徒），形式上屬於多神崇拜〔不過到最後，奉獻的對象只有一個偉大的神（Great God）〕。佛羅倫斯大公會議結束之後，卜列東繼續留在佛羅倫斯為新希臘主義奉獻所學，並開始召募信徒。在他的努力之下，整個世代的義大利人文學家都有機會接觸哲學經典，並對當中的文字進行譯注解釋，這在之前是沒有辦法做到的事。

還有另一位將拜占庭文化輸出至義大利的重要人物，那是主教巴西流‧貝薩里翁，是一位偉大的拜占庭人道主義者和哲學家，後來成為樞機主教。他原是卜列東的學生，立志成為柏拉圖主義者（不過，他立下的更大志願是成為基督徒）。他也是佛羅倫斯大公會議的其中一名代表，但因致力於推動教會一統，被迫從一四三九年就開始住在義大利。

> 「大公會議是在教宗之上的……因為在一般大公會議之中，教會代表所做的決定，會比教宗單獨一人更正確、更可靠。」——庫薩的尼古拉，《天主教的和諧》(De Concordia Catholica) [1]，公元1433年

學院裡的人文主義大師

義大利早期文藝復興的知識中心，毫無疑問地，是佛羅倫斯的柏拉圖學院，許多卓越的學者都直接或間接和這所學院有關。特別值得一提的人文主義學者有兩位，分別是馬爾西利奧‧費奇諾（Marsilio Ficino，公元一四三三年～一四九九年），以及皮科‧多拉‧米蘭多拉（Giovanni Pico della Mirandola，公元一四六三年～一四九四年）；兩人在學術上涉獵極廣，別出心裁的見解和影響力都是無與倫比的。

除了做為語言學家、物理學家和哲學家，費奇諾也是一名神職人員和神學家。雖然在他人生中有段時間明顯經歷了信仰危機，最終他依然成了最博學、最有活力和最長於辯論的倡導者，而他所鼓吹的不只是新的人文主義，更包含了新的基督教柏拉圖主義。他和教會的教父非常相像，但對於其他思維傳統亦能抱持開放心態。公元一四六二年擔當柏拉圖

註1：根據天主教百科全書，尼古拉於公元1433年所著的《天主教的和諧》一書，拉丁文為 De Concordantia Catholica。

畫面中立於左側者，是影響後世深遠的樞機主教巴西流・貝薩里翁，此畫由詹蒂利・貝利尼（Gentile Bellini）繪於公元1472年。在羅馬，貝薩里翁不僅教學，還為那些逃離東方的希臘學者提供庇護，由此累積了許多珍貴的希臘手抄本與委託翻譯的文稿。

註2：卡巴拉的字面意思為「接收」（Receiving），原為猶太教內部祕傳的一種思想方法和戒律，用以界定宇宙與人類的本質、存在目的的本質等問題，許多非猶太教教派都引用了卡巴拉思想。

學院首任院長時，費奇諾便致力於以這樣一個嶄新的機構，加以收集、研讀和翻譯東方的典籍。

費奇諾不僅只是翻譯柏拉圖以及公元三世紀新柏拉圖主義偉大哲學家普羅提諾的著作，他更為它們做了註解，這深深影響了之後兩個世紀的基督教思想。費奇諾的思想裡，最中心的主題是「愛」，他認為那是一種共通的束縛，將所有事物維繫在一起；而愛也是一種超凡的力量，能讓人類的靈魂與上帝同在。他的所有著作本質上皆以一種「希臘式」的樂觀主義，來看待人類的尊嚴與神聖命運。

真要說有何不同，那麼在皮科・多拉・米蘭多拉的作品中，這種樂觀主義表現得更明確。他是一個鋒芒畢露又兼具了智慧感性的人，他相信，無論是學者和人文學家、亞里斯多德派和柏拉圖派，以及東方與西方的智慧都能達致理想的融合。出身貴族的他，費拉拉（Ferrara）和帕多瓦（Padua）這兩個地方的大學是他研究學問的所在，他也在義大利四處旅行，造訪巴黎（和當地大學），而後於公元一四八六年在佛羅倫斯遇見了費奇諾。

皮科雖然一直是個虔誠篤信的基督徒，但他也相信，應該珍惜所有的真理，並吸取猶太人、異教徒、古代神祕科學，以及迦勒底人和波斯人的思想。他也是第一位文藝復興時期的基督徒卡巴拉人士 | 2 （Kabbalist）。他曾計畫在公元一四八七年進行一場盛大的公開辯論，與各方學者討論他於前一年出版的九百篇形上學論文，並以其最著名的作品《論人的尊嚴》（Oration on the Dignity of Man）做為開場論文。然而，這場辯論無法如期舉行，因為教宗譴責了其中十三篇論文。皮科於公元一四八八年退居巴黎，但仍遭到逮捕和拘留，直到有人說服教宗，才被允許回到佛羅倫斯。皮科在佛羅倫斯度過餘生，直到最後仍心思虔誠，只是一直要等到公元一四九二年，他的論文才得以擺脫異端的質疑。

激進修道士，抨擊暴政與腐敗

吉羅拉莫‧薩佛納羅拉（Girolamo Savon-arola，公元一四五二年～一四九八年），是皮科在佛羅倫斯的好友，但義大利的人文主義卻不與他為伴；他是道明會的修士，並且被許多人視為先知。他的宗教與政治生涯，尤其鮮明描繪了歐洲近代初期產生的許多緊張情勢。

薩佛納羅拉來自一個虔誠的學者之家，於生涯早期便表現出嚴厲的道德要求和嚴肅的學術態度。對於他這樣虔誠的靈魂來說，活在這個時代是一種痛苦的試煉，因為在他眼中有種新異教主義正於整個西方散布，而教宗的權力則掌握在那些追求塵世名利的人手上。公元一四七五年，他加入了道明會，獻身於教學，以及他鍾愛的湯瑪斯‧阿奎那學問上。公元一四八二年，他來到佛羅倫斯為一場道明會的會議擔任講師，但在經歷了一次奧祕難解的精神體驗之後，他開始進行一種明顯帶著「先知」性質的布道。公元一四八五年，他開始預測，迫切需要進行改革的教會將在被聖靈重新改造之前，因信仰不貞而遭受神罰。

公元一四九○年，他開始宣揚城市統治者梅第奇家族的暴政與欺詐。公元一四九四年，梅第奇家族被法王查理八世（Charles VIII，公元一四七○年～一四九八年）所推翻[3]，身為道明會傳道者的薩佛納羅拉，於是順理成章地成為城市的統治者。他創建了民主共和，處事公平而透明。

薩佛納羅拉在這些年裡最大的敵人，是那位行事近乎誇張的腐敗教宗，也就是波吉亞（Borgia）家族的亞歷山大六世（Alexander VI，公元一四三一年～一五○三年）。除了與情婦生下私生子，以及浪費金錢尋歡作樂，此人最擅長的便是政治陰謀。他不只企圖在公元一四九五年將薩佛納羅拉引誘至羅馬，威脅要將他逐出教會，短時間內禁止他進行傳教，還想奉上樞機主教的位置讓薩佛納羅拉封口不提教廷的腐敗。

最終，薩佛納羅拉那些位於佛羅倫斯等地的政敵，密謀煽動佛羅倫斯心有不滿的市民進行暴動。薩佛納羅拉被捕。來自羅馬的官員對他進行審判，以莫須有的罪名起訴他，並施以酷刑，最後他被判處絞刑，屍體則在之後被燒毀。他在絞刑台上向教宗的使節低頭認錯，以獲得完全的赦免。

註3：薩佛納羅拉於在事情發生前兩年，便做了預測。

這座薩佛納羅拉雕像，位於義大利北部的費拉拉，那是他的家鄉。

西班牙，與它的宗教裁判所

這幅極盡浪漫之能事的畫作，是由安東尼奧‧羅德里蓋茲‧維拉（Antonio Rodriguez Villa）於公元19世紀所繪，圖中的摩爾人正向斐迪南與伊莎貝拉獻上進貢。而實際上，當時的收復失地運動（Reconquista），正開始對西班牙的非基督徒族群，進行一段史無前例的迫害行動。

從公元八世紀穆斯林征服伊比利半島開始，直到公元十五世紀最後十年，西班牙一直都不是個統一的國家，也並非完全由基督教政權治理。公元一四九二年，隨著半島上最後一個穆斯林王國格拉納達（Granada）被攻陷，一個屬於天主教政權的西班牙國家誕生了，由國王斐迪南二世（King Ferdinand II，公元一四五二年～一五一六年）和皇后伊莎貝拉一世（Queen Isabella I，公元一四五一年～一五〇四年）治理；而斐迪南統治的亞拉岡（Aragon）王國，和伊莎貝拉統治的卡斯提爾（Castile）王國，這兩個獨立王國亦早就因他倆的聯姻而形成聯盟。

數個世紀以來，西班牙一直是歐洲最多樣化的國家，基督徒、猶太人和穆斯林居民人數相當多，彼此之間的相處雖非完美無瑕，但至少能彼此容忍，維持相安無事的局面。而斐迪南的野心是將西班牙轉變成一個統一強大的國家，這也促使他推行強制性的宗教一統政策，出於此，他因而需要「宗教裁判所」做為配套措施。

▎ 天 主 教 政 權 國 家

亞拉岡王國的斐迪南王子，與卡斯提爾王國的伊莎貝拉公主於公元一四六九年結婚。公元一四七四年，伊莎貝拉的父親去世，雖然她的王位繼承權出現了一些爭議，但她仍自行宣布為女皇，斐迪南隨後亦來到卡斯提爾與她站在同一陣線。斐迪南一開始的身分是皇夫[1]，接著在公元一四七九年成為卡斯提爾國王；同年，斐迪南亦繼承了父親的王位，成為亞拉岡王國國王。這兩個王國在管理監督方面皆各自為政，然而西班牙的「天主教政權」便以這種聯合的方式開始了，而後來到公元一四八二年春天，格拉納達戰役開始。

斐迪南和伊莎貝拉為了讓西班牙成為一個強大富裕的國家，於公元一四九二年資助哥倫布（Columbus）的探險旅程之後，他們在美洲甚至有了領地；公元一五一二年，斐迪南又併吞了納瓦拉王國（Kingdom of Navarre）。不過，國家的強盛並不意味著必須強迫所有西班牙人民接受單一信仰。儘管如此，出於政治上的緊張，而非個人的好惡或偏見，這對統治者仍於公元一四九二年三月頒布了惡名昭彰的《阿爾漢伯納旨令》（Alhambra Decree），裡頭規定所有住在領土之上的猶太人都要接受基督教的洗禮，否則將被驅逐出境。

除了殘酷、無理、令西班牙蒙受經濟方面的傷害，這項政策也違背了兩個王國的傳統。尤其亞拉岡王國長久以

註1：皇夫（King Consort）又譯為「皇配」，是擁有執政權的女皇夫婿；一般來說，這個頭銜只具有象徵意義，而且極少使用。比較通用的是王夫（Prince Consort），如英國女皇伊莉莎白二世的王夫菲利普親王。

來一直認同猶太人是社會的一分子,並保護猶太人族群的權利。可是,當西班牙成為一個國家,一個略具雛形的帝國之時,一種宗教與種族統一的新意識形態——一個最終被稱之為「血統純正」[2]的理想於焉誕生;然而這樣的概念,於基督徒、猶太人和穆斯林之間相互通婚了數個世紀之後才提出,不可不謂荒謬。但即便猶太人和穆斯林改信了基督教,仍舊不被賦予所謂「純正」西班牙人的身分與權力;而受過洗禮的基督徒,倒是從此由宗教裁判所管轄。

▌ 首 創 宗 教 裁 判 所

我們對宗教裁判所的大多數印象都是誇張不實的,而且源頭可追溯至公元十六和十七世紀一些反對西班牙人的傳說。在宗教裁判所的歷史中,它大多數時候都是一個相對弱勢的組織,而且在某些時間和地點裡,它實際上扮演著世俗法庭所仰賴的和善(甚至可說是寬厚)的支柱功能;因為相較之下,法院的行政服務更為反覆無常且糟糕混亂。儘管如此,宗教裁判所依然是個締造了許多重大司法不公事件的組織,尤其在它初始的數十年間會用囚禁、沒收財產,甚至利用一些刑求手段像是經常以棍棒責罰犯人,來獲取它要的情報;此外,很明顯地,宗教裁判所還會以教義正統為名,將那些被譴責的人交由「世俗之手」進行處決。

不過,我們應記住,宗教裁判所主要是隸屬於西班牙國王的機構。當然,這並非完全免除教宗的責任,畢竟這是教宗思道四世(Pope Sixtus IV,公元一四一四年～一四八四年)授權成立的早期宗教裁判所。但他是因為受到斐迪南的壓力才做此決定,斐迪南威脅他,除非他批准在卡斯提爾設立宗教裁判所並授予任用裁判長的權力,否則西班牙軍隊將暫緩提供保護羅馬不受土耳其人滋擾的服務。公元一四七八年,教宗答應了這些要

求；到了公元一四八一年二月，六名塞爾維亞「異端」成
為裁判所第一批受害者。

　　事實很快證明宗教裁判所的行事過
於嚴厲和腐敗，思道四世由此試圖干預
它的運作。公元一四八二年四月發布的
一份教宗詔書裡，思道四世嚴正斥責宗
教裁判所監禁並刑求人犯，並譴責它陷
害無辜和侵占財產；不過，教宗並未明
確反對處決真正的「異端」。而斐迪南
拒絕承認這份詔書，公元一四八三年更
逼迫教宗——承認西班牙國王擁有宗教
裁判所的所有控制權，並同意皇室任命
「大裁判長」（Grand　Inquisitor）。教
宗並未因此善罷干休，例如他於公元一
四八四年支持亞拉岡人的城市特魯埃爾
（Teruel）拒絕在城裡設置宗教裁判所，
斐迪南直到隔年才藉由軍隊力量弭平這場紛爭。

> 「我們在這份旨令中進一步下令，所有的猶太男人和女人，無論是何年紀，只要是住在我們的國家和領土上，都必須在今年七月底之前帶著兒子和女兒、僕人和親戚離開這裡，不分大小，無論年齡。那些膽敢不交還土地的人，或是不接受這份旨令、未採取相應舉動，而後在王國裡被發現或私自回來的人，都將會被判處死刑，並沒收全部家產。」——亞拉岡的斐迪南和卡斯提爾的伊莎貝拉，《阿爾漢伯納旨令》，公元1492年3月31日

　　第一位大裁判長是惡名遠播的托馬斯・德・托爾克
馬達（Tomás de Torquemada，公元一四二○年～一四九八
年）。他是一位虔誠卻生性殘忍的道明會修士，對於「改
信者」（Conversos，意即改信基督教的猶太人和穆斯林）
懷抱著極深的敵意，因為他懷疑這些人仍祕密信仰著原本
的宗教；幾乎可以確定，他就是那份惡名昭彰《阿爾漢伯
納旨令》的主要起草人。他執掌期間的宗教裁判所是最為
血腥暴力的時期，在他最後被教宗亞歷山大六世（Pope Al-
exander VI，公元一四三一年～一五○三年）勒令解職前，
他至少已下令將四萬名猶太人驅離西班牙的家園，而被他
處決的「異端」可能多達兩千人。

註2：blood purity，西班牙語為
「limpieza de sangre」。

▎聖伊格那丟創立耶穌會

　　儘管教宗思道四世和繼任者英諾森八世（Innocent

259

VIII，公元一四三二年～一四九二年）繼續發布零星的命令要求宗教裁判所以更寬大慈悲的方式行事，並且會在適當時機裡試圖代表「改信者」介入裁判所的運作。只是，他們的努力太過薄弱，而另一方面也因「血統純正」的國家政策非常深入人心，致使未能實質改善那些改信者家庭的狀況，甚至就連猶太後裔的僧侶、修士或大主教都逃不過懷疑與騷擾。不過，仍有幾位傑出的西班牙人拒絕這種新的種族歧視，當中最出眾的或許是耶穌會（Jesuits）創辦人——羅耀拉的聖伊格那丟（St. Ignatius of Loyola，公元一四九一年～一五五六年）；他甚至不惜公開宣稱，如果身上流有猶太血統，他必將引以為傲。

伊格那丟是貴族之子，年輕時希望獲得軍事方面的成就。公元一五二一年，他在戰鬥中受傷回到自家城堡休養，在閱讀了一些聖人的生平故事後，他決定拋棄軍旅生活和家庭財富。他先用了一年時間做懺悔的禁慾修行，並開始撰寫他的經典手冊《神操》（Spiritual Exercises）。公元一五二三年前往耶路撒冷朝聖之後，他又前往巴塞隆納（Barcelona）和阿卡拉（Alcalá），專注於正式的研究。伊格那丟曾有一小段時間被懷疑是異端，並且被囚禁在宗教裁判所裡，不過後來獲得釋放，條件是——在他還沒被證明無罪之前，不得教書。由此他遠赴海外完成學業，就在公元一五三四年的巴黎，他創立了耶穌會，並於公元一五三七年獲得任命。

耶穌會在公元一五四〇年獲得教宗許可，自此，伊格那丟生命中的最後十五年時間大多留在羅馬。這個新成立的修會很快吸引了西歐許多有天分的年輕人，修會強調的是——學習每個領域的知識，將福音傳到世界上最偏遠的地方，既定的目標是讓全世界每個角落都認識基督的存在，而這些主張無不讓耶穌會染上了一種只能以「浪漫」名之的特質。

羅耀拉的聖伊格那丟原本預定投身軍旅生涯，後因受到神聖騎士精神的理想感召而成為一名修士。

宗教裁判所與獵殺女巫

這件事實經常遭人誤解，其實在西班牙宗教裁判所的歷史中，大多數時候都比世俗法庭更注重嚴謹取證，也比較可能出現無罪開釋或寬大的判刑；正是出於這個原因，那些被鄰居們指控施行巫術的人，若是身處宗教裁判所權力較大的地區，一般來說，都很幸運。那位殘暴的大裁判長托爾克馬達時代過去之後，宗教裁判所有權研究「迷信」，而巫術便落在這個範疇底下；實際上，宗教裁判法庭指控人民施行巫術的案子，非常稀少。

不管如何，教會法庭對於巫術和撒旦崇拜等指控幾乎採取一致的懷疑態度。世俗法庭傾向於將被告交給公開處刑的劊子手，而宗教裁判所通常會要求證據確鑿，若證據不足便取消指控。在整個公元十四世紀和十五世紀的西班牙，真正進入審判的迫害案例，我們握有證據的，只有兩件。公元十六世紀中期，加泰隆尼亞的宗教裁判所強力要求停止進一步迫害那些被指控施行巫術的人，不久後，伊比利半島的其他裁判所也隨之提出相同建議。

公元一六一〇年前後，巴斯克地區爆發了一股獵殺女巫的緊張氣氛，共六個人因此遭到處決，西班牙宗教裁判所甚至進一步嚴禁討論任何跟巫術有關的事。主教潘普洛納（Pamplona）寫信給宗教裁判所，抗議這些譴責巫術的判決不公正，裁判長於是派人前往調查，得到的結論是──「沒有發現任何女巫，而從他們之前的言論和文字上來看，也沒有任何人施行魔法。」

接下來幾年，伊比利半島的宗教裁判所不只一次出面干預世俗法庭的決議，要求他們重新審理巫術迫害的案件。

宗教裁判所其實並不像一般所認為的打壓女巫不遺餘力，相反地，宗教法庭十分講究事實證據的查證，從不輕易提出對女巫的指控。

CH 38 宗教改革的開端

路德抗議羅馬教會的濫權和神學上的偏差（以其觀點來看），此舉動加速了西歐基督教會的第一次大分裂。這幅由比利時畫家尤金‧西伯爾德（Eugène Siberdt，公元1851年～1931年）於公元1521年所繪的路德，其時他正在進行翻譯聖經的工作。

自公元十一世紀末期以來，天主教會的權力與財富一直不斷增加，教會在每個國家不僅是大地主和王公貴族的盟友，連教宗國本身都是個有軍隊的國家，許多前來參軍的人一心嚮往的就是能效忠於教宗麾下。但到了公元十五世紀和十六世紀，教會因許多腐敗的教宗而名譽大損，甚至就連最虔誠的天主教徒也很難不意識到教會經常掌握在一些行為不檢的人手上。到了公元十五世紀末期，許多信徒心中都有一股想改革教會的強烈慾望。

事實上，宗教改革呼聲第一次出現，是在新教宗教改革（Protestant Reformation）開始之前的一百多年。在英國，約翰‧威克里夫（John Wycliffe，約公元一三三〇年～一三八四年）認爲，教會應該放棄其財富，爲窮人服務而不是從他們身上圖利謀財，而且要以聖經做爲教義正統性的唯一來源。此外，他的神學亦與奧古斯丁後期的思想如出一體——他篤信命運預定說，以及人類的作爲無能在上帝面前獲取任何功勞；尤其是後面這一點，似乎貶低了教會特定的悔過戒律，同時牴觸了公元十一世紀之後逐漸盛行的「賜予大赦」（The Granting of Indulgences）習俗。

▋ 十五、十六世紀，封建制度漸落伍

所謂「大赦」（或稱「贖罪券」）是一種「證明」，藉此免除因犯罪而須面對的「暫時罪罰」|1|；接受大赦的人必須懷著誠摯悔悟的心情，爲教會做出有意義的貢獻或以禮物做爲回報。波希米亞神學家揚‧胡斯（Jan Hus，約公元一三七〇年～一四一五年）是捷克改革運動的領導者，他在康斯坦斯大公會議上被判處火刑，罪名是——提出異端，與抨擊波西米亞在公元一四一二年販賣贖罪券一事。

> 「那些相信教宗手書就是救贖保證的人，連同傳播這些思想的導師，都將被永世譴責。」——摘自馬丁‧路德所著《九十五條綱領》中的第卅一條，公元1517年10月31日

然而一個世紀之後，社會情況變得更有利於改革。中產階級數量持續增加，由此培養了許多受過教育、經濟獨立、政治觀念開放的天主教徒。更重要的是，近代初期是歐洲國家創立的高峰期，君主開始宣稱自己擁有「絕對」的權力，以及國家主權不容侵犯。而過去那種層層疊疊的權力架構、彼此之間有互惠責任、在宗教事務上受限於一個更高權力組織的舊式封建概念已經落伍。此時，歐洲的王公開始對那兩個跨國權力機構感到忿恨不耐，一個是神聖羅馬帝國，另一個是教會，原因是，這兩個機構仍擅自干預他們的事務。

註1：赦免的儀式稱為「和好聖事」，或「告解聖事」、「懺悔聖事」。

歐洲所有政權之中最專制的法國國王，分別於公元一四三八年和一五一六年強迫羅馬教廷同意簽訂條約，有效壓制了教會在法國領土的勢力；條約的內容主要是賦予國王在法國擁有任命神職人員的權力，並限制教宗對法國主教的管轄權。西班牙也是從公元一四八六年開始，國王的權力幾乎完全凌駕於西班牙天主教會之上。葡萄牙的情況也大致雷同。而在英國與日耳曼這些天主教勢力無法輕易勝過君主的地區，教會組織直接附屬在君主之下是一種深入人心的觀念，而在這些土地上，改革的契機通常很多。

神聖的義是一種力量

馬丁·路德（Martin Luther，公元一四八三年～一五四六年），這位被稱為「新教改革之父」[2] 的人，不僅身兼僧侶和修會會士身分，同時也是一名神學家。路德出身於中產階級家庭，經濟狀況尚稱寬裕，他接受了相當良好的教育，於厄福大學（University of Erfurt）取得學士和碩士學位。公元一五〇五年，據說為了遵守之前遭遇一場雷電交加可怕風暴時所發下的誓言，路德加入了奧古斯丁隱修會（Order of Augustinian Hermits）。公元一五〇八年，修會送他到威登堡大學（University of Wittenberg）進修，在那裡他遇見了許多學者，這些人公開反對中世紀經院哲學裡絕大多數的形上學（尤其是亞里斯多德學派）。此外，公元一五一〇年，他代表修會前去羅馬拜訪，教會高層的腐敗、羅馬神職人員的無禮，以及義大利文藝復興文化的全然庸俗，無不令他心生憂慮。

公元一五一二年，他取得博士學位，並成為聖經神學的教授，但專業上的傑出表現顯然未能讓他感到心滿意足。他描述自己不斷被一種無力感和罪惡感困擾，這讓他無法忍受；他感受到自己在思想和意志上的

不純淨，以及深怕上帝感到不快；唯有閱讀保羅的著作，才能讓他稍緩緊張感，他並且由此得出了一個結論——「不同於人類的義，神聖的義是一種力量，不需任何原因就能讓罪者成爲義人，其所憑藉的並非人的所作所爲，而是信仰，也就是證明一個人是否正當的力量。」至此，他相信自己已經發現了福音眞正要傳達的喜訊，意即，人類之所以被拯救並不是因爲他們在上帝眼中做了什麼努力（因爲，無論做什麼都不可能），而是上帝白白賜予了寬恕。

> 「我們……全面譴責、拒絕和抵制馬丁·路德所有的書籍和著作，以及此人的布道，無論他使用的是拉丁語或其他語言……禁止任何信徒，不分性別地加以閱讀、持有、傳播、讚揚、印刷、發行馬丁·路德的作品，或爲其辯護。遵從神聖的旨意是我們所依，觸犯者將自動招致上帝的懲罰。」——教宗良十世，於公元1520年6月15日發布詔書《Exsurge Domine》，以譴責路德

▌馬丁·路德抨擊販賣贖罪券

接下來數年，路德對於經院哲學方法的敵意漸升，他偏好奧古斯丁神學的傾向越來越清楚，並且更加堅定地相信自己的神學——人是唯獨因恩典稱義。但若非因爲「贖罪券爭議」，路德對神學的不同見解還不一定會造成他和教會決裂的結果。公元一四七六年，教宗同意用「大赦」的方式，授予功德給那些在煉獄中接受暫罰的人類靈魂。「煉獄，是人類死後爲了去除身上背負的輕微罪行，靈魂必須在其中滌淨一段時間」——這樣的概念深植於西方天主教傳統思想之中，而且里昂和佛羅倫斯大公會議都對此做了明確定義。然而，宣稱一個人能以奉獻金錢的方式赦免罪罰，這顯然幾乎是一項斂財的邪惡陰謀。路德於公元一五一七年寫下《九十五條綱領》（Ninety-Five Theses），抨擊販售「大赦」（贖罪券）之人行爲如何極端無恥。這份綱領是爲辯論而作的一系列學術主張，他在其中極爲愼重地提到，這類大赦，反映出一種有缺陷的恩典神學。

接下來所發生的爭執出乎意料地激烈，部分原因

註2：至少在德文陣營中，他是如此被稱呼的。

是路德的一些同事與夥伴並不像他那般思慮縝密。在薩克森選侯腓特烈三世（Elector of Saxony, Frederick III，公元一四六三年～一五二五年）的保護下，路德安全無虞；但當他被召喚到奧格斯堡為自己的綱領辯護時，情勢似乎演變成很可能會被遣送至羅馬，這使他不得不躲起來。但路德所引發的爭議至此已無法平息。

而他的觀點之所以能廣泛地加以散播，不限於學院神學世界這個封閉的圈子，有一個很重要的原因是「印刷術」這項新科技。公元一五二〇年，羅馬教廷發布教宗詔書譴責路德的諸多思想。路德特別寫下三篇挑釁的論文以為回應——第一篇是呼籲日耳曼的俗世王公舉行一場改革會議；另一篇指責天主教對聖禮的數目、教宗的權力和聖經正統性的各種謬誤；最後則宣稱基督徒良知的自由，並公開燒毀教宗詔書。公元一五二一年一月，羅馬公布第二份詔書，革除路德的教籍。但腓特烈三世說服神聖羅馬帝國皇帝，讓路德在沃爾姆斯的帝國議會（Imperial Diet）上為自己辯護，儘管諸多朋友擔心他此行安危，路德依然服從皇帝召喚，踏上了旅程。

在識字人口有限的年代，路德明白以布道做為改革工具所帶來的好處。在這幅插圖中，路德正在傳道，一手指著被地獄之口吞噬的教宗、僧侶與樞機主教，另一隻手則指著十字架。

基督徒的自由和人類的自由

托馬斯・閔采爾（Thomas Müntzer，公元一四九○年～一五二五年）與路德生於同一個時代，有一小段時間曾是路德的仰慕者。他是教士，也是學者，最早自公元一五一九年起便開始激進地進行改革運動；而他相信，路德所說的改革運動只有在搭配改善社會的計畫時才算完整。畢竟在路德生動的文筆中，基督徒雖背負著重擔，也擁有自由，但這樣的自由肯定不是只和精神上的慰藉有關。

閔采爾很快地確信，在身為神職人員的使命

和馬丁・路德生於同一時代的閔采爾，對宗教改革的想法比路德要來得激進，他認為改革應該配套完整的社會計畫。他也並對生活於底層的窮苦人民懷抱無比的憐憫同理心，認為窮人應該發起一場神聖戰爭以對抗社會與政治制度。

下，他必須站在窮人的一方抵抗富人侵擾；他也越來越相信，基督教最高的權威並不是教會，甚至也不是單純的聖經，而是聖靈對個人良知說話的聲音。到了公元一五二二年，他的信念已經堅定不移──窮人應該發起一場神聖戰爭，對抗社會與政治制度，而這正是上帝意志的表現。後來公元一五二五年於圖林根（Thuringia）爆發的農民革命中，閔采爾正是主事者；這場革命短時間內即聚集相當數量的「平民」，甚至控制了幾個城鎮。

閔采爾的思想，以及其他的「激進改革者」都讓路德深受震撼。公元一五二三年，他寫下一篇短文，標題為〈關於俗世的治理〉（Of Worldly Governance），文中他力陳俗世政權乃由上帝制定，而違抗這個權力的反叛行為是一種重罪。即使路德自己的社會觀點並未特別認同平等主義，但他也非對叛軍的不滿全無同情心──因為日耳曼農民自中世紀早期便擁有的諸多公共權利已被剝奪了許多年，結果便是任由地主與財閥宰割。

但是當農民革命開始，路德依然呼籲農民停止叛變；農民不理會，他便再寫一篇論文〈痛斥殺人偷盜的農民們〉（Against the Murderous and Thieving Hordes of Peasants），文中他贊同執法機構毫不留情地將叛軍消滅。

公元一五二五年五月十五日發生了弗蘭肯豪森之役（Battle of Frankenhausen），叛軍遭到決定性的慘敗，閔采爾被捕，經刑求和審判之後遭到處決。他一直未放棄自己的思想，而路德也對他的死無動於衷。

宗教改革的發展

宗教改革先驅馬丁‧路德正與人談論「贖罪券」的問題。在他的想法裡，人類之所以被拯救並不是因為他們在上帝眼中做了什麼努力，而是上帝白白賜予了寬恕的緣故，那麼，教會又怎能要人奉獻金錢以赦免罪罰？

宗教改革是一場宗教、社會和政治的運動，儘管並非齊頭並行，卻是影響深遠。在新教的神學範疇中，容許了無數的變體思想與激烈言論，從最溫和與最具警示意味，到最極端與最輕率的都有。像是由路德教徒（Lutheran）和加爾文教徒（Calvinist）倡導的「君主式宗教改革」（Magisterial Reforms），即便拒絕了天主教會的特定儀式和教條，但仍肯定早期教會所有的古典教義與儀式如三位一體、基督的兩性、嬰兒受洗等等。此外，這兩個教派在神學上都深受聖奧古斯丁的影響，但其他的宗教改革運動就沒有如此侷限於傳統。

公元一五二一年四月，路德於來到沃爾姆斯的帝國議會前為自己辯護，他不僅被大批支持群眾夾道歡迎，隨行的人當中甚至有許多日耳曼騎士。神聖羅馬帝國皇帝查理五世（Charles V，公元一五○○年～一五五八年）見到眼前如此盛大的歡迎陣仗，即便印象深刻，也未形於色，他只是單純地勸路德放棄改革的想法。但站在議會前的路德斷然拒絕，並表示，要他放棄，除非能從聖經上證明他是錯的，他就是如此信心滿滿而意志堅定。辯論無法動搖他，於是議會准許他離開（無庸置疑地，與路德隨行的人當中，有許多都是劍及履及的人）。但在他離開之後，議會便宣布路德是異端，這項決議迫使他躲藏了將近一年。在這段時間裡，他寫作不輟，並開始將聖經翻譯為德文。

日耳曼的宗教改革

宗教改革（或稱「福音運動」），至此於日耳曼諸公國中已是一股不可抗拒的力量。從公元一五二六年以後，羅馬帝國皇帝便帶著某種（可以想見）的猶豫，被迫釋出各地治理教會的權利，讓統治該地的王公依照良知道義來管理。不僅如此，公元一五三一年，擁護新教的王公組成了施馬爾卡爾登聯盟（Schmalkaldic League），這是一個帶著自衛性質的聯盟。公元一五三二年，由於擔憂土耳其人可能會入侵，皇帝同意與改革者簽訂一紙和約（持續到公元一五四四年）。

在路德筆下，改革運動的主要原則變得越來越清晰，像是──「信徒皆祭司」（Priesthood of all believers），靈魂完全仰賴上帝的恩典，救贖並非依照功德來選擇；墮落人性中　「意志的束縛」（Bondage of the Will），若不是投向惡魔便是上帝；「基督徒的自由」（Freedom of the Christian），得救是因信而不是因行為；告解聖事等等天主教中勸人「因行為稱義」（Works Righteousness）的形式，毫無用處；以及「彌撒聖祭」（Sacrifice of the Mass）和教

路德於公元1521年躲藏在瓦特堡（Wartburg）薩克森選侯的城堡時，他正忙於將聖經翻譯為德文。上圖為路德所翻譯的聖經印行本，空白處有路德的親筆附註和校正。

士獨身。

路德的神學及福音教會有一項明顯的特徵，他堅持「基督真正存在於聖餐禮中的麵包和酒當中」；他以基督論出發，為這個觀點提出的辯解是——在化身為人時，基督的人性與神性的所有特質都完美地共存（包括「無處不在」這一點）。他偏好將這種存在，說成是和麵包、和酒的物質同時發生[1]，而不是用這兩樣東西來取代基督的身體和血[2]。

在有識之士如菲利普‧墨蘭頓（Philipp Melanchthon，公元一四九七年～一五六〇年）這位改革日耳曼教育體系的傑出人文主義學者協助下，路德為新教的眾日耳曼公國和斯堪的那維亞，建立起真正的新教文化。他這一生到最後一直都是個爭議性人物，每次都以相同的熱忱回擊對手，傳揚自己的觀點，意即堅持——神聖恩典，是無須付出就能得到的禮物。路德對於教宗制度（被他稱為「由魔鬼創立的機制」）、激進宗教改革者以及猶太人的譴責，隨著他年紀越長而火力越熾，而他死後留下的是一個涇渭分明、獨立、教義能讓人信服的新教教會。

瑞士的宗教改革大老：慈運理

「君主式宗教改革」的另一股主流來自於瑞士，主要是受到約翰‧加爾文[3]（John Calvin，公元一五〇九年～一五六四年）的影響。不過，還有另一位對於瑞士引發宗教改革風潮更重要的人物，那就是胡爾德萊斯‧慈運理（Huldrych Zwingli，公元一四八四年～一五三一年）。慈運理是一位神父，也是崇尚人文主義的學者，早在公元一五一六年，他便開始傳揚理念，批評教士濫權。公元一五二〇年開始，他「以真正神聖的聖經」來布道，藉以對抗一些宗教習俗如教士獨身和遵守齋戒等等，由此在瑞士掀起了一股熱烈回應。自公元一

五二三年起，他在蘇黎世（Zurich）成功進行了一些禮
拜儀式上的改革、拆除教堂內的聖像和風琴、設立研讀
聖經的機構，並讓許多教士得以娶妻生子（包括慈運理
本人在內）。

他教導眾人——教義的正統性只在聖
經之中，教會的領導除了基督沒有別人，
為死者禱告沒有任何裨益，「煉獄」的教
義不存於聖經中，以及聖餐禮完全不是一
種「奉獻」。他對原罪的理解毋寧更接近
希臘的教父，意即他認為原始的罪行並不
會代代相傳。但和路德不同的是，慈運理

> 「我不能、也不會放棄任何觀點，
> 因為違背良心的行為是錯誤而危險
> 的。」——馬丁・路德於沃爾姆斯舉
> 行的帝國議會發言，時為公元1521年
> 4月18日

否定——聖餐禮中，麵包與酒這兩項基本要件代表了基
督真正的身體和血；他認為，基督身上的人性與神性，
於特質和運作上是永遠不同的。公元一五六四年，慈運
理以隨軍牧師的身分在戰爭中死亡，在此之前，他的觀
點已傳播到瑞士國內的其他邦，並為建立形式獨特的瑞
士改革教會，提供了相當程度的協助。

宗 教 改 革 新 世 代 ， 加 爾 文

宗教改革者的下一個世代，最重要的人物非約翰・
加爾文莫屬。加爾文年輕時在巴黎，便於天主教會內
部積極進行改革運動，到了公元一五三三年，他考慮
再三之後，決定離開法國。加爾文來到了瑞士的巴塞
爾（Basel），在這裡他接受了更為純粹的新教事物觀
點。從公元一五三六年至一五三八年，為了從事這個城
市初期的改革運動，他一直住在日內瓦，直到（屬於新
教，但不是那麼積極的）市議會將他驅逐出境為止。他
暫時留在日耳曼的史特拉斯堡（Strasbourg），直到公
元一五四一年，日內瓦邀請他回去幫忙克服城市於改革
運動上碰到的阻力（或稱冷漠）。

註1：這種論點稱為「同質說」
（Consubstantiation）。

註2：這種論點稱為「化質說」
（Transubstantiation）。

註3：加爾文，其他的譯名包括「喀爾
文」、「克爾文」等等。

在日內瓦，儘管有時會發生一些衝突和失敗，但加爾文仍算順利地建立起一個符合他神學理念的教會組織與社會階級——教會由長老主持，確實安排牧師進行傳道和教導，執事則關照教眾的需要。除此之外，日內瓦人的道德問題不僅成為社會關注的事，更關係到刑事法律的介入，像是淫亂言行、跳舞、賭博、肆無忌憚的發言、衣著舉止不當、對教堂不敬、瀆神和缺席，以及各式各樣的道德散漫，都會被社區監督回報給上級，並由執政官加以處罰，處罰，經常是公開而引人注目的。

▌加 爾 文 ： 上 帝 有 絕 對 神 聖 主 權

此外，教會中亦不容許錯誤的教義；從教義的考量點可以看出，路德教派與加爾文教派對於「恩典的特定認知」有著很大的差異。路德很可能會認為，加爾文制定的許多附加法條是對個人公義過度緊張的表現，甚至是一種因行為稱義的形式。而加爾文所相信的是，「稱義」這個禮物的確讓男人女人都行為正直，而任何一個由上帝選民組成的社會，應該會流露出一種虔誠，這是經由恩典灌注於人心之中，宛如證明了上帝的大能。

在大多數的議題上，加爾文神學的要素都屬於典型的新教，像是——聖經具獨一無二的權威性；「稱義」絕對是上帝的贈禮；人類想以功德獲得救贖是不可能的；齋戒與和好聖事無用論；以及命運預定論；不過在最後一點，也就是命運預定論，加爾文所強調的與路德並不相同。解釋上帝創世和贖罪的奧祕時，沒有一位神學家像加爾文這般如此強調上帝全然絕對的主權；他甚至力陳，上帝在恆久之前便預知，最初受了恩典的人類會墮落，於是祂透過意志的施行，讓被選擇的人白白獲得救贖，給予無主的人適當的責罰，藉以展現出這份主權的榮耀。這種絕對神聖主權的神學理論，成為高度改革宗傳統裡一項最大特色。

約翰·加爾文是一名法國律師、人文主義學者和神學家，其著作《基督教要義》第一版印行於公元1536年，當時的加爾文年僅二十七歲，卻能以極為系統的方式、流暢清晰的文筆，表達出「改革宗」[4]的新教原則。

註4：「改革宗」(Reformed)，有別於「路德教派」或「福音教派」(Evangelical)。

「異端科學家」塞爾韋特之死

無論「君主式宗教改革」到底為何，這個運動肯定不是為了更大的良心自由，更不用說是宗教自由了。改革的目標是為了更嚴格地恪守聖經的規則（改革派神學家如此闡釋），並讓信徒恢復虔誠信仰與道德規範。但和天主教的競爭對手相比，屬於新教的政權更加無法容忍偏離的神學意見。

就這一點來說，最主要的證據就是米格爾‧塞爾韋特（Michael Servetus，約公元一五一〇年～一五五三年）的例子。塞爾韋特是一名西班牙醫生、研究科學的學者、占星家、血液循環的發現者，也是一位業餘的神學家。他雖然是天主教徒，卻也受到改革主張的吸引。但當他的兩本書一前一後於公元一五三一年和一五三二年出版時，卻接連冒犯了新教與天主教會；他在書中抨擊三位一體的教義，並提出一種複雜的「神體一位論」（Unitarianism）做為取代。

公元一五三四年，塞爾韋特和約翰‧加爾文原本預定在巴黎舉行辯論，後來因故取消，但塞爾韋特後來很明顯追隨著加爾文的腳步，在神學方面以之做為當然的對話者。公元一五四六年，塞爾韋特將《恢復基督教》（The Restitution of Christianity）一書的手稿，寄給人在日內瓦的加爾文，書中抨擊尼西亞神學是聖經之外的學說。此外，他也試著藉由書信與加爾文進行對話，但在經過幾次書信往來後，加爾文終止了通信，甚至拒絕退還書籍手稿。加爾文還向自己的夥伴，也就是日內瓦的改革者威廉‧法瑞爾（Guillaume Farel，公元一四八九年～一五六五年）發誓，如果塞爾韋特來到日內瓦，絕不會讓他活著離開。

加爾文是個說話算話的人。公元一五五三年，塞爾韋特為了逃避里昂的宗教裁判長，而進入日內瓦。他被指認出來，遭到逮捕，並以異端的罪名起訴。加爾文強力主張將其判處死刑，而且聽完塞爾韋特在法庭上為自己的理論辯護之後，加爾文怒氣沖沖地說，他很想看看這個西班牙人的眼睛被公雞抓出來的模樣。

塞爾韋特被判有罪，處以火刑；或許這點該稱讚加爾文，因為是他建議採用這種死亡速度較快、也較仁慈的處決方式。只是，當塞爾韋特在烈火當中受盡痛苦身亡之後，加爾文依舊出言嘲諷。「對於這一點我從不掩飾，我自認這是我的職責，必須盡我所能阻止這個最頑劣放肆的人，不讓他的思想像瘟疫一樣散播出去。」——約翰‧加爾文在信件中提及塞爾韋特這個人，時為公元一五五三年九月。

此為米格爾‧塞爾韋特的畫像，出自一部出版於公元1727年的傳記。塞爾韋特在諸多科學領域之中都是知名的學者，卻因異端審判，最終遭到處死，而英年早逝。

再洗禮派與
天主教會的改革

相較於羅馬異教徒迫害早期基督徒的行為，天主教、新教對待「再洗禮派」可說是更為殘酷嚴厲。「異端者」會被囚禁、折磨，甚至處決，而且經常是被活活燒死。這幅插圖畫的是公元16世紀尼德蘭再洗禮派殉道者安納肯·漢瑞克斯（Anneken Henriks），他被綁在梯子上，後面有人將他推向火堆。

儘管認為「宗教改革運動，在『路德』與『加爾文』兩個屬於『君主式宗教改革』的主流教派鑽研下大概已達極致」的想法並不少見，但宗教改革其實是個規模更大、也更多樣的歷史現象，這是因為——宗教改革不僅限於日耳曼和瑞士的新教教會之內，也不僅侷限於新教思想。

如果將路德派思想和喀爾文思想一同視爲宗教改革的「泛中間路線」，那麼「左派」就是數個更激進的新教思想，而「右派」則是天主教內部的改革運動。

一般來說，所謂「激進」或「自由」的新教改革者，指的是「再洗禮派」[1]（Anabaptists），意思是「重新做一次洗禮」。

這個名字其來有自，因爲這些改革者認爲洗禮所代表的是，出自內心、誠摯地皈依基督信仰，而只有成人才能接受這樣的儀式，由此他們爲那些出生時接受過洗禮的成人，再進行一次洗禮；附帶一提，這對施洗者和受洗者而言都是死罪。然而，這些改革者並不接受「再洗禮派」這個稱謂，他們相信在出於自願、同意接受洗禮儀式之前，他們從未眞正受洗，因此這個「再洗禮」的說法是沒有根據的。

▍ 成 人 之 後 ， 再 做 一 次 洗 禮

一般說來，這個宗教改革的分支深深受到慈運理神學的影響，至少在最早期的形式是如此。因此其追隨者不會安排自己的小孩接受洗禮，也不爲此感到緊張，因爲他們相信在懂事之前，「罪」不會加在靈魂之上。然而，和慈運理不同的是，再洗禮派傾向與政治、社會分離，同時將世俗的忠貞、與人訴訟、服兵役、起誓都視爲違背眞正的基督徒信條。再洗禮派之中有些信徒同時也是政治激進分子，他們主要是受到一種神權政治的「救世主信仰」[2]（Messianism）所鼓動，但大致說來他們並不崇尚暴力。再洗禮派的觀點由於和天主教、新教教會都不相符，因而遭到兩方教會的迫害；若要說公元十六世紀哪一個西方宗教團體是「殉道者的教會」，那麼就是再洗禮派。

註1：再洗禮派，亦稱「重浸派」或「重洗派」。

註2：救世主信仰，一種相信救世主即將降臨的信仰，亦稱為「彌賽亞主義」。

瑞士弟兄會（Swiss Brethren）是最早的再洗禮派團體之一，由人文主義學者康拉德・格列伯（Konrad Grebel，約公元一四九八年～一五二六年）創建於蘇黎世；早期仰慕慈運理的思想，但後來認為慈運理的改革腳步太過緩慢溫和，以及慈運理接受嬰兒受洗，而予以揚棄。公元一五二五年一月，格列伯無視於市議會的警告，開始為「已經受洗」的人施洗。他兩度遭受迫害和入獄，經常被騷擾，最終英年早逝，但他的典範鼓舞了巴爾塔薩・胡伯邁爾（Balthasar Hubmaier，公元一四八五年～一五二八年），這位日耳曼籍的再洗禮派信徒於公元一五二一年成為瑞士弟兄會的其中一名領導者。只是，他於公元一五二五年在蘇黎世遭逮捕，被迫放棄信仰，之後成了摩拉維亞再洗禮派運動的領導者[3]。公元一五二八年，他在維也納被處以火刑。

而另一個更激進、更不溫和的再洗禮派分支，是受到梅基亞・荷夫曼（Melchior Hoffman，約公元一四九五年～一五四三年）的影響。荷夫曼是日耳曼的平信徒神學家，原本是路德的夥伴，也是日耳曼宗教改革的發起人。他深信自己活在末世，這股信念使他發展出一套特殊的末世理論來解釋宗教改革運動，最終成為再洗禮思想的擁護者；不過，他的信仰即使於再洗禮派當中也屬偏頗的一方。荷夫曼預言，基督將在公元一五五三年回來，而他自己則將在史特拉斯堡建立一個新的耶路撒冷。

門諾會，譴責暴力

然而，史特拉斯堡這個被荷夫曼賦予尊榮的特別城市顯然毫不領情，他後來在此被捕下獄，十年後死於獄中。儘管如此，他的理念仍獲得了一些特別狂熱的信徒支持，偶爾甚至會發生暴力事件，像是公元一五三四年，由激進再洗禮派信徒於閔斯特（Münster）建立的

「王國」，爲期短暫卻流血無數，而結果只是讓再洗禮派信徒於天主教、新教的土地上，遭受更殘酷的迫害。

不過，再洗禮派信徒其實絕大多數都是信念堅定的和平主義者，代表人物爲尼德蘭籍的門諾・西蒙斯（Menno Simonsz，公元一四九六年～一五六一年），也就是門諾會（Mennonite）的創始人。門諾在公元一五二四年被任命爲神父，但到了公元一五二八年，他已對許多改革運動宗旨的正確性深信不疑，最終成爲「成人洗禮」教義的擁護者。然而尼德蘭的再洗禮派信徒中有些激進分子不時涉入一些暴力活動，這導致了公元一五三五年一場與尼德蘭士兵的衝突，許多人因此而死亡。門諾公開譴責激進分子的暴力行爲，主張基督徒禁止使用暴力，並呼籲所有受過洗禮的男人、女人須過著慈悲寬容的生活，即使遭到迫害也一樣。

門諾自己本身可能是在公元一五三七年要求接受「再洗禮」；大約同時，他被任命爲再洗禮派牧師，並娶了一個妻子。後來，他在每個國家都被視爲異端，一直過著流亡生活，而如果有人窩藏他，可能會被判處死刑。公元一五四二年，神聖羅馬帝國皇帝查理五世發出懸賞，要取他的人頭。而門諾則持續寫作，並以罕見的絕佳口才進行傳道，他最後於「背教」二十五年之後壽終正寢。

此爲胡爾德萊斯・慈運理的版畫像，由漢斯・亞斯柏（Hans Asper）作於公元1531年。慈運理所進行的新教改革，對人文主義學者康拉德・格列伯來說，進展不夠快速，或說離目標還有很遠的一段路。格列伯於公元1524年和慈運理斷絕關係，自創了最早的再洗禮派團體「瑞士弟兄會」。

天主教會的改革

公元十六和十七世紀，天主教會在教義上進行了一些更動，也改革了禮拜儀式，革除教會內部一些生活腐敗和濫用權力的人，並頒布公告澄清一些教義和儀式上的疑義。這種從精神和制度面從事革新的運動，通常被稱爲「反宗教改革運動」，但這是一個讓人產生誤會的詞彙。

原因在於，儘管當時天主教會針對教義所做的宣告

註3：摩拉維亞（Moravia）那邊的情況，比較沒有那麼糟糕。

有很多是為了回應新教的神學主張而作，但改革運動發生的時間其實比公元十六世紀的教會分裂還要早，況且教會內部提倡改革的聲音從未因教會分裂而消失。許多身在天主教會內各個層級的人，以及各行各業受過教育的信徒，對於神職人員的惡行惡狀、「迷信」、偽善和精神上的懶散，無不同聲譴責，程度之激烈絲毫不遜於新教改革者，只是兩者對教會的神學信念與理解不相同罷了。

像是「尼德蘭天主教人文主義者」德西德里烏斯·伊拉斯謨（Desiderius Erasmus，公元一四六九年～一五三六年）和友人「英國人文主義者暨政治家」湯瑪斯·摩爾爵士（Sir Thomas More，公元一四七七年～一五三五年），他們和路德皆是同時代的人物，兩人都強烈擁護教會的改革，但對於教會分裂、和路德「以嚴格的奧古斯丁後期思想，來理解罪與恩典」這兩件事，也同樣抱持強烈的反對態度。

希臘教會教父的著作及其對聖經精神的詮釋，讓伊拉斯謨從中獲得了特殊啟發。他深深地厭惡教宗的權力腐敗、神職人員的濫權、派系傾軋、教會貪污，以及天主教實質上用來愚民的許多既定禮拜儀式；然而，他也不喜歡盲目相信和分裂教會。他和路德早期彼此都很欣賞對方的學問，但兩人對於聖保羅思想的認知、對墮落人性中「意志的自由」有著根本上的思想差異。

英王亨利八世（King Henry VIII，公元一四九一年～一五四七年）統治期間，著名的「殉道者」湯瑪斯·摩爾和伊拉斯謨一樣，他們都對聖經、教父思想、教會改革抱持著相同的熱情，但都對路德及其同伴所持的「教會分離論」強烈地不以為然。

門諾·西蒙斯是尼德蘭再洗禮派的早期領導者。 在他溫和的領導風格，以及和平主義的信仰之下，尼德蘭再洗禮派的非暴力派得以統合。

▎特倫托大公會議，成果豐碩

然而，改革教會的工作絕大部分並非由人文主義者

這幅濕壁畫的主題爲**特倫托大公會議**，這場會議在天主教改革運動中扮演了重要的角色。會中發布了許多改革措施，範圍牽涉極廣，並針對現有天主教教義進行釐清。

來進行，而是教會中的僧侶和修女。新的宗教秩序，以及經過革新的原有秩序，是公元十六世紀推動教會精神再生、遍及整個天主教世界的主要動力，由此誕生了許多傑出人物如羅耀拉的伊格那丟；或是十字若望（St. John of the Cross，公元一五四二年～一五九一年），這位是偉大的西班牙加爾默羅修會（Carmelite）神祕主義者，同時也是西班牙最耀眼的詩人；抑或是耶穌會精神作家沙雷的聖方濟（St Francis de Sales，公元一五六七年～一六二二年）。這股復興的力量帶動了海外傳教的強烈熱忱，現代天主教之所以能傳播到世界每一個角落，讓信仰天主教的人數越來越多，都要歸功於這股力量。

不過，羅馬教會制度上的重大改革，則始於教宗保祿三世（Pope Paul III，公元一四六八年～一五四九年）在公元一五四五年召開的特倫托大公會議（Council of Trent）。這次大公會議歷經了好幾任教宗（期間偶爾因故中斷），直到公元一五六三年才結束。會中為西方禮拜儀式進行了大量改革和修正，有系統處理了一些教士濫權問題、禁止販賣贖罪券，並為主教和神父訂定了適當的牧養職責，明確地建立聖經正典，並致力於為神父提供一些教育訓練。

不過，這場大公會議也重新肯定了許多遭到新教改革者所非議的教條，像是──煉獄、在聖餐禮的要件中、基督是否真實臨在（採「化質說」而非「同質說」來解釋）、七件聖事|4 存在與否，以及教宗權力凌駕於所有權力之上等等。最重要的是，會議中駁斥了路德所認為的「因信稱義」，並主張在救贖的功德中，人類自由的真實性、功德的絕對必要性，以及和意志同心協力才能讓恩典為人類脫去束

西班牙神學家羅耀拉的伊格那丟，是天主教改革運動的靈魂人物，於公元1534年創立耶穌會。耶穌會的宗旨強調平信徒和一般教士的教育，且須全心全意奉獻給教宗。教宗是上帝在人世間唯一的代理人，也是該會效忠的對象。

「再洗禮派」的閔斯特王國

梅基亞・荷夫曼被囚禁於史特拉斯堡之後，他的追隨者和其他再洗禮派信徒可以安全撤退的城市不多，西伐利亞（Westphalia）的閔斯特便是其中一個。在這個城市中有一位深具影響力的路德派傳道士波恩哈德・羅斯曼（Bernhard Rothman，公元一四九五年～一五三五年），其信仰路線逐漸偏向再洗禮派，而後在他的傳道之下，公元一五三三年市議會中的大多數成員都是再洗禮派信徒。

來到閔斯特的激進信徒，有兩位是尼德蘭再洗禮派人士──揚・馬提斯（JanMathijsz，卒於公元一五三四年），以及約翰・別克艾斯如（John Beuckelszoon，卒於公元一五三六年），此人又稱「萊登的約翰」（John of Leiden），以此名字較為大眾所知。他們在公元一五三四年一月宣告閔斯特為新耶路撒冷，並開始施行成人洗禮。

隔月，激進信徒奪取了市政廳的控制權，並任命自己的同伴波恩哈德・尼波多林（Bernhard Knipperdolling，約公元一四九五～一五三五年）擔任市長，驅逐了許多「異教徒」，建立起神權政治，並開始宣告征服世界的企圖（當然是藉助了上帝的幫助）。

這個地區的采邑主教法蘭克・德・瓦戴克（Frank de Waldeck），於是下令包圍被叛軍占領的城市。到了四月的復活節，馬提斯預言上帝將會以他做為神聖正義的工具，對抗新耶路撒冷的敵人。馬提斯帶了三十名隨扈騎上馬，出門挑戰圍城的敵軍。他和手下很快便葬身沙場，他的頭被砍下來插在城外的一根柱子上，生殖器則被割下來釘在城門上。

但萊登的約翰並未因此動搖，他宣布閔斯特是「千年王國」，同時也是新的「天堂之國」，並自號為王（指稱遵循了大衛王的命令）。約翰制定了非常「基督徒」的法條，像是將取消所有教會擁有的私人財產、支持商業發展，並允許一夫多妻制（他本身即娶了十六名妻子，不過其中有位妻子犯了法，迫使他於公開廣場上親自動手，執行斬首處決）。

公元一五三五年六月，一支由天主教和路德教派組合而成的軍隊攻陷了閔斯特。翌年一月，包括國王約翰在內的三位再洗禮派領導人，於殘酷刑罰之後遭到處決。他們的屍體被剝皮，放進鐵籠裡，高掛在聖蘭伯特教堂（St. Lambert's Church）的尖塔上示眾，直到剩下骨頭為止。

縛。此外，整個會議進行過程中，所有議題都非常仔細地依照聖經進行解釋，因此沒有任何新教的神學家對於「會議探討過程是否以聖經為中心」提出質疑；只是，新教的神學家也許不會太認同會議做出的結論就是了。

註4：聖事（sacrament）亦稱「聖禮」，分別是──洗禮（又稱浸禮）／堅信禮（又稱聖膏）／聖餐禮（又稱聖體）／神職授任禮（又稱按立）／懺悔禮（又稱告解）／病者塗油（又稱膏油禮）／婚禮。

CH 41　近代歐洲，分裂與戰爭

亨利八世這位英國霸主藉由政治運作力量，宣布自己是英國天主教會的領袖時，可能沒想到這個令他由衷篤信的信仰，會讓他與羅馬方面的教宗撕破臉，而且是為了「離婚」這樣的議題而吵。

要理解宗教改革的歷史，政治因素是不能不納入考量的一環。許多天主教徒和新教教徒無不誠心地懷抱著宗教改革的慾望，但如果改革的原因無法引起統治者的興趣，一切便只能淪為空談。新教教會原本就是地方政府一手扶植，附屬於地方統治者之下，無論教宗或皇帝都無法干涉。實際上，以英國為例，其宗教改革是羅馬教會分裂的「結果」，而非「起因」。

此外，近代歐洲其實是個充滿極端暴力的時期，現代擁有主權的民族國家在此階段經歷了許多嚴酷的考驗，像是戰爭、城市衝突和為數不少的屠殺事件，才得以相互融合。而發生在歐洲大陸的新宗教運動亦無可避免地捲入這些紛爭之中，並藉由強大的國家力量開創了新的宗教派別。

▎聖 公 會 ，英 國 的 天 主 教 會

英國之所以誕生聖公會（Anglican Church），並不是因為它發生了什麼偉大的改革運動，聖公會甚至並非由新教建立的教會組織。當英王亨利八世（Henry VIII，公元一四九一年～一五四七年）宣布自己就是英國領土上的教會領袖時，他很清楚這個宣告代表著——他就是英國天主教會的領袖。與教宗決裂的當時，亨利並不想採用福音教派的神學理論或教義，他討厭馬丁‧路德，但對教宗封贈的「信仰的守護者」（Defender of the Faith）頭銜[1]感到引以為傲——原來，他於公元一五二一年寫了一篇叫做〈為七件聖事辯護〉[2]的文章，文中攻擊路德，並為天主教聖事的神學依據辯護，教宗由此將這個頭銜贈與亨利八世。

英國遲遲沒有擁抱新教，所造成的影響確實可從後來聖公會的發展看出端倪。像是教會歷來強調保存「使徒傳承」的必要性（英國主教在任命的譜系上，能直接回溯到使徒時代）；或是至今仍然留存的聖公會修院制度；更明顯的一點，是「高教會」（High Church）運動興起的規律性，無論從神學、禮儀和信仰方面來看，有一點是確定的——聖公會其實是一個天主教團體。

要是亨利當時能夠順利取得他和亞拉岡的凱瑟琳（Catherine of Aragon，公元一四八五年～一五三六年）婚姻無效的宣告（儘管兩人的結合，公認有聖經背

註1：這個頭銜是由教宗良十世所賜封，在英國脫離羅馬教廷之後，教宗保祿三世收回封贈，但英國國會自行立法認定該頭銜仍然具有效力。

註2：〈為七件聖事辯護〉，The Defence of the Seven Sacramemts，拉丁文為Assertio Septem Sacramentorum。

這座亨利八世的雕像位於劍橋的三一學院（Trinity College），亨利八世於公元1546年創建了這座學院。亨利和天主教會的決裂並非出於教義上的看法歧異，而是身為國王的他急需確保其都鐸王朝的繼承權不會旁落。

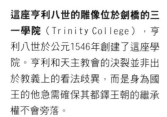

書），他也不會和羅馬決裂。因爲唯有離婚，他才有機會和年輕的安妮・博林（Anne Boleyn，約公元一五〇七年～一五三六年）結婚，也才有可能生下男性繼承人。然而，教宗居然不批准請求，只因凱瑟琳是神聖羅馬帝國皇帝查理五世（Charles V，公元一五〇〇年～一五五八年）的姑姑。最終，經過了七年的等待，亨利在公元一五三一年離開凱瑟琳，又經過一年半，他娶了安妮。五個月後，他在公元一五三三年任命湯瑪斯・克蘭默（Thomas Cranmer，公元一四八九年～一五五六年）爲新任坎特伯里大主教（Archbishop of Canterbury），正式宣告其第一任婚姻無效。

▌天 主 教 和 新 教 的 共 同 組 合

　　傾向路德派思想的克蘭默向亨利提出建言，他說，聖經裡無論提到宗教或世俗的領袖，以上帝膏油統治四方的人是國王，而非教宗。此說法正與亨利喜愛的新興「法式」君主專制契合，也與湯瑪斯・克倫威爾（Thomas　Cromwell，約公元一四八五年～一五四〇年）的政策方向相同。克倫威爾，這位待在國王身邊、

權傾一方的樞密院（Privy Council）院長，於公元一五三四年說服國會通過《至尊法案》（Act of Supremacy），宣布——英國王室，是英國教會的唯一權威。很難看出克倫威爾究竟是不是虔誠的教徒，但他支持宗教改革全然是以國家利益為出發點，在他的主導下，英國的修道院被解散，教會財產被充公。至於亨利，他在信仰上其實一直屬於天主教派，他堅持神職人員必須獨身，並認同羅馬教會在聖事上的神學看法，且始終拒絕進行「路德派思想」改革。

於是，克蘭默只能在亨利去世後才開始將新教的禮拜儀式帶入英國教會，主要是透過他以優美文筆精心著述的《公禱書》（Book of Common Prayer），此書於公元一五四九年首次印行。然而克蘭默為此付出了代價——待到信仰羅馬天主教的女王瑪麗一世（Queen Mary I，公元一五一六年～一五五八年）統治時，他便被火刑處死。而亨利和安妮·博林所生的女兒伊莉莎白一世（Elizabeth I，公元一五三三年～一六〇三年）登基成為女王之後，便讓英國教會成為新教體制。和自己的父親亨利相比，伊莉莎白對於改革的興趣不高，但是她承認《至尊法案》的政治實用性。

在宗教上，她是一位溫和的守舊派，相信聖餐禮中的麵包和酒是基督真正的存在，但對於那些過度講求繁複儀式禮節的位高權重神職人員，以及會眾制度毫無紀律的英國清教徒一派，她都同樣感到嫌惡。伊莉莎白也決定了英國教會所採用的形式——制度結構上是天主教，祈禱禮拜時是新教，也就是天主教和新教的共同組合。

▌宗教戰爭，與宗教關係不大

「宗教戰爭」這個詞，在傳統上是一種通稱，用以代表西歐自公元十六世紀早期至十七世紀中期，發生在

年表

公元1509年
英王亨利八世登基。

公元1534年
在《至尊法案》中，亨利八世宣稱自己是英國教會的最高領袖。

公元1555年
《奧格斯堡和約》允許神聖羅馬帝國的諸侯，可自行決定其國內的信仰。

公元1556年
坎特伯里大主教湯瑪斯·克蘭默，被女王瑪麗一世以叛國罪起訴，並處以火刑。

公元1563年
《三十九條信綱》宣布，英國聖公會自此成立。

公元1572年
爆發聖巴托羅繆日大屠殺，巴黎和附近城市的預格諾派新教教徒，死傷慘重。

公元1598年
法王亨利四世頒布《南特敕令》（Edict of Nantes），承認預格諾派教徒的信仰自由和公民權。

公元1618年
波希米亞新教教徒反抗宗教信仰被迫統一，「三十年戰爭」於是爆發。

公元1630年
由古斯塔夫二世阿道夫統治的瑞典，亦介入了「三十年戰爭」。

公元1648年
簽訂《西伐利亞和約》，「三十年戰爭」結束。

國與國之間、或國家內部傷亡慘重的衝突事件；也就是說，這些戰爭都是出自信仰，受到宗教熱情的鼓舞，是為了達成宗教目的而發生。因此，「宗教戰爭」這個詞彙伴隨的字面意義和予人的印象，全都錯得離譜。事實上，這些戰爭是現代歐洲民族國家誕生前的陣痛，而且是為了爭取政治權力和民族主權；儘管宗教上的同盟或敵對關係會被地方諸侯王公加以利用，但宗教最多只能算是附屬因素，而且也不是依照當時的同盟或對立關係來決定。

這些軍事衝突，最早是由神聖羅馬帝國的哈布斯堡王朝（Habsburg）查理五世（Charles V，公元一五〇〇年～一五五八年）所發起，自公元一五二一年至一五二二年，他與信奉天主教的法國交戰；公元一五二七年的交戰對象則是教宗（那一年哈布斯堡王朝軍隊甚至洗劫了羅馬）。查理確實不願讓路德派思想在自己的屬國內傳播開來，因為他確然地意識到，這種思想是為民族獨立運動的一部分。日耳曼的戰爭自公元一五四七年開始，直到公元一五五五年簽訂《奧格斯堡和約》

坎特伯里大主教湯瑪斯·克蘭默，由於向英王建議「在宣告婚姻無效一事上，可規避教宗的同意權」，由此獲得亨利的青睞重用。

（Peaceof Augsburg）才結束；這份和約授權每位王公諸侯可自行決定其國內的宗教，因此這其實是一份民族自治、而非宗教自治的許可。日耳曼境內信仰天主教的諸侯之所以未加入查理一方的陣營，是因為他們也希望能簽下這份底定大局的《奧格斯堡和約》。

至於十六世紀後半發生於法國的「宗教」戰爭，說穿了，其實是華洛亞王朝（Valois monarchy）末期三個貴族為了法國王位你爭我奪的衝突。當宗教因素對不同黨派的利益目的有利時，信仰的是新教或天主教也許會成為考量的因素，只是，他們的宗教立場鮮少始終如一。像是於華洛亞王朝

這幅畫描繪的是馬德格堡（Magdeburg）經過公元1630年～1631年的長期圍城，之後發生的屠城事件。
在「三十年戰爭」期間，中歐的居民經歷燒殺擄掠，死傷慘重。

攝政的凱瑟琳・德・梅第奇（Catherine de Médicis），她固然有辦法在公元一五六二年頒布敕令，讓法國的新教徒有一席之地；可是一旦爲情勢所逼，她也同樣有辦法在公元一五七二年下令屠殺巴黎和近郊城市數以千計的預格諾新教徒（Huguenot Protestant）。那些偏好專制政權、主張天主教會附屬於皇帝、認爲「教宗權力必須限制」的天主教派系，通常都是預格諾派的支持者，由此，當他們面對的是擁護天主教會的自由、認爲君主權力必須限制的派系時，彼此便成了敵人。

三十年戰爭，
調性變質的大混戰

不僅如此，當西班牙的腓力二世（Philip II，公元一五二七年～一五九八年）與天主教的吉斯家族（House of Guise）結盟，準備介入王位繼承權的衝突後；信仰天主教的法王亨利三世（Henri III，公元一五五一年～一五八九年）則選擇與信仰新教的繼承人納瓦拉（Navarre）國王亨利・德・波旁（Henri de Bourbon，公元一五五三年～一六一〇年）短暫結盟。儘管亨利・德・波旁後來於公元一五八九年成爲法王亨利四世，並在一五九三年宣布成爲天主教徒，但還是沒能讓腓力打消干涉法國王位的念頭。

這些衝突當中歷時最久、傷害最大的，則是公元一六一八年開始的「三十年戰爭」（Thirty Years' War），起因是波

希米亞的國王斐迪南（King Ferdinand of Bohemia，公元一五七八年～一六三七年），也就是後來神聖羅馬帝國皇帝斐迪南二世，試圖在領地內強迫進行宗教統一，而引起了一場新教的暴動。不過，新教的薩克森選侯居然願意提供支援以弭叛亂，斐迪南肯定沒有拒絕的理由。而前半段戰爭於日耳曼境內發生的期間，儘管有外來的新教勢力爲了支持抗爭的諸侯而加入混戰，但最終的結果往往都和宗教信仰無關。

像是戰爭快結束前幾年（也是戰爭最慘烈的一段時期），情勢逐漸演變爲「天主教的哈布斯堡王朝」與「天主教的波旁王朝」之爭，這時似乎也看不出有任何宗教上的動機與戰爭有所關連。此外，像是公元一六三〇年，在教宗的祝福下，由樞機主教黎胥留（Cardinal Richelieu，公元一五八五年～一六四二年）提供經費給信奉路德派思想的瑞典國王古斯塔夫二世阿道夫（Gustavus II Adolphus，公元一五九四年～一六三二年），如此一來，古斯塔夫就能直接派兵進入日耳曼，或是在公元一六三五年直接進入法國加入新教勢力參戰，然而，這也和宗教的關係不大。

天主教徒和新教徒在近代初期經常對彼此懷有強烈敵意，這點不容否認，但那股敵意並不足以動員軍隊。簡單地說，將近代初期的歐洲戰爭稱爲「宗教戰爭」，並沒有什麼實質意義。

聖巴托羅繆日大屠殺

「我在大約午夜過後三個小時，被鐘聲和不明所以的民眾鼓譟聲吵醒。到了街上，眼前的混亂情景嚇得我動彈不得。從四面八方湧出來的暴民大吼著，「殺啊！殺啊！把預格諾派教徒都殺光！」——法國大臣暨預格諾派教徒馬克西米連·德·貝士納（Maximilien de Béthune），《回憶錄》（Mémories），公元一五七二年八月

賦予法國預格諾派教徒信仰自由的《寬容法令》（Edict of Toleration），頒布後不過十年光景，法國朝廷中激烈的黨派之爭，導致了公元1572年8月的聖巴托羅繆日大屠殺。

在公元十六世紀末期因繼承權之爭而引起的法國戰爭裡，最駭人聽聞的暴行便是公元一五七二年的聖巴托羅繆日大屠殺。這場屠殺實際上持續了兩天（八月二十三至二十四日），在這段時間裡，成千上萬的預格諾新教徒在巴黎及其附近城市遭到殺害。儘管這個事件經常被用來做為極端宗教衝突的重要實證，不過，把這場屠殺認定為歐洲歷史中因無情政治陰謀而導致的悲劇，也許更為恰當。

暴力發生的時間點是亨利·德·波旁與華洛亞王朝的瑪格麗特公主（Princess Marguerite，公元一五五三年～一六一五年），也就是法王查理九世（Charles IX，公元一五五○年～一五七四年）妹妹的婚禮。許多預格諾派的信徒，不論貴族或平民都來到納瓦拉，慶祝這場結婚典禮。婚禮過後四天，也就是八月二十二日發生了一場刺殺未遂事件，此時仍有許多信徒留在城內。歹徒企圖行刺的目標是加斯帕爾二世·德·科利尼（Gaspard II de Coligny），他是法國的海軍上將、預格諾派教徒，同時也是法王的親信，法王由此下令徹查這場刺殺未遂的行動。

而這椿刺殺科利尼的陰謀，幾乎可以確定是吉斯家族，與法王查理的母親凱瑟琳·德·梅第奇一手策畫。他們兩方都很厭惡科利尼對查理的影響力，也都反對科利尼計畫派一支預格諾派與法國天主教派的聯合軍隊，前往尼德蘭對抗西班牙。

由於擔心陰謀曝光，凱瑟琳顯然想了辦法要兒子相信科利尼和其他預格諾派領袖，準備密謀害他；至少，下令殺害科利尼和其他預格諾派領袖的人，可能就是查理。但假如城內所有預格諾派教徒都被殺，真正得到好處的人是凱瑟琳，因為這樣就能讓科利尼像是死在混亂之中，也能讓她的陰謀石沉「血」海。

即使如此，宗教的怨恨也在這個故事上加油添醋。據說，西班牙皇室和羅馬教廷風聞屠殺的消息時掀起了一陣歡聲雷動，但應該要說明的是，他們之所以高興，其中政治與宗教的因素是不相上下的。

殖民地與傳教活動

一幅由神父佛羅利恩・帕烏克（Florian Paucke）所畫的教區速寫圖。他屬於瑞士耶穌會，與阿根廷查科（Chaco）地區的摩科比人（Mocobi）一同生活和工作。

從公元七世紀伊斯蘭哈里發的勢力興起，一直到近代初期，基督教王國的發展完全被侷限在歐洲大陸之內，因此，基督教大體上是一種屬於歐洲人的信仰，僅僅在向東和向南有一些與歐洲隔離、且經常受到其他宗教勢力包圍的前哨站。但到了公元十六世紀和十七世紀，基督教成為真正全球化的信仰，朝著南方、西方和東方傳播開來。會出現這樣的情況，部分原因是歐洲各國對於新發現的美洲大陸進行了殖民，另一部分原因則是經由傳教活動達成。而當時進行傳教的基督教修會之中，貢獻最多的便是耶穌會。

歐洲人前往美洲殖民之路，毫無疑問，是由克里斯多福・哥倫布（Christopher Columbus，公元一四五一年～一五〇六年）所開啓。他在西班牙的資助下，自公元一四九二年至一五〇四年共進行了四次橫越大西洋的探險之旅，西班牙由此成爲第一個在新世界獲取利益、並建立起根據地的歐洲國家。不過到了公元一四九七年，英國也藉著資助義大利探險家喬凡尼・卡博托（Giovanni Caboto，約公元一四五〇年～約一四九九年），於美洲建立了據點。這位喬凡尼・卡博托，也就是約翰・卡博托（John Caboto），他正是發現紐芬蘭（Newfoundland）的人。葡萄牙探險家佩德羅・阿爾瓦雷斯・卡布拉爾（Pedro Álvarez Cabral，公元一四六七年～一五二〇年）則於其公元一五〇〇年的旅程中，發現了巴西。而公元一五二三年至一五二八年，喬瓦尼・達・韋拉扎諾（Giovanni da Verrazzano，公元一四八五年～一五二八年）則在北美洲和西印度群島建立了法國的據點，不過，他最後葬身在安地列斯群島（Antilles）的食人族腹中。

美洲新世界

　　無須贅言，這些在新世界建立殖民地的國家，主要著眼在能獲得領土與收集有用物資，而不是爲了讓基督教能前往未開化之地。但只要殖民帝國所到之處，就會有傳教士隨後抵達。在一些地方，像是耶穌會福音所至的拉丁美洲，傳教士是當地居民抵抗殖民政府奴役或驅離時，唯一的盟友。耶穌會在巴拉圭、阿根廷和巴西南部建立的「簡化村落」（Reductions，西班牙文爲「reducciones」）就是他們擁有理想和才幹的最好證明。這種簡化村落是自治的印第安社群，具有鎮區、學校、教堂、圖書館、公眾藝術展示，以及當地的工業。從公元一六〇九年至一七六八年，許多簡化村落一起組成了獨立的共和政體，只由耶穌會來管理。不過，最後在西班牙和葡萄牙的入侵下，簡化村落遭到摧毀，土地被侵占，耶穌會士也被驅逐。

一位清教徒傳教士，正在麻薩諸塞州的瑪莎葡萄園（Martha's Vineyard）向原住民傳教。

英國在北美開拓土地，並非有組織的帝國冒險事業，而是各自為政的殖民地。至於各殖民地的宗教組成，則由一開始頒發的特許狀來決定，此外，英國宗教歷史的起伏變化自然也會有所影響。在此借用公元一六四二年至一六五一年英國內戰時期的情況加以說明，也許未必完全相同，卻也相去不遠——維吉尼亞州南部（公元一六○七年）、馬里蘭州（公元一六三四年）和卡羅萊納州（公元一六七○年）原本都是「騎士黨」（Cavalier）的地區，而北方的殖民地一般屬於「圓顱黨」（Roundhead）或「清教徒」（Puritan）。

在查理一世（Charles I，公元一六○○年～一六四九年）治理期間，數以千計的英國清教徒為了逃避迫害，離開家鄉來到新英格蘭定居。而在英格蘭聯邦（Commonwealth of England）時期，許多騎士黨人遷居到維吉尼亞州；馬里蘭州是個特例，因為一開始就是英國天主教徒的避難所。公元一六三二年，查理一世將特許狀授予巴爾的摩勛爵（Lord Baltimore）賽西爾‧卡爾佛特（Cecil Calvert，公元一六○五年～一六七五年），此人後於公元一六三四年建立殖民地。此外，公元一六四九年，馬里蘭州議會（Maryland General Assembly）制定了《信仰自由法案》（Act of Religious Toleration），明令所有基督教團體都具有完全的祈禱禮拜自由。翌年（公元一六五○年），受到法案保護的清教徒推翻了政府，宣布天主教和聖公會為非法思想。而後在公元一六五八年清教徒敗亡之後，州議會重新制定了《信仰自由法案》。但在英國新教君主威廉三世（William III，公元一六五○年～一七○二年）和瑪莉二世（Mary II，公元一六六二年～一六九四年）登基之後，又強制在馬里蘭州建立聖公會組織，天主教思想由此受到壓迫。

▌耶穌會在衣索比亞與印度

打從一開始，耶穌會就是一個傳播福音的組織，而羅耀拉的伊格那丟向教宗要求批准的第一個傳教任務，便是前往衣索比亞。自公元一四九〇年起，葡萄牙已多次派遣使節團前往衣索比亞，於是耶穌會這次的傳教任務並不成功，因為大多數的衣索比亞人都已是基督徒。此次天主教修會的傳教任務，便只能鼓勵衣索比亞教會聽從羅馬教廷的命令。

公元一六〇三年，耶穌會教士佩卓・培茲（Pedro Páez，公元一五六四年～一六二二年）來到衣索比亞，他從當地所羅門王朝皇帝馬拉克・沙加德三世（Malak Sagad III，公元一五七二年～一六三二年）那邊拿到一份「願順服於羅馬教廷」的宣告，沙加德三世希望藉此能獲得西方的軍事協助；此外，沙加德強制要他的人民信奉羅馬天主教。繼承佩卓任務的阿方索・曼德茲（Alfonso Mendez）於公元一六二四年抵達，在皇帝的協助下，立即禁止當地所有基督徒的禮拜儀式。但這樣的命令引起了反抗，此時曼德茲毫不猶豫地將當地「異端分子」處以火刑。公元一六三二年，沙加德三世被迫讓位給兒子法西里達斯（Fasilidas，卒於公元一六六二年）；新皇帝登基之後，立刻將所有的天主教傳教士驅逐出境。

相較之下，印度的傳教任務則要成功得多，不過（又一次地）當地基督徒並未受到傳教士很好的對待。葡萄牙統治印度半島西南部的果阿（Goa），天主教傳教士便是從這裡登陸印度。在印度的耶穌會傳教士中，最有名的要數聖方濟・沙勿略（St. Francis Xavier，公元一五〇六年～一五五二年），他在南方讓數以千計的漁夫改信了天主教。但當公元一五六〇年宗教裁判所建立之後，其基本功用是強迫印度的聖多馬基督徒，

年 表

公元1620年
清教徒移民在北美麻薩諸塞州鱈魚角的普利茅斯，生根落腳。

公元1768年
西班牙和葡萄牙國王將耶穌會逐出所屬殖民地（五年之後，教宗革利免十四世宣布耶穌會為非法教會）。

聽從羅馬教廷的命令。接下來的一個世紀裡發生了大大小小的暴動事件，幾乎所有印度基督徒留存下來的古代文學，以及一些關於基督教的典籍全都毀於大火。荷蘭人則在公元一六六○年代占領了馬拉巴爾（Malabar）的大部分地區，多馬基督徒重新獲得許多信仰自由，但在那之後，多馬基督教會便成爲一個分裂的教會。

▍ 日本，德川幕府禁絕基督教

耶穌會於日本的傳教活動則始於公元一五四九年，並以葡萄牙的商旅做爲前導。聖方濟・沙勿略是第一位抵達日本的傳教士，他發現這個海島帝國是傳播基督教思想的膏腴之地。而發展也確如他所料，社會各個階層都有改信基督教的民眾，甚至一些掌握權勢的封建領主也欣然接受這個新的信仰，連帶影響了封地所屬武士和一般臣民。

不過在十六世紀末期，由西班牙資助的道明會和方濟會也開始來到這個國家，導致不同修會之間發生了一些難堪的爭執，但最後並未演變成更嚴重的衝突。公元一五八七年，關白豐臣秀吉（公元一五三六年～一五九八年）宣布禁止貴族信仰基督教，並開始對日本的基督徒與外國傳教士進行第一波迫害行動[1]。公元一五九七年，二十六位基督徒（其中有二十位日本人）在長崎（Nagasaki）被釘上十字架。到了公元一六一四年，德川幕府首位征夷大將軍德川家康（公元一五四三年～一六一六年）開始完全禁絕基督教的傳播，直到公元一八七三年才解除禁令。不過在這兩百多年期間，一小群日本「吉利支丹」[2]（Kirishitan）在沒有神父和傳教士的情況下，仍然祕密地維持著信仰。

▍ 中國，利瑪竇看重儒家思想

前往東方的天主教傳教士，倘若不與帝國的政治權勢有所牽連，通常比較能穩定展現如基督般的慈悲體諒情懷。像是前往西藏傳教的耶穌會修士安東尼奧・德・安德雷德（António de Andrade，公元一五八○年～一六三四年）、依波利托・德西德里（Ippolito Desideri，公元一六八四年～一七三三年），兩人便以謙恭和博學雅量爲人稱頌。而耶穌會於公元一五八二年開始的中國傳教任務，一開始的模式便是知識與文化上的和平交流；很重要的原因是，前往中國的傳教士中最卓越的兩位——利瑪竇（Matteo Ricci，公元一五五二年～一六一○年）、羅明堅（Michele Ruggieri，公元一五四三年～一六○七年）衷心希望能建立一個眞正的中國基督教會，與當地的信仰、哲學相容相和，並盡可能不受到「歐洲思想」污染。

利瑪竇尤其注重儒家思想（此爲影響富有階級和知識階級最深的傳統思想），他相信，神聖的眞相從古老的時代便顯示在中國人面前。相反地，羅明堅則被道家思想（社會低下階層的民眾受其影響較深）所吸引，他相信，上帝永恆邏各斯的

傳教需兼顧中國的禮儀？

利瑪竇相信，如果要讓基督教在中國人眼中成為一個可信的宗教，就不該與中國人固有的敬神、禮俗有所衝突。中國人原有的許多儀式如向皇帝、祖先、孔子和上帝（也就是掌管天堂的皇帝，或稱天帝）致敬的獻禮，在他看來，是一種受到教化的人用來表達敬意的極佳方式，而且完全與基督教相容。

但到了公元十七世紀初期，卻發生「中國禮儀之爭」（Chinese Rites Controversy），爭執的兩方分別是廣泛採用利瑪竇觀點的「耶穌會」，以及認為中國禮儀不但具有未開化和偶像崇拜本質、甚至鼓勵人民崇敬惡魔的「道明會」與「方濟會」。道明會與方濟會向羅馬上訴，教廷於是在公元一六四五年宣布，禁止中國的基督徒參與所有類似的禮儀；但後來耶穌會也上訴，教廷於是在公元一六五六年推翻了之前的命令。然而爭議並未平息下來，教廷於公元一七〇四年、一七一五年、一七四二年分別頒布命令禁止中國禮儀；其中，最後一道由本篤十四世（Benedict XIV，公元一六七六年～一七五八年）頒布的禁令，甚至禁止對這件事做進一步討論。

事實證明，公元一七一五年頒布的那份教宗詔書，使歐洲傳教士在中國的活動遭遇極大的災難。滿清王朝最傑出的皇帝、那位或許是中國有史以來最英明的君主——康熙皇帝，於這份詔書頒布時仍相當倚重基督徒，他尤其重視那些受朝廷任用的耶穌會士所擁有的科學知識、學識和藝術巧手。公元一六九二年，康熙頒布聖旨，容許基督徒在中國進行禮拜儀式，還特別讚許這個「歷史悠久」的信仰所擁有的和平本質。

此時康熙並不知道這份教宗詔書的內容為——禁止所有中國傳統禮俗；更不容許基督徒以傳統的稱呼，像是「上帝」或「天」來指稱基督教的上帝；或在教堂懸掛「敬天」（Reverence for Heaven）的傳統寺廟匾額。而當康熙皇帝於公元一七二二年看過這份詔書後，發布了一道聖旨[3]以為回應，他在其中痛斥這些「西洋人」目光短淺、無知愚昧且頑固偏執（康熙說，這令他聯想到某些佛道小教），並從此禁止於中國進行任何傳播福音的活動。

◆ ◆ ◆ ◆ ◆ ◆ ◆ ◆ ◆

註3：康熙所下的聖旨原文為：「覽此條約，只可說得西洋等小人如何言得中國之大理。況西洋等人無一通漢書者，說言議論，令人可笑者多。今見來臣條約，竟與和尚道士異端小教相同。彼此亂言者，莫過如此。以後不必西洋人在中國行教，禁止可也，免得多事。欽此。」

真知，主要是以「道」的形式進入中國。認知的差異偶爾會造成這兩人之間的關係緊張，不過，羅明堅和利瑪竇皆熱切地相信中國傳統裡存在著一種「原始的啟示」，也許在某一天，中國傳統裡豐富的哲學與精神文化，會成為新基督教文化的綜合體，一如曾經發生在希臘與羅馬傳統的變化那樣。

註1：這份命令稱為《伴天連追放令》。

註2：吉利支丹是日本天主教徒的稱呼，一直沿用到明治初期，源於葡萄牙語「cristão」。

CH 43 天主教會與科學家

伽利略於羅馬受審。關於「伽利略被羅馬宗教裁判所刑求」的說法其實並無根據（但按照當時聲名狼藉的法庭審判過程來看，應該要有人提醒伽利略，如果做偽證可能會被施以刑罰）。會議中，伽利略確實被命令放棄哥白尼學說，而他也遵從了教會的指示。

儘管無法通過嚴密的史學驗證，但有一則廣為流傳的「歷史神話」是這麼說的——基督教的年代興起之初，存在著一個繁榮興旺、以希臘風格為主的科學文化，但由於基督教對學術和理性思維向來懷抱敵意，而導致這個科學文化遭到有系統地毀滅。基督教對科學的敵視態度一路延續到近代初期（只消看看伽利略在羅馬受到的審判便可知），直到教會的權威瓦解，科學的世俗力量才終於出現。

然而，無論從古代史、中世紀史或近代史，都不可能找到歷史記載佐證前言所述的這則歷史神話。原因是，這個說法以錯誤方式呈現希臘科學和早期基督教的特質，也沒能正確理解中世紀的學術文化。整個敘述完全無視於一件非常有意思的事實，那就是──自亞里斯多德時代以來一直無法撼動的異教徒宇宙論和物理學，後來之所以會被推翻，得歸因於公元十六世紀和十七世紀，那些曾在「基督教」所創辦大學接受教育的「基督徒」科學家，遵循「基督教」裡科學與數學研究的傳統，而導引出的推論。

▌托勒密對宇宙的看法

至少，從來就沒有一個特別先進的希臘「科學」文化，或至少就我們現在對「科學」一詞的認知（指有系統地利用實驗與觀察進行分析，藉以修正和改良假設）來說，是沒有。

詳細的天文觀測，帶來了天體觀測儀的發明；一些經由醫藥「科學」開出的藥方，是具有療效的（或說至少不傷身）；另出現了一些精密的光學幾何研究成果，這都是托勒密（Ptolemy，約公元一○○年～約一七○年）的功勞；此外，公元一世紀末期也有一些精巧的機械裝置發明問世。然而，希臘科學對於按部就班的實驗從來就是興趣缺缺，因此在基督教的時代來臨前便已全然衰退成百科全書裡的知識和註解。不過，在亞歷山卓仍然有人從事著研究工作，即使進入了基督教時期，無論是基督徒或異教徒，他們追求學問的熱忱是一致的。

宇宙論，曾經是科學學問中發展得最為精巧的領域，但也是最為停滯的。自古代到中世紀晚期，幾乎所有的科學家，不分異教徒、基督徒或穆斯林，全都接受某些「亞里斯多德宇宙模型」版本，以及某些「托勒

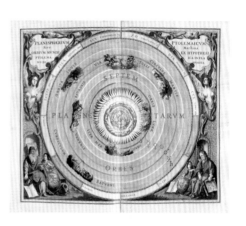

此為傑出數學家暨天文學家托勒密所假定的宇宙中心圖，由日耳曼製圖者安德里亞斯・賽拉里烏斯（Andreas Cellarius）於製作公元1660年的天體圖集《和諧大宇宙》（Harmonia Macrocosmica）時所繪。托勒密提出的宇宙系統，一直要到現代運動理論發展之後才開始有所動搖。

密嘗試以數學方法描述地球為中心的宇宙理論」版本。根據亞里斯多德的模型，靜止不動的地球圍繞著一連串以同心圓軌道轉動的結晶行星球體，其中在最低軌道中運轉的星體就是月亮，而「月亮之下」（sublunar）的地區是變動與腐敗之地，包含了風、火、土、水四個元素；在「月亮之上」（superlunar）的地區則由「精華」或稱「乙太」組成，在那裡一切都是不會變動的。最遠的星體之後是一個球體，眾星都固定在球體上。而宇宙的整個機制是由最外層的球體，也就是「原動天」[1]（First Moved）來帶動。

質疑托勒密，不是壞事

至於托勒密之所以設計出精巧複雜的天體模型，主要用意在於設法以一個實際模型，來對應天體經由肉眼觀測到的運動，其中包括特定星體明顯的「逆行」運動，但到最後證明是不可能達成的。托勒密被迫在計算式中引入一些古怪的構想，像是「不同中心」、「偏心勻速圓」、「本輪」[2]。此外，托勒密也沒能兼顧以經驗為依歸的觀察方法，因為其實只要有人連續觀察月亮一段時間，就能否定托勒密的假設。尤有甚者，他的數學方法中沒有一項與亞里斯多德的物理學相符，即便科學家偶爾想嘗試改良、建立模型，也極少有人想過他的理論是完全可以被否定的。

唯一感到質疑的一個例外，是公元六世紀的基督徒科學家約翰·費拉波尼斯（John Philoponus）。他猜想，天體運動實際上是不定的，大氣之外也許是一片真空，星星並不是異教徒科學家所相信的具有精神上的智慧，而僅僅只是一團火；還有，行星也許是受到一種「深刻」的推力而運動。一些後來的穆斯林天文學家提及了費拉波尼斯的想法，但是沒有加以採用，而西方的科學家注意到這點，費拉波尼斯的想法才得以進入

西方基督教經院科學的世界，並由一些傑出學者加以研究並發揚光大，像是湯瑪斯・布雷德沃丁（Thomas Bradwardine，約公元一二九〇年～一三四九年）、理查・斯懷因希德（Richard Swineshead，活躍於公元一三四八年）、讓・布里丹（Jean Buridan，公元一三〇〇年～一三五八年），以及尼克爾・奧里斯姆（Nicholas Oresme，約公元一三二〇年～一三八二年）。

▍哥白尼的「日心說」

尼可拉・哥白尼（Nicolaus Copernicus，公元一四七三年～一五四三年）則從傳統的天文學中獲益不少，他是第一位公開主張「日心說」的基督教理論家，他在論文 《天體運行論》（De revolutionibus orbium coelestium，公元一五四三年出版）中提出「太陽是宇宙中心」的理論。在他提出這樣的見解時，並沒有特別引起太多迴響，因爲他的數學模型存有缺陷，而且幾乎和托勒密的理論一樣複雜（也是要用到「本輪」）。他的基礎模型似乎能夠解釋爲什麼水星和金星永遠靠近太陽，不過第谷・布拉赫（Tycho Brahe，公元一五四六年～一六〇一年）提出的模型也能解釋。布拉赫認爲所有的行星都繞著太陽轉動，只有太陽是直接繞著地球轉動。等到擁護哥白尼學說最不遺餘力的伽利略・伽利萊（Galileo Galilei，公元一五六四年～一六四二年）被審判時，許多知名的天文學家（其中有很多都是耶穌會會士）都採用了「第谷模型」。

伽利略受到神學家質疑時，他非常得體地向教會神父辯解，主張聖經應該不會因爲宇宙論的學說而有錯誤。但是在公元十七世紀，面對新教的批評壓力，天主教會解讀聖經時的寬容度變得狹隘許多，也開始傾向更拘泥於字面上的意義。即便如此，伽利略接受審判前的那段時間，仍然受到許多傑出教會人士的尊重，耶穌

年表

公元1633年
伽利略在羅馬受審，被迫放棄主張。

公元1638年
伽利略出版其經典之作《論兩種新科學》（Dialogues Concerning Two New Sciences）。

公元1687年
牛頓出版《自然哲學的數學原理》（Principia Mathematica）一書。

註1：「原動天」，亦稱為「Prime Mobile」，也可譯為「第十層天」。

註2：「不同中心」（eccentrics），特定星體的運轉軸位於地球之外。「偏心匀速圓」（equants），有一個想像的第二轉軸，讓軌道能達到數學上的均衡。「本輪」（epicycles）在星體之內有小的運轉軸。

會的很多天文學家還協助他確認大量的天文觀測結果，因而即使到了公元一六一三年，他明顯站在哥白尼學說的一方，他還是沒有受到教會高層的非難。事實上，伽利略在教會中最重要的支持者和同伴是樞機主教馬菲歐‧巴貝利尼（Maffeo Barberini，公元一五六八年～一六四四年），他在公元一六二三年成為教宗烏爾班八世（Pope Urban VIII），最終是他命令伽利略放棄自己的主張。

其實伽利略是個難以親近的人，經常拒絕讚揚其他科學家的發現、貶低那些他眼中的競爭對手（如約翰內斯‧克卜勒），而且堅持挑起爭端。他要求對手毫無條件地接受自己的理論，於是在一六一六年引發一場教會質詢會議，但會中卻無法提出任何一項使人信服的證據，質詢會最後裁定他不得再宣揚哥白尼學說。但即使如此，教宗烏爾班八世仍鼓勵伽利略將自己的主張付梓，也就是後來的《關於托勒密和哥白尼兩大世界體系的對話》（Dialogue concerning the Two Chief World Systems, the Ptolemaic and Copernican，公元一六三二年），並特別囑咐他在書中加上「哥白尼學說的效應，只是一個尚未證明的假設」這樣的說明。伽利略確實照辦，卻又加了如下說明：「但卻是經由一個名為辛普利西歐（Simplicio），持傳統派科學觀點、個性魯鈍、有如丑角的人物嘴巴說出來。」

伽 利 略 的 剛 愎 自 用

對於烏爾班這麼寬宏大量的朋友而言，伽利略此舉簡直像是無理的污辱。烏爾班大為光火，決定對他進行審判。不只如此，事實亦證明，烏爾班對於「哥白尼學說在本質上無法證實」這一點，看法相當正確。原來伽利略雖然是個卓越的物理學家，卻頂多只是個業餘的天文學家，而且似乎沒有注意到哥白尼學說中數學模型與

尼可拉‧哥白尼的雕像，立於他家鄉波蘭的小城托倫（Torun）。

克卜勒，看見宇宙的和諧

約翰內斯‧克卜勒（Johannes Kepler，公元一五七一年～一六三○年）是一名卓越的天文學家、自然科學家、光學理論學家和數學家，同時也是形上學家和占星家，他對神祕學也有某種程度的涉獵。終其一生都把自己在科學方面的努力視為神聖使命，這樣的認知讓他發現了宇宙萬物中的莊嚴和諧，以及從中表現出來的三位一體。公元一五九○年代初期，克卜勒接觸了哥白尼的日心說，他相信哥白尼（若以直觀方式來看）已經發現宇宙秩序的模型，並能恰如其分地反映出治理宇宙的神聖力量──意即，以太陽為中心的存在，正是聖父、聖子、聖靈支配和指引萬物的實際象徵。得力於第谷‧布拉赫所進行的一絲不苟精確天文觀察，他不僅發現了橢圓形行星運轉軌道，並相信自己能看出在幾何上達到完美時，深處有著萬物所發出的光芒，而光芒之中正蘊含了神聖的原型。

雖然克卜勒是一位虔誠的路德派教徒，但他對教派之爭不感興趣，他和加爾文派的許多教徒，以及天主教徒（耶穌會中有許多他的朋友和保護他的人）都有著良好的關係。此外，無論是為天主教或路德教派的諸侯工作，克卜勒都毫無怨言；反倒是這些統治者未能展現相應的雅量──他曾一度被逐出路德派教會，而另一方的天主教會則沒收他的書籍，並告訴他要送他的小孩去做彌撒。

儘管如此，克卜勒仍繼續投身於研究當中，他對繁複華麗和精巧和諧的宇宙秩序懷有一份憧憬，並且終其一生不斷受到這份憧憬的啟發。也許最能實際表達出這份憧憬的作品，是他於公元一六一九年所寫的《世界的和諧》（Harmonices Mundi）。在書中他充分發揮了身為基督教柏拉圖主義者的所長，也表現出自己並不完全是畢達哥拉斯信徒的傾向。他用「一般性的音樂」形式描述宇宙的結構，指出自然秩序中所有的幾何比例都能用這種方式加以表達；此外，也特別適合用以解釋當天體與人類靈魂產生微妙的和諧音程時，精神上所受到的影響。

實際觀察不一致的問題。伽利略為地球運動所提供的唯一證據是一套潮汐理論，但這套理論卻完全無法對應潮汐的觀察結果。如果伽利略願意採用當時他就已經知道的克卜勒橢圓行星軌道理論，那麼他就能為日心說提供更強有力的辯護，但是他並不願這麼做。

羅馬教廷裡掌握權威的人喜歡干涉科學事務的最終結果是──顯示出教會統治階層的荒謬。不過伽利略的例子實屬反常，也沒有正確表現出天主教會和科學之間的關係。事實上，教會一直慷慨贊助科學研究，而耶穌會則培育了許多當代最有科學原創思想的人物。但天主教會因烏爾班激憤之下展現出傲慢，所導致的難堪卻永遠不會消退。

自然神論、啟蒙運動與革命

這幅〈法國大革命時期的教會世俗化〉（Secularization of a Church During the Revolution），由法國畫家雅克·弗朗索瓦·德·方騰（Jacques François de Fontaine，公元1769年～1823年）所畫。在法國舊政權時期，天主教會一直是法國最大的地主，但到了大革命時期被搶走許多土地。革命政權希望能以「理性崇拜」來取代天主教會的地位。

歐洲到了公元十七世紀和十八世紀顯然開始轉變成「後基督教」文明。在這段時期裡，不僅做為公共機構的「教會」開始喪失許多政治與社會影響力，許多人（無論有沒有受過教育）也更敢於公然否定基督教的故事，改採信事實的另一種說法。在某些情況下，這種態度上的轉變意味著接受一種「理性的」一神論，或稱「自然神論」（Deism）。

支持者相信，自然神論剪除了迷信的荒誕束縛和形上學的蒙昧主義。不再依靠「迷信」和「模稜兩可」觀念的他們，會覺得基督教是個「充滿神秘、具有不可思議力量」的古老信仰，而在極少數情況下即代表「所有信仰，皆存在著超越人類的經驗」這個思維，被完全否定了。

早在公元十六世紀中期，自然神論已經是一種宗教哲學的形式，而於十七世紀初期至十八世紀晚期大為盛行。它的形式不一，但內容相當一致。自然神論是一種嘗試達到「自然」或「理性」的宗教，所有的國家和文化皆適用，任何一個懂得反省默想的心靈都能接受，而不需借助幼稚的神話、「啟示」的真理、神蹟、或深奧的形上學理論。

▌ 自 然 神 論 ， 理 性 的 信 仰

《基督與創世同齡》（Christianity as Old as the Creation，公元一七三〇年初版），這本書是自然神論的「聖經」，由馬修‧廷得爾（Matthew Tindal，公元一六五七年～一七三三年）所著。不過，自然神論運動之父則是——「舍伯里的赫伯特爵士」愛德華（Edward, Lord Herbert of Cherbury，公元一五八三年～一六四八年）。他首先發表自然神論的一般原則——相信創造宇宙的上帝、相信祂能分辨善惡、相信祂值得我們崇敬、相信祂要求我們向善、相信祂決定人類靈魂的獎勵和懲罰。自然神論者中的大多數人都和赫伯特爵士一樣相信靈魂不死，但並非每一位都同意。而所有自然神論者則都和他一樣確定，這種「理性的信仰」是宗教墮落退化成儀式、迷信、狹隘思想之前，真正的形式。

自然神論的作家，主要傾向於將上帝想像成自然的設計者，並從自然定律的紛雜和秩序中尋找上帝存在的證據，由此對於任何一個「相信上帝神奇干預了自然定律運作」的宗教，抱存著厭惡。事實上，自然神論的發展在知識方面的成形，主要是將「神義論」

哲學家萊布尼茲主張，上帝創造宇宙時，已經確定「所有可能世界中最好的一個」裡頭存在著一種理性和諧。伏爾泰則藉《憨第德》一書諷刺這種形上學樂觀主義。

（Theodicy，嘗試從眾生疾苦角度為上帝的「義」做辯護）以更縝密細緻的方式加以表現，用意是為了展示──一個受造的秩序若由恆常的自然定律所治理，不可能會沒有偶然、災難、痛苦和道德上的邪惡，也證明了我們的世界是所有可能世界中最好的一個。

伏爾泰抨擊形上學樂觀主義

這類「形上學樂觀主義」（Metaphysical Optimism），於公元十七世紀末期和十八世紀初期極為盛行，甚至受到許多傳統基督徒的擁戴，成了當時常見的思想。像是路德教派的哲學家萊布尼茲（Gottfried Wilhelm Leibniz，公元一六四六年～一七一六年）便讓這種樂觀主義達到一種特別圓融的形上學形式。不過要再次說明的是，自然神論並非單一的信條，而且組成的元素各異，像是法國支持自然神論的人士當中，以身為諷刺作家和公眾哲學家聞名的伏爾泰（Voltaire，公元一六九四年～一七七八年），他對形上學樂觀主義的批評便無人能出其右。

到了公元十八世紀後半，在英國、日耳曼、法國和北美的知識階級當中，自然神論或許是最受重視的宗教哲學，也是一些傑出人士最鍾愛的信仰體系，如湯瑪斯·潘恩（Thomas Paine，公元一七三七年～一八〇九年）、班傑明·富蘭克林（Benjamin Franklin，公元一七〇六年～一七九〇年），以及湯瑪斯·傑佛遜（Thomas Jefferson，公元一七四三年～一八二六年）。但很快地，這股風潮開始消退，部分原因是大衛·休謨（David Hume，公元一七一一年～一七七六年）等人對「宇宙成形時，上帝存在的爭議」提出了無法反駁的批評，此外則是自然神學本身的平淡無奇，因而當公元十九世紀達爾文主義（Darwinism）興起後，殘存的自然神學遺跡便隨之一掃而空。

▌ 無神論與啟蒙運動

自然神學的興衰，其實可看作是一個規模更大的文化運動一部分，傳統上稱為「啟蒙運動」（Enlightenment），其主要宗旨是——人類理性擁有的力量，不僅可穿透潛藏於世界之中的自然定律，更能決定一個公平社會的本質，成為推動人類自由的根據，發現道德的理性基礎，並將符合道德的行為準則灌輸給個人和國家。雖然有許多相當正統的基督徒認同啟蒙運動的目標，但在這個「新的理性覺醒」運動之中最能堅守理想、不隨便動搖的人，通常是想追求一個更「理性」的宗教，或是一個甚至更理性的「非宗教」。

> 「上帝有如一位最偉大的幾何學家，偏愛尋求問題的最佳解釋。」——哥特佛萊德・威廉・萊布尼茲，《綜論發現自然的奇妙祕密》（Discoveries About Marvellous Secret of Nature in General），約公元1686年

在那個時代，以「一種理性推論思考，相信上帝是存在的」卓越思想家之中，首推伊馬努埃爾・康德（Immanuel Kant，公元一七二四年～一八○四年）。他強力批判傳統的形上學，但也相信上帝和靈魂是「道德形上學」的必要條件；必須附加說明的是，康德的道德哲學所仰賴的，並非超自然的前提。但其他人則相信人類若想真正得到啟蒙，唯有以下二途——將有關「上帝」的所有概念，視為外加在經驗證據上的非理性產物，並且得加以否定；將所有宗教皆視為華麗的詐騙體系，認定這主要是神職人員為求自己利益而發明出來的手段，並且得加以拒絕。

此外，霍爾巴赫男爵保羅—亨利・提利（Paul-Henri Thiry, Baron d'Holbach，公元一七二三年～一七八九年），則特別在他公元一七七○年出版的《自然的體系》（The System of Nature）一書中主張，所有宗教都是無知和恐懼的產物，是專制政治用以壓榨人民的工具；而所謂真實，說穿了就是事件發生的組合，至於道德傳統與個人幸福發生牴觸時，就該予以捨棄。而另一位同樣滿懷熱情、洞察事物能力更為深入的唯物主義者——德尼・狄德羅（Denis Diderot，公元一七一三年～一七八四年）的著名宣言是，「只要最後一位國王沒有被最後一位神父的腸子絞死，人類永遠得不到自由。」

▌ 法 國 恐 怖 統 治 的 嘲 諷 迫 害

上面這句話除非有人照著字面意義去實踐，否則若非博君一笑，也只能到此為止。然而，在那些更激進擁護「積極的」或「啟蒙的」社會革命政治人士之中，真的有許多人願意比照辦理。的確，這從當時情況來看是很自然的。當時，整個法國社會剛從公元一七八九年的法國大革命（French Revolution）中復甦，緊接著因為法國的羅馬天主教會與舊政權（Ancien Régime）的利益結合太過緊密，由此興起了一陣強烈反對神職人員的風潮；事實上，該教會當時已與主張限制教宗權力的團體，相差無幾。

但公元一七九三年至一七九四年在激進的雅各賓黨（Jacobin Club）執政下，這個依照「理想」建立起「恐怖統治」（Reign of Terror）的革命政府，不僅關閉了巴黎的教會，禁止大多數的公眾禮拜儀式和展示十字架，更直接參與謀殺數以百計或千計「拒絕宣誓的」神父、主教和修女，他們自然都是不願向新政府宣誓效忠的神職人員。屠殺、暗中操縱審判、草率處決都成了家常便飯，整個國家隨處可見的是——殺人過程中，會以某種凌虐形式嘲諷被害者的信仰。像是一種稱為「共和婚禮」|1（Republican Matrimony）的儀式，會將一名裸體的神父和另一名裸體的修女綁在一起，然後丟進湖裡或池塘淹死。後來，恐怖統治雖已平息，但對於天主教神職人員的迫害仍在繼續，直到拿破崙（Napoleon，公元一七六九年～一八二一年）取代革命政權，於公元一八〇一年和羅馬簽訂《教務專約》（Concordat），承諾恢復天主教在法國（有限度的）信仰自由，迫害才因此結束。

然而，一種迫害的模式從此建立。後當其他「理想主義者」發動革命運動時，便重複這種模式，甚至以更大規模進行迫害；他們以屠殺，來強調對於宗教的強烈敵意。

註1：「共和婚禮」一詞原本是用以嘲諷「世俗」的婚禮，也就是不經教會而自行舉行的婚禮。文中所說的這種處刑方式發生於法國南特，但經史學家考證，發現相關記載皆為道聽塗說，因此目前對於這種刑罰是否真的存在，尚有疑問。

伏爾泰與里斯本大地震

對於主張「這個世界，是所有可能世界中最好的一個」那些形上學樂觀主義人士，伏爾泰對他們最熱切、也最動人的抨擊，便是他的偉大作品《里斯本的災難之詩》（Disaster of Lisbon）。這本書寫於一場災難發生後不久──公元一七五五年的諸聖節（十一月一日），葡萄牙帝國那燦爛輝煌的國都里斯本，毀於一場強烈大地震。

這場地震發生在近海處，前後共有三次，現在預估當時的震度為芮氏規模九級。由於地震當時是星期日早上，也是齋戒日，幾乎所有的人都在教堂。片刻之內，數以千計的人死於地震，或被崩塌的建築物壓死，或被街道上震開的裂縫吞噬。地震過後，整座城市遍地大火，有更多民眾葬身烈焰之中，包括醫院裡那些孱弱的病人。此外，還有數千民眾逃向太加斯河（River Tagus）河口和河岸躲避災難，卻因遇到地震過後半小時襲向陸地的巨大海嘯而喪生。城市裡的死亡人數至少達到六萬人；因發生海嘯而於鄰近北非、西班牙、阿爾加維（Algarve）死去的人，更是成千上萬。

伏爾泰是一神論者，但他是屬於相當嚴厲

雖說自然神論的作家幾乎都傾向將上帝想像成「自然的設計者」，但總是以敏銳共感同理心關照人世間諸多苦難的大作家伏爾泰，不禁要問：「這個不完滿的無常世界，真是上帝要創造的嗎？

那一型。「理性受造物的墮落，使得創造出現了瑕疵」──這種基督教裡的觀念或許無法讓他信服，但他很確定，宇宙，並無法反映道德上和形上學必須的秩序。世界是由一組適當的「萬有法則」來管理──他在詩中輕蔑地摒棄了這樣的觀念，目的在為最大可能的人類數量，確保最大可能的「善」。

他問，眼見那些在母親胸口吸奶的嬰兒被壓死，成千上萬的人被大地吞沒，不可計數的人帶著殘破的身體慢慢死去，或者遭到塌落的屋頂活埋、在痛苦折磨中大聲哭號的人……我們要用什麼樣的道德準則，去平撫自己的內心？他問，難道這是上帝的怒火，用以懲治這個城市的罪？里斯本比其他的城市還要邪惡？在那裡死去的孩童是因為犯了什麼罪？倘若這個城市沒有被這「地獄般的烈焰」吞噬，那麼宇宙的自然與道德秩序，就會出於某種原因而變得更加混亂？如果我們想像，這場「單一悲劇所導致的死傷混亂」會以某種神祕方式留下某種「普遍的幸福」，那麼，是不是這個宇宙就會在道德上變得更美好？

近代初期的東正教

此爲紐約市聖尼古拉斯俄羅斯東正教教堂（St. Nicholas Russian Orthodox Cathedral），微微仰起的視角，晴空下的飽滿，讓人想起了公元10世紀末那位摒棄了異教改宗東正教、娶了東羅馬帝國皇帝之妹的弗拉基米爾大公。他最爲人熟知的身分是窮人的朋友、公正和善的君主，以及信仰的忠貞擁護者。

公元十五世紀中期，土耳其人征服了東方羅馬世界的殘存地區之後，不受伊斯蘭統治的區域只剩下斯拉夫和巴爾幹半島北方，而俄羅斯很快地從中脫穎而出，成爲勢力最大的國家。出於諸多重要因素，莫斯科成了領導東方基督教世界的城市，俄羅斯帝國成爲拜占庭帝國的繼承者，而後來的情勢確實發展成俄羅斯帝國自稱的「第三羅馬」|1（Third Rome）。

公元一五四七年，被稱為「恐怖伊凡」的莫斯科大公伊凡四世（Ivan IV "The Terrible"，公元一五三〇年～一五八四年）甚至在加冕時自行加上了「沙皇」（Tsar）的頭銜，也就是「凱撒」|[2]。

沙皇與牧首權力之爭

直到公元一四四八年止，俄羅斯教會的領導人仍領有「基輔的都主教」（Metropolitan of Kiev）頭銜（不過，事實上，都主教駐於莫斯科的時間已超過一個世紀），並且名義上接受君士坦丁堡牧首的治理。但是同年，俄羅斯主教任命了一位名為約拿的主教（Bishop Jonas，卒於公元一四六一年）為「莫斯科的都主教」（Metropolitan of Moscow），藉此宣告俄羅斯教會的「自治」。這個舉動，有一部分原因是針對君士坦丁堡方面在佛羅倫斯大公會議「恥辱地」屈服於羅馬的命令，所做出的回應。到了公元一五八九年，在君士坦丁堡的同意下，俄羅斯教會領導人的頭銜變成「莫斯科牧首」。

沙皇與牧首之間的關係通常相當緊張，儘管這種情況無可避免，而在情勢升高、逐漸演變成實際衝突時，沙皇通常是贏家。都主教菲利浦二世（Metropolitan Philip II，公元一五〇七年～一五六九年）公開、公正地指責恐怖伊凡進行大屠殺，他因此遭到罷黜、囚禁，並以絞刑處死。而積極著手改革的牧首尼康（Patriarch Nikon，公元一六〇五年～一六八一年）或許是俄羅斯歷史上權勢最大的牧首。沙皇阿列克謝一世（Tsar Alexei I，公元一六二九年～一六七六年）原本對牧首懷有崇高的敬意，但專橫跋扈的尼康勢力越來越大，引起了沙皇的憂慮，尼康因此被革除牧首一職，貶為尋常僧侶。而到了公元一七二一年，彼得大帝（Tsar Peter I "The Great"，公元一六七二年～一七二

註1：第一羅馬（First Rome）指的是羅馬，第二羅馬（Second Rome）則依不同看法，可指教宗國或君士坦丁堡。

註2：中文翻譯習慣將俄羅斯皇帝稱為「沙皇」，是半取其意、半取其音的譯法。「沙」（Tsar）一詞來自拉丁語中的「凱撒」（Caesar），意為「皇帝」，而在彼得大帝之後已經棄用沙皇這個稱號。此外，在不同時期、不同地區，沙皇所代表的對象各不相同，例如中世紀的沙皇是拜占庭皇帝，13世紀時則是蒙古大汗，而保加利亞皇帝亦曾自稱沙皇。

五年）更乾脆廢除牧首一職，並仿照瑞典和信仰新教的日耳曼路德派作法，以宗教會議取代牧首，用以處理全國的宗教事務。接下來，一直要到公元一九一七年才有莫斯科牧首這個職位出現。

但在烏克蘭（也就是舊時的基輔羅斯），教會歷史的發展方向略微不同，尤其是公元一五六九年之後，大多數的烏克蘭人屬於波蘭的羅馬天主教會。公元一五九六年的《布列斯特合併宣言》（Union of Brest-Litovsk）將基輔都主教教區歸於羅馬之下，東正教的信徒被迫接受這項宣言。雖然公元一六二〇年重新設立了都主教教區，且在公元一六八六年歸屬於莫斯科教會，但在合併事件之後，烏克蘭的東正教會與「東儀」（Eastern Rite）天主教會仍然各行其是。

▌ 從《慕善集》發現靜修之美

這麼說一點都不誇張，東正教會在近代初期歷史中最重要的事件之一，就是公元一七八二年出版的《慕善集》（Philokalia，意思是「美之愛」）一書。這是一本集合了公元四世紀至十四世紀東方基督教奧祕作品的文集，由阿索斯山的兩位僧侶——聖山[3]的尼克戴慕斯（Nicodemus oft he Holy Mountain，公元一七四八年～一八〇九年）、科林斯的馬卡利烏斯（Macarius of Corinth，公元一七三一年～一八〇五年）擔任彙編工作。這本書之所以重要，部分原因是收集的內容極為周全，此外還讓之前許多沒有付印的作品得以呈現在世人眼前；此書還有另一個重要性在於，它或多或少為龐督斯的埃瓦格里烏斯（Evagrius Ponticus）平了反。這位活躍於公元四世紀的沙漠教父之前被譴責為俄利根派信徒，作品由此遭到忽視，在這將近一千多年的時間裡近乎湮滅，但由於他在精神生活上的著作對於東方的冥想傳統實在太過精湛重要，因此不能不將之囊括在《慕善

集》這本書中。此外，有個說法是很公允的——這本書一舉
將「靜修」成為東正教靈性修行的主要形式。

但《慕善集》真正的重要性在於，推動整個東正教世
界進行心靈革新的運動。在出版當時，許多人認為，這本
書以一種獨特且有力的方式表達出東正教的中心理念，俄
羅斯和廣大的斯拉夫世界尤其深受這本書的影響。公元一
七九三年，阿索斯山的僧侶派西・維利西科夫斯基（Paissy
Velichkovsky，公元一七二二年～一七九四年）在聖彼得
堡發行了斯拉夫語的譯本；此外，派西也因引進希臘的精
神「長老」制度進入斯拉夫教會，而居功厥偉。所謂「長
者」（Elder，希臘文Geron，俄文Staretz）是精神生活的導
師，有責任將年輕的僧侶團結起來，並且身兼懺悔神父與
平信徒的指導，這些長者因而成為東正教修道生活革新的
一個重要部分。

而普遍受到好評的《慕善集》斯拉夫語譯本，後
來則由近代最受俄羅斯信徒愛戴的聖人——隱士西歐凡
（Theophan，公元一八一五年～一八九四年）翻譯成俄文
版本。這本文集對於平信徒的虔誠生活產生了很大的影
響，最佳（或說最特殊）的寫照是兩則作於公元十九世紀
的故事，而作者很可能是阿索斯山的僧侶，一篇是〈俄羅
斯朝聖者之旅〉（The Way of a Pilgrim），另一篇則是續
篇〈朝聖者的再出發〉（The Pilgrim Continues Upon His
Way），主要說的是一個旅行者不斷地在內心祈禱、實踐靜
修方式的故事。

▎東 正 教 的 傳 教 ， 極 北 直 驅

公元十八世紀，同時也是俄羅斯傳教活動的興盛時
期，不僅深入了西伯利亞荒野、極北之地、中亞，更到達
北美洲。其中最受人敬仰的傳教士為阿拉斯加的聖荷曼（St
Herman of Alaska，約公元一七五八年～一八三七年）。這
位虔誠謙和的俄羅斯僧侶，於公元一七九四年抵達科迪亞

註3：聖山，即阿索斯山。

克島（Kodiak Island），當時這個島屬於俄羅斯所有，荷曼與其他六位僧侶就在這片新世界展開了第一次的東正教傳教活動。荷曼不只爲當地的阿留申人（Aleuts）服務，讓許多人改信基督教，亦很快發現自己必須爲當地居民充當發言人和保護者，以抵抗俄羅斯殖民者的侵擾。公元一八〇八年，荷曼選擇前往斯普魯斯島（Spruce Island）隱居，這個島距離科迪亞克島僅一英里之遙。他在島上興建了一所學校和小教堂，奉獻他的餘生來照料孤兒和病者。

向阿留申人傳播福音的下一個世代俄羅斯傳教士，則數阿拉斯加的聖伊諾森（St. Innocent of Alaska，公元一七九七年～一八七九年）貢獻可能最多。他是一名結了婚的神父，公元一八二四年與妻子、家人抵達烏納拉斯卡島（Unalaska Island）。伊英諾森很快便在這個島上興建了一所教堂，並開始研讀當地居民所說的語言，準備用以傳教。這些居民不僅包括烏納拉斯卡島的原住民，還有普里比洛夫群島（Pribilof Islands）、福克斯群島（Fox Islands）。而在逐漸掌握阿留申人的方言之後，他發展了一套阿留申字母，並開始將聖經翻譯爲烏納根語（Unagan），這是阿留申人方言中最主要的一種。公元一八二九年，他前往白令海（Bering Sea）沿岸傳教；到了公元一八三四年則移往矽地卡島（Sitka Island），並在當地學習特林基特人（Tlingit）的語言。

伊英諾森於公元一八三八年失去他的妻子，並在公元一八四〇年接受了勸說，發下誓言成爲僧侶。同年他被派任主教，教區包括了阿留申群島、堪察加半島（Kamchatka Peninsula），以及日本東北方的千島群島（Kurile Islands）。但伊英諾森並未因此停下腳步，而是繼續他做爲一名旅行傳教士、能操持北美洲原住民方言的學者和翻譯者的工作。伊英諾森於公元一八六五年的莫斯科宗教會議（Moscow Synod）中獲得晉升，並在公元一八六八年成爲都主教。

> 「沙皇的權力必須次於主教的權力。全能的上帝將天國之鑰交付給主教，並且實際上授予主教任用與解職的權力。不只如此，主教的權力是屬於精神方面的，而授予沙皇的是屬於俗世方面的……與國家任用的俗世公職人員相比，神職人員難道不該受到更多敬仰、擁有更高權力嗎？」——牧首尼康，《駁斥或毀壞》（A Refutation or Demolishment），約公元1663年

聖薩拉芬，修道生活導師

俄羅斯進行偉大精神革新的年代裡，所有的長老之中沒有一位能比薩羅夫的聖薩拉芬（St. Seraphim of Sarov，公元一七五九年～一八三三年）更受到民眾愛戴。他生於庫爾斯克（Kursk）的商人家庭，並取名為普羅霍爾・莫西寧（Prohor Moshnin）。薩拉芬很早就以虔誠、溫和，甚至有些神祕的個性而顯得與眾不同。公元一七七七年，他進入薩羅夫修道院（Sarov Monastery）；到了公元一七八六年，他發下最後的誓願，並以薩拉芬做為修道的名字。

這位修女在公元2003年的一場慶典中點燃蠟燭，這一年，是薩羅夫的聖薩拉芬封聖一百週年。

從開始見習到逝世為止，他都一直過著苦行的生活。他只吃足以維持生命的食物分量，絕大部分的時間都待在教堂的祭壇前祈禱。公元一七九三年，他被任命為執事僧侶，沒多久便帶著長老的祝福，獨自隱居在森林中祈禱。此間不時有僧侶和修女前去求見，尋求精神指引，此外還有森林裡的動物前來拜訪（如果你相信這些故事的話）；曾有一位修女親眼看到他用手餵食一隻熊。

有一天他被一群強盜襲擊，因為他被誤以為身上有些可以搶奪的值錢物品。當時他正在森林中砍柴，但他一點想自衛的意思都沒有，即便強盜已經開始拿起他的斧柄痛打他。這些強盜後來之所以停手，是因為他們以為薩拉芬已經死了。儘管薩拉芬從這場劫難復原了過來，卻沒有完全恢復；而當這些強盜被捕並且受審時，薩拉芬還懇求法官能饒過這些人。

薩拉芬在身體復原之後不久，便開始進行祈禱。他赤腳站在岩石上，雙手向著上帝高舉，如此持續了一千個晚上。接著在公元一八一五年，據說是為了回應一個與上帝之母有關的異象，他敞開自己隱居之所大門，歡迎所有希望找他做精神指引的人，並傳授眾人如何才能以基督教導的愛來祈禱，從而「獲得」聖靈。他的智慧，他那能夠看穿訪客內心的「神奇」能力，以及開朗、慈悲又溫和的個性……這些事蹟很快便傳揚出去，吸引了許多信徒的到訪。

這類參訪之中，尤以尼可拉・莫托維洛夫（Nicholas Motovilov）的記載最為著名。他不僅記錄了薩拉芬的許多教導，更宣稱當這位長者在「非受造的光」當中改變容貌時，他人就在薩拉芬的身邊。薩拉芬於公元一八三三年安詳地離開人世，當時，他正在一幅上帝之母的聖像前祈禱。

十九世紀，
強烈懷疑的年代

佛洛伊德認爲宗教的起源大多歸因於人類對死亡的恐懼，因此他堅信，當科學不斷進步、當心靈的科學逐漸擊敗迷信思想，宗教的「迷思」將會消逝無蹤。

到了公元十九世紀末期，西歐的基督教自近代初期以來的衰退，從所有人文角度來看似乎已經無可挽回，這種頹勢在許多人眼中代表了歷史的自然走向。歐洲大陸的知識階層越來越疏離祖先的信仰，而「無神論」甚至在某些圈子裡開始默默地獲得尊重，這在之前任何時代都是不曾享有的待遇。對某些人來說，基督教的衰落會讓他們大聲歡呼；而對另外一些人來說，這純粹是一種文化事實，也許會為其嗟嘆。無論是哪種情況，許多人都認為他們能夠預見一個宗教完全消失的時代。

當然，在整個公元十九世紀裡，絕大多數的歐洲人不只名義上是基督徒，他們多半也是某個派別的基督教信徒。以絕對人數而言，懷疑論者與無信仰者只占了極少部分，但他們卻是越來越受公眾矚目的少數；他們清楚地拒絕接受信仰，這從許多方面來看都是一種徵兆，意即，傳統基督教掌握西方文化思維的力量已經越來越薄弱。

要想明確區隔出這個大規模文化運動的起因是不可能的。無庸置疑，有一些是出於物質面，也有知識面、社會面，以及其他或多或少無法界定的因素。但有一部分的原因是，受過教育的中產階級崛起於「發現的年代」，一個與以往主要憑藉口耳相傳散播「眞實」故事的年代大不相同；也有一部分原因是，基督教王國在近代初期的分崩離析，導致了基督教義經常出現矛盾的版本，使得所有和教義相關的宣告似乎變得有點不可靠；另外也由於一個普遍、但不盡然具有邏輯的印象開始深入人心，那就是——現代科學對於宇宙的概念，某方面而言和基督教義有所衝突。此外，對於基督教的「世俗化」（Secularization）的現象也沒有定論。

▌宗教信仰的悲歌

當時有許多思想深刻、但都已不再是信徒的觀察家，很明顯地以哀傷口吻寫出——基督教面臨的新景況，並且意識到信仰的遠離；過去存在的固有形式和意義，以及能爲那些最需要這些事物的人提供的希望和慰藉，大多都已消失。同時，他們也注意到，一個缺少宗教信仰的社會，其道德本質未必會給人更多的自信。而表達出這種「懷疑的渴望」作品之中最著名的是，公元一八六七年馬修・阿諾德（Matthew Arnold，公元一八二二年～一八八八年）所寫的詩〈多佛海灘〉（Dover

315

Beach）；在詩裡，「信仰之海」發出了「沉鬱、悠長而疏離的吼聲」，以及缺少了歡樂、愛、光明、明確、和平、有助解除痛苦的世界等意象。詩人眼中所見的只有「一片幽暗的平原／受到驚嚇而騷動及振翅高飛的混亂聲音橫掃四方／而無知的敵人在那裡撞見了夜」。

另有一首詩作〈上帝的葬禮〉（God's Funeral），較不為人所知（但那或許是它應得的），是湯瑪斯·哈代（Thomas Hardy，公元一八四〇年～一九二八年）的作品，寫於公元一九〇八年左右。這首詩描述了一幅景象，有一列送葬隊伍在一片「晦暗的平原」上，載著死去上帝的「神祕形態」前進，一路上，有越來越多哀悼者加入了行列。

這位詩人坦承，自己因為失去了某些曾經非常珍惜的事物而感到悲傷，並熱切地訴說那些早已不再的時光——以「令人信賴的祈禱」做為一天的開始，並帶著確定上帝存在的心來結束一天；而如今「是誰或是什麼能取代祂的位置？」哈代並且這麼問：「如何承受我心中的這股茫然／這是每個有生命的心靈都會堅持提問的問題。」

▌達爾文學說，大自然的獠牙？

毫無疑問，傳統宗教信仰在公元十九世紀所受到的打擊，沒有什麼比得上公元一八五九年《物種起源》（The Origin of Species）一書的出版。查爾斯·達爾文（Charles Darwin，公元一八〇九年～一八八二年）首次公開揭露物種演化的概念，而演化需要幸運的突變和自然的選擇，得經過一段相當長的時間才能完成。

雖然達爾文並未在書中討論人類的演化，但他的想法帶著明確的暗示，而這些暗示在公元一八七一年《人類起源》（The Descent of Man）一書出版後變得極為明確。

當然，對於最執著於字面意義的聖經
讀者來說，達爾文的說法是可恥的，原因
純粹是它否定了〈創世紀〉裡的故事。但
古代基督徒那種以寓意解讀聖經的方式，
在基督教文化中從來沒有凋零，而且許多
公元十九世紀的基督徒認爲，物種起源的
概念完全無悖於聖經。最早、也最積極擁護達爾文主
張的人，是一名極爲博學的美國植物學家阿薩·格雷
（Asa Gray，公元一八一〇年～一八八八年）。他是一
位虔誠的基督徒，將進化視爲自然架構中上帝所顯現的
創造之能。

> 「萬物起源的奧祕非我們能解，至於我
> 本人，只要當一個不可知論者已經心
> 滿意足。」——查爾斯·達爾文，《自
> 傳》，公元1876年

就基督徒對現實生活的認知，達爾文的書所造成
的挑戰並非全然是邏輯方面、也不完全是感性層面的衝
擊，而「進化」的概念也不是那麼受到關注，焦點其實
在於——「自然選擇」（Natural Selection）的機制。這
個機制似乎造成了一種腐蝕效果，侵犯了想像的力量，
而基督徒正是依靠這股力量，以基督徒的角度去看待
世界。

在達爾文的學會人士心目中，他對世界的觀點可以
如此歸結——一個曾經由冷酷無情必要性、毫無思想機
會性所治理的現實世界，且兼以無數的死亡事件、你爭
我奪、盲目努力予以塑型。這樣的世界，眞的是基督徒
的上帝創造出來的嗎？

▎佛洛伊德與馬克思

事實上，所有偉大的「後宗教」或「唯物主義者」
思想學派，都是在公元十九世記誕生，不管是隱是顯，
這些思想組成了現代晚期文化最深處的內涵；其中，最
值得一提的是形成「現代心理學與現在社會理論」的思
想，而西格蒙德·佛洛伊德（Sigmund Freud，公元一
八五六年～一九三九年）顯然是此種思想發展最重要的

此爲刊登於公元19世紀一份熱門法
國雜誌的諷刺畫作。達爾文被畫成
一隻在樹上擺盪的猴子，藉以諷刺
他在《人類起源》一書中，主張
「人類是由較高等靈長類演化而
來」的理論。

人物。

儘管近來他的名聲似有下跌，但他所創造的人類意識「神話」至今幾乎未受影響。對佛洛伊德來說，「自我」不是擁有內在特質的靈魂，而是一種含有生物性與社會性衝動的複雜混合物。佛洛伊德的許多思想在原始機制上相當的「達爾文」，認為有意識的心智只是「無意識」的表面，在表面之下則有著潛伏且多半非理性的衝動、壓抑的慾望、沉默的回憶，以及矛盾的性衝動。此外，由於佛洛伊德認為宗教的起源大多歸因於人類對死亡的恐懼，因此他堅信當科學不斷進步、當心靈的科學逐漸擊敗迷信思想，宗教的「迷思」將會消逝無蹤。

公元十九世紀的歐洲，許多理論學家皆試圖以清晰的唯物主義觀點建立社會面或政治面的「善」；而在這些理論學家當中，沒有任何一位的影響力能與底下這位不是那麼正統的革命社會主義之父——卡爾・馬克思（Karl Marx，公元一八一八年～一八八三年）相比。馬克思的聲譽在過去一個世紀以來受到相當的詆毀，但不可否認地，他所提出的「政治、文化、社會是『唯物辯證法』的產物」「歷史，幾乎都由階級鬥爭與經濟驅力來推動」這些觀點產生了巨大的影響，甚至連對於誹謗他的人都不例外。他所主張的某種無神論烏托邦理想，於公元二十世紀中展現了巨大的力量，激烈地轉變（並經常摧毀）了整個社會。

▍激烈極端的「優生學」思想

而「優生學」（Eugenics）則是另一個加入社會主義經濟學、「先進」思想社會理論行列的學派，但這股思想竟造成了比悲慘還可怕的結果。法蘭西斯・高爾頓（Francis Galton，公元一八二二年～一九一一年）於公元一八六〇年代首次發表了優生學的原則，而那些活躍於公元十九世紀末到二十世紀初、許多最具啓發性思維

此為插畫家古斯塔夫‧杜雷（Gustave Doré）的作品，圖中可以看到聖保羅大教堂（St. Paul's Cathedral）
聳立在公元1870年代喧鬧的倫敦市集中。公元19世紀，工業化和城市快速成長等新興社會因素，使城市逐漸披
上了唯物主義的外衣，而這是「世俗化」的必然結果。

的人士（似乎包括達爾文在內），無不認同這個理論的目標。許多支持這項運動的人相信，他們只是引用了達爾文學說的結論，他們是這樣推論的——如果「自然選擇」是一個讓物種繁榮和進步的機制，那麼文明就不該容許這個進程在人類物種當中停滯下來，而對於那些帶著遺傳缺陷、以及種族、道德、精神方面皆屬「劣等」的人，理想上，應該防止他們繼續繁衍後代。

當然，從邏輯來說，將達爾文在生物學上的錯誤當作道德準則是一件相當荒謬的事，但優生學的預設卻被自由思想的個人和國家廣泛接受了幾十年之久。公元二十世紀初期，許多歐洲傳統的新教國家，以及美國、加拿大和澳洲將特定的優生學法則制定為法律，因此會讀到理想社會主義者威爾斯（H. G. Wells，公元一八六六年～一九四六年）的預測也不足為奇，他認為，總有一天，會因為對物種有益而必須滅絕整個種族。不過，西方社會現在已經差不多領悟到，激進的唯物主義所孕育出來的恐怖，將遠遠超過最糟糕的宗教狂熱。

達爾文的表弟法蘭西斯・高爾頓爵士，是「優生學」理論的創始人。此理論假設，人類這個種族可以藉由選擇性繁殖（Selective Breeding），達到改善的目的。

反基督的先知，尼采

尼采在《歡愉的智慧》（The Gay Science）一書中最著名的一句格言：「上帝已死！祂一直都是死的！我們已經殺了祂！」

公元十九世紀的思想家所寫的作品中，沒有誰能像那位卓越的古典主義者、語言學家、哲學家──弗里德里希·尼采（Friedrich Nietzsche，公元一八四四年～一九〇〇年）一樣，將懷疑論者的聲音表達得如此清晰，如此切中要害。

尼采是將「信仰的衰退」解釋得最有條理的人，也是「後宗教」思潮最堅定的擁護者；無論在他所處的時代，或是之前之後的任何時期裡，他，尼采，都是反對基督教反得最激烈的哲學家。他相信，基督教的勝利代表了西方人的災難，而這場災難拉抬了軟弱怯懦之人身上的奴性和憤恨的價值，貶抑了堅強誠實之人身上的高貴，以及他們重視生活和健康的美德。他同時認為，基督教的天堂故事在人世間已經失去意義，善惡之間的「道德」區分只是在濫用人類的價值，福音書所宣揚的溫順和善與崇尚憐憫已經毒害了人性的泉源。他也毫不猶豫地自稱為「反基督」。

然而，尼采對於「沒有上帝的未來」，這份來自他自己的預言並不全然樂觀。他擔心，在沒有宏大的願望時，人類或許會沉淪，變成他所稱的「末人」（Last Men，德文為「Die Letzten Menschen」）；這是一種猶如昆蟲的種族，了無生氣，只知自我陶醉，沉浸在瑣碎的滿足中。但他希望人類能從基督教在這兩千年來引發的茫然無知中提振起來，決心成為「超越尋常人類的人」，也就是「超人」（Overman，德文為「Der Übermensch」）。超人，是積極向上卻無法明確規範的英雄、藝術家或領袖，這種人只要還有力量為人世間的生活奮鬥，便不會屈從於最終的虛無主義；然而，這樣的人也許尚未出現。

在《歡愉的智慧》（The Gay Science，公元一八八二年）一書中著名的段落裡，尼采說到一個寓言──有個瘋子進入一座城市，並宣告「上帝之死」。這代表人類對「超越性」信仰的結束，此事的影響如此深遠，足以讓我們這個世界的每條地平線都「被海綿擦掉」。但是，沒有人知道尼采的話是什麼意思；甚至，那些不再相信上帝的人，也不懂得他傳達的訊息有多重要。

因此這個瘋子走了，他心知人類還需要花好幾個世紀的時間，才能理解上帝之死所代表的含義，意即──所有的價值觀都將完全改變，人類所有的事物都會徹底轉換。

十九世紀，
熱中信仰的年代

公元1742年，循理派布道家喬治‧懷特腓在倫敦的摩菲（Moorfields）舉行復興布道會的情景。懷特腓也致力於將福音思想帶入美國，自公元1730年代末期以降共進行了十三次傳教之旅。

公元十九世紀並不只是懷疑的年代。儘管各式各樣的無神論與懷疑論蓬勃發展、直指西方文化的中心，但在這段時間裡，也出現一股同等強大、光從數字來看甚且勝過許多的趨勢，那就是——宗教革新風潮紛起。許多教會在這段時期皆成功地拓展出去，也有一些教會因相互結合而獲重生。對於大部分的基督教世界來說，這是一個信仰的世紀。

公元十九世紀的新教圈子裡，最重大的發展或許是「福音主義」（Evangelicalism）這種宗教思想的快速興起。福音主義於公元十八世紀的英國首次出現，之後很快地轉移到北美洲。這個運動至少在一開始的數十年裡，並不與任何特殊教派相關，也未與任何標準的神學有所連結。它強調的是——個人因上帝恩典而體驗到的皈信、悔改、救贖和成聖。其典型表現方式是一種明顯帶著熱烈情緒的特定崇拜儀式，主要是強調如何培養祈禱的生活、如何堅定個人理念，以及篤信「基督是個人的救主」與福音運動。

▌新 教 底 下 的 福 音 主 義

福音運動（Evangelization）其實和歐洲其他天主教、新教的「敬虔運動」|[1] 同時發生，其最重要的早期形式是「循理派」|[2]（Methodism）。在約翰‧衛斯理（John Wesley，公元一七〇三年～一七九一年）和其弟查理（Charles Wesley，公元一七〇七年～一七八八年）的領導下，循理派於英國教會內部創立。約翰是一位博學虔誠的聖公會牧師，查理亦為聖公會牧師，但他同時也是一名詩人，以及基督教歷史中一位相當傑出的讚美詩學者。這對衛斯理兄弟在他們早期的布道生涯裡，便致力於定時參加聖餐禮、研讀聖經，以及探訪監獄，但在公元一七三八年，他們兩位都出現了改變信仰的經驗。約翰很快地被另一位聖公會牧師喬治‧懷特腓（George Whitefield，公元一七一四年～一七七〇年）說服，進行公開布道，也因此演變成後來的福音復興布道會。不過後來，衛斯理和懷特腓由於對命運預定論的信仰出現歧異，而分道揚鑣。

懷特腓對於將「復興思想」（Revivalism）引進美國有特別重要的貢獻；此外，也鼓舞了第一次「大覺醒」運動（Great Awakening）。這個由宗教「敬虔主義」（Pietism）和宗教狂熱分子組成的運動，於公元一

循理派牧師約翰‧衛斯理正在布道，此畫像由那撒尼爾‧荷恩（Nathaniel Hone）繪於公元1766年。

註1：或可稱「虔敬主義」，是17世紀末到18世紀初在路德教派內部的一次思想運動。此運動的主要人物是施本爾（Spener），他認為要透過讀經、禱告和查經來恢復路德的主張。

註2：又稱循道宗，監理宗，衛理宗或衛理公會。

七二○年代至一七四○年代橫掃整個美國殖民地。公元
一七九○年代，新英格蘭與肯塔基州兩個地區興起了第
二次大覺醒運動。在新英格蘭地區，整個運動的進行比
起第一次大覺醒要來得平和冷靜，但在肯塔基州則是更
「熱烈」、更「讓人入迷」。而在接下來的公元十九世
紀裡，一種福音形態的基督教會逐漸成為美國新教思想
的主流形式，這是因為比起「受洗」，它更重視個人改
信基督教時的體驗，視其為在基督中「重生」的方式。

▌ 新 教 的 「 中 國 內 地 會 」

這幅插圖描繪的是中國北京的一所
天主教學堂，出自公元1882年出版
的《傳信會的工作》（Work of the
Propagation of the Faith）一
書。傳信會，是天主教的一個機
構，創立於公元1822年的法國，主
要任務是促進全世界的傳教工作。

　　此外，公元十九世紀的新教教會也齊一心志地將福
音宣揚給尚未信仰基督教的人群。循理派主教湯瑪斯‧
寇克（Bishop Thomas Coke，公元一七四七年～一八
一四年）將他的聖餐帶入了「宣教荒場」，而英國浸信
會牧師威廉‧克理（William Carey，公元一七六一年～
一八三四年）是他教派中第一位前往印度傳教的人。至
於安東尼‧葛若弗斯（Anthony Norris Gro-
ves，公元一七九五年～一八五三年），則
是普利茅斯弟兄會（Plymouth Brethren）的
其中一名創始人，他在遷到印度之前，甚至
曾在巴格達擔任傳教士工作。

　　新教於公元十九世紀最著名的傳教活
動，是戴德生（Hudson Taylor，公元一八三
二年～一九○五年）領導的「中國內地會」
（China Inland Mission）。戴德生住在中國
超過五十年，興辦了許多學校，並以一己布
道之力讓數以千計的中國人改信基督教，此
外也吸引了數百位傳教士前往中國。事實
上，戴德生已完全融入了中國社會，他穿上
當地人的服飾，接受了許多當地習俗，甚至
學習當地語言。後來亦有少數的新教傳教士

仿效他的作法，而他所立下的典範更鼓舞了數以千計的
傳教士深入內地傳教，這不只限於中國，甚至遍及全世
界許多偏遠地區。

天主教的梵蒂岡大公會議

　　與此同時，天主教在公元十九世紀的傳教活動依然
非常活躍，羅馬教會的教眾在全世界的人數以絕對的數
目持續成長。但是這段時期中，天主教制度上最重要的
發展在於「歐洲教宗權力的變遷」，無論是世俗或宗教
上的權力。在公元一八四八年「革命年」|**3**（Revolu-
tionary Year）之後，教宗國結束實際獨立狀態，以及羅
馬被併入統一的義大利已是在所難免，
這個趨勢在公元一八七○年後成為既定
事實。這便是教宗庇護九世（Pope Pius
IX，公元一七九二年～一八七八年）在
長達三十二年任期裡被迫面對的政治局
面。不過，文化上的情勢或許更嚴酷，
像是唯物主義和反神職人員思想的興
起，以及普遍可見的教會神職人員道德
淪喪問題。

> 「這個可憎的學說稱為共產主義，與自
> 然法則完全矛盾，若不顛覆所有權利，
> 所有利害關係、財產的本質和社會本
> 體，便無法建立這個思想。」——《信
> 仰與宗教》（Qui Pluribus）通諭，教
> 宗庇護九世於公元1846年11月9日發布

　　這所有的難題使得教宗決定召開第一次梵蒂岡大公
會議（First Vatican Council），他希望能在這個盛大的
場合釐清教義上的問題，並進行組織改革。事實上，這
場會議不過從公元一八六九年十二月開到公元一八七○
年十月，教宗便不得不無限期暫停會議，因為當時義大
利王國的皮埃蒙特（Piedmontese）軍隊占領了羅馬。
不過當時在會議草率結束之前仍發布了兩份有關教義的
文件——第一份是《上帝之子》（Dei Filius），這關係
到教會的領導權（Church's Magisterium），意即教會對
於「神學與解經的聲明是否適用」具有最終決定權；此
外，這份文件也試著定義信仰與理性之間，必要的和諧

註3：即歐洲革命年，意指公元
1848年在歐洲各地發生一系列的
革命運動，又稱「歐洲國家之春」
（Spring of Nations），這對當時
帶著「反動」思想的天主教會也是
一大衝擊和挑戰。

325

關係及其相對的權威。

第二份文件是《永恆的牧者》(Pastor Aeternus),內容主要與教宗的管轄權、教義上的正統性有關,這個主題引起了與會人士的激烈辯論。文件中確立,身為彼得繼承者的教宗承接了整個教會獨一無二的權力,包括教會所屬的每個教區,其完整且不可抗拒的管轄權。此外,教宗在教義方面擁有絕對的權力,這是完全「無誤的」;所謂的「無誤」代表著,當教宗並未違背教義傳統,而在最終發布了教會的教義指示時,便沒有錯誤的可能。還有,教宗有權力「依己之意,無須經由教會多數人之意」來決定教義,因此不需透過教會的會議來做出最後決議。

東正教於俄羅斯,哲學式思索

至於東正教思想於公元十九世紀的最重要進展,則發生在俄羅斯。在這個世紀前半,興起了一個組織鬆散的運動,名為「斯拉夫之愛運動」(Slavophilism),主旨在於統一所有斯拉夫文化,並恢復東正教傳統活力,以別於現代西方歐洲所謂的威權主義、唯物主義和精神貧乏。「斯拉夫之愛」的成員通常是政治上的自由派,他們鼓吹解放農奴、廢除死刑、提倡被壓迫人民的自由,同時也希望沙皇成為一個合於憲法、向國會負責的君主。此外,他們也希望對當地信仰基督教的斯拉夫人民,進行精神和文化傳統的革新,尤其是陳舊的基輔羅斯基督教精神。

其中最令人印象深刻的一名斯拉夫之愛成員,是阿勒克塞‧考米雅科夫(Alexei Khomyakov,公元一八〇四年～一八六〇年)。他是一名詩人、哲學家、政治理論家和神學家,同時也是第一位解釋斯拉夫基督徒在宗教與政治方面「Sobornost」的人,這個字也許能譯為「一致」、「完整」或「和諧」。考米雅科夫對於資本主

位於莫斯科紅場上的聖巴西爾大教堂（The Cathedral of Saint Basil the Blessed），是由伊凡四世（恐怖伊凡）委託興建，於公元1555年動工，1561年完工。

義和社會主義懷有同等的輕蔑，他認為兩者是西方唯物主義異論的兩個極端，同時也是極權專制社會組織的兩種形式，皆與人性的尊嚴無法相容。而另一位同樣致力於這個「和諧」理想的人，則是伊萬・基列耶夫斯基（Ivan Kireevsky，公元一八○六年～一八五六年），他將此理想視為西方現代事物中，個人主義與集體主義的某種替代方案。此外，基列耶夫斯基對於將「德國理想主義者的哲學魅力」|4引進俄羅斯基督教哲學，有著極為重要的貢獻。

此後，俄羅斯基督教的下一個世代思想家，儘管有些人比較傾向本土主義熱情，有些人偏向擁抱世界主義的開放思想，但他們仍幾乎沿用了早前斯拉夫之愛成員的所有理念與理想。若談到擁抱世界主義，便不能不提到身兼哲學家與詩人、同時也是現代俄羅斯思想巨塔的人物——弗拉基米爾・索洛維耶夫（Vladimir Solovyov，公元一八五三年～一九○○年）。儘管身為東正教徒，索洛維耶夫的觀點卻普及於整個基督教，由此贏得了所有基督徒的認同。一如斯拉夫之愛成員對資本主義和社會主義的鄙夷，他對於政治的自由主義也不屑一顧。索洛維耶夫在歐洲哲學傳統方面的涉獵甚深（尤其是德國的理想主義），這是之前任何一位俄羅斯哲學家所不具備的。他的思想中心是——「神聖的人類」，全人類是出於原始和自然而朝著神聖的方向前進，而「神—人」（God-Man），也就是基督，他則實踐了這個方向，因而將萬物與上帝融合為一。

索洛維耶夫也被視為「蘇菲亞學說」（Sophi-ology）之父，這個思想運動與聖經中神聖的「蘇菲亞」／「智慧」（Divine Sophia or Wisdom）有關，其在歷史的本質上幾乎被理解為一種「神聖的女性」，意即，創世時便存於上帝之中、同時也居於萬物精神深處的開闊之地，等待與上帝團聚。

歷經了早期與虛無主義的邂逅，弗拉基米爾・索洛維耶夫後來回到東正教會的懷抱，成為俄羅斯基督教最具原創性的思想家之一。

註4：尤其是弗里德里希・威廉・謝林（Friedrich Wilhelm Schelling，公元一七七五年～一八五四年）的思想。

杜斯妥也夫斯基，深富哲思

費奧多爾·杜斯妥也夫斯基（Fyodor Dostoyevsky，公元一八二一年～一八八一年）是西方文學史上最偉大的小說家之一，也幾乎可以確定是最偉大的宗教小說家。他的後半生受到年輕哲學家索落維耶夫的影響極深，尤其是索落維耶夫針對「神—人」（God-Man）與「人—神」（Man-God）[5]這兩者所提出的對立主張。而事實上，索落維耶夫與杜斯妥也夫斯基兩人筆下所描繪的「人—神」，與德國哲學家尼采的「超人」（Übermensch）主張，在某些方面相似得可怕，儘管他們很可能連對方的名字都沒聽過。

杜斯妥也夫斯基是個內心有著許多矛盾的人，年輕時曾歷經反宗教、與政治激進思想時期，在其政治激進思想時期裡甚至飽受嘲笑愚弄的殘酷折磨，而後被流放至西伯利亞坐牢和強制勞役。成年之後，他完全回到基督教信仰的懷抱，並熱愛東正教和俄羅斯（不過兩者的順位並不是一直不變的），且拒絕任何一種膚淺隨便的信仰。在他最後一部、也最偉大的小說《卡拉馬助夫兄弟們》（The Brothers Karamazov，公元一八七九年～一八八〇年）中，有一章名為〈背叛〉（Rebellion），文中的劇情設定被許多人視為反對基督教信仰最有力的主張。

身為一個小說家，杜斯妥也夫斯基在世時便因他對人類心理的深刻認識而廣受好評，這份天賦於他的中篇小說《地下室手記》（Notes from the Underground，公元一八六四年）首次顯露出來。這部小說以第一人稱觀點敘述，

裡頭的主角的性格可能是截至當時西方文學作品中，最奇特、最複雜、也最衝動的一個。主角是個擁有「後基督教」理性主義思想，心胸狹窄、自我厭惡和只在乎自己的傢伙；儘管如此，他其實深受折磨，只因他很清楚人類意志是如何頑固地抗拒所有理性思維；此外，源於從前曾犯下一樁殘酷罪行，他一直不斷被自己的罪惡感糾纏，深陷於不斷否認與不敢置信的罪惡感之中。

德國哲學家尼采對於導致基督教信仰於現代西方衰退的每一件事，與隨之而來出現的危機及不確定性，杜斯妥也夫斯基的想法其實均和他一致，不同的是他多了份微妙的人性深度關照，這是尼采所沒有的。此外，與尼采不同的是，杜斯妥也夫斯基相信，現代人文主義之所以沒落成無政府主義[6]，並非人類意志被基督教腐化所致，而是現代男女不具備承擔基督教自由力量的能力。

而針對無政府主義，杜斯妥也夫斯基的答案則非提倡（尼采的）「超人」，而是長老佐西馬（Zosima）——他是《卡拉馬助夫兄弟們》書中的一個人物，這位僧侶總是以熱切的心，和由內而外散發的慈悲心，來看待世間萬物。

註5：「神—人」，也就是基督，是接受上帝恩典而成為完美神聖的人類。「人—神」，一種能夠支配、戰勝物質世界的人物，代表了墮落人類的最高成就。

註6：杜斯妥也夫斯基以睿智的眼光，預見了無政府主義將為政治與社會帶來更不幸的結果。

二十世紀的美國

公元1965年，馬丁・路德・金博士在一場從塞爾瑪（Selma）到蒙哥馬利的公民權遊行開始之前，對群眾發表演說。

到了公元二十世紀結束之際，超過二十億（也就是三分之一）的地球人口至少在名義上是基督徒；福音，以某種形式傳遍了地球每一個角落。以純粹歷史的方式來看，基督教似乎從未這麼接近過理想，也就是——建立一個真正全球化的信仰。但從另一方面來說，以前與基督教相連相關的教派從來沒有這麼多，有些甚至彼此之間幾乎無法理解溝通。如果說，基督教是一種全球的信仰，那麼它無論如何都不是個統一或一致的社群。

基督徒的告解儀式種類繁多，但沒有一個地方像北美洲這般強烈鮮明，尤其是美國，各種早期拓荒者所信仰的基督教有著多樣的形式，等到公元十九世紀晚期和二十世紀初期湧入大量移民之後，更孕育出了各式各樣的教派。

福 音 派 新 教 思 想 ： 基 要 主 義

公元十九世紀裡，在美國如此根深蒂固的福音派新教思想，很明顯地不屬於單一教會，它甚至未仰賴單一不變的神學體系來組織建構。福音派思想容許了無數的變體，在公元二十世紀的最初二十年間興起了一個名為「基要主義」（Fundamentalism）的新變體。這個名稱的由來是因為自公元一九○九年至一九一五年間出現了一套共十二本概述其理念的書籍，名為《基要信仰》（The Fundamentals）。

原則上，基要主義是對「自由派神學」的一種回應，而所謂「自由派」就是闡述聖經內容時容許一定自由範圍的新教思想形式，像是針對聖經故事的哪一部分取其字面意義，哪一部分是以象徵意義來解讀）。此外，基要主義也對現代社會、宗教和科學裡的諸多發展加以回應，像是，基要派人士相信達爾文主義（Darwinism）、唯靈主義（Spiritualism）、摩門主義（Mormonism）、唯物主義（Materialism）等等發展損害了基督教的信仰。實際上，基要主義是由五項基本「定理」所組成，這套定理被認為是「真正的基督教」決定性條件，它們分別是——基督代替人類贖罪、神蹟是存在的、基督為童貞女所生、基督的肉身復活，以及聖經的無謬誤性（這份清單的某些版本還包含了：基督的神性、最後的審判）。

其中只有一項原則，也就是「聖經的無謬誤性」

公元1905年，一個義大利家庭抵達紐約港內愛利斯島（Ellis Island）的情景。公元19世紀末至20世紀初來到美國的天主教徒人數極為龐大，天主教會能成為美國現今最大的教會組織皆歸功於此。

是前所未有的。它遠遠超過了傳統基督教對聖經裡神聖啟示和真實性的認知，它所代表的意義是——聖經裡記載的每一個事件都在歷史上實際發生過，當中所寫的一字一句都具備真實的字面意義，而沒有任何矛盾之處。數個世紀前的基督徒也許會默默抱持這樣的聖經觀點，但做為一項明確的教義，它幾乎違背了所有的基督教傳統，無論在新教、天主教或東正教。

▌五旬節運動、靈恩運動

美國福音運動的一項重大發展，是公元二十世紀第一個十年所誕生的「五旬節運動」（Pentecostal movement），這項運動最終擴展到了全世界，因而有了更重要的意義。「五旬節運動」包含了各式各樣「熱烈」的精神活動，支持者相信——由「聖靈」來施行第二次洗禮（有別於用「水」來進行洗禮），會讓受過二次洗禮的信徒獲得精神上的「靈恩」或「恩惠」，然後和公元一世紀的基督徒擁有相同的體驗，像是說方言、奇蹟似的療癒、預言能力、驅魔的本領等等。五旬節派的許多人士相信，他們這個時代開始由聖靈來進行「後期統治」，並以公元一九〇六年至一九一五年在洛杉磯發生的「亞蘇撒街復興運動」（Azusa Street Mission Revival）做為開端；不過，在當時，這個復興運動因黑白種族混合，以及恍惚狂亂的崇拜儀式而飽受批評。

此外，「五旬節運動」並不侷限於福音派的教會之內。公元一九六〇年代，這項運動開始進入美國主流的新教、天主教，甚至是（極少部分的）東正教會。公元一九六〇年，在聖公會牧師丹尼斯·貝奈特|1（Dennis Bennett，公元一九一七年～一九九一年）的帶領下，作風穩健與廣受敬重的美國聖公會（Episcopal Church）亦受到影響。公元一九六七年，羅馬天主教神學學生（後來成為副主祭）凱文·拉納漢（Kevin

Ranaghan，生於公元一九四○年）與妻子經歷了一場靈恩改信的體驗。「靈恩重生」的思想開始於天主教內傳播，有很大一部分原因要歸功於拉納漢；在他的努力下，靈恩思想不僅傳遍了美國本土的天主教會，更擴展到全世界各地。

出現靈恩思想的教派通常會接受這種形式的精神活動，並將之視為基督徒生活中具備聖經傳統的一種正當、甚至是值得讚揚的形式。像是很快便可明顯看出，相信聖靈恩典的天主教徒往往並未偏離原本的教會，似乎是成了更虔誠的教徒。到了公元二十世紀末期，天主教靈恩運動不僅成為天主教思想所認可的形式，在世界上一些地區如非洲撒哈拉沙漠的周邊、菲律賓和巴西，靈恩活動便為當地的主要宗教活動。

1930年代，作禮拜的浸信會信徒。
在美國，浸信會教堂一般是「神聖的會眾」聚集之所，採用的是福音神學。

▌ 公民權運動，破除種族隔離

公元一九五四年，最高法院宣布「布朗訴托皮卡教育局案」（Brown v. the Board of Education）的判決——廢除公共教育裡的種族隔離政策；這也象徵了美國公民權運動的開始，而這項運動從許多實際面向上來看，是美國教會內部的運動。在運動中，當地的教眾和基督教組織，如南方基督徒領袖會議（Southern Christian Leadership Conference）皆大力鼓吹並支持和平抗爭。

事實上，該會議的其中一名創會成員，也就是浸信會的牧師傑米森（T. J. Jemison，生於公元一九一八年），他在公元一九五三年於路易斯安那州的巴頓魯

註1：公元1960年4月3日，牧師丹尼斯·貝奈特於講道壇上宣稱自己接受了聖靈的洗禮。

「我有一個夢想，有一天，這個國家
將會實現其信條的真正意義——『我
們深信這些真理是不言而喻的，也就
是人人生而平等。』當我們讓自由之
聲響起，讓這聲音響徹每一個小鎮、
每一個村莊、每一州和每一個城市，
我們才能讓這一天快點到來，到時上
帝所有的子民……將會攜手唱出古
老的黑人靈歌，唱著『終於自由了！
終於自由了！感謝全能的上帝，我們
終於自由了！』」——馬丁‧路德‧
金，公元1963年8月28日於林肯紀念堂
前的演講稿

治（Baton Rouge）帶領了一場抵制巴士
的活動，為類似的抗爭活動立下了典範。
另一名創會者牧師弗雷德‧舒特爾斯
沃（Rev. Fred Shuttleworth，生於公元
一九二二年），則是公元一九六一年
「自由乘車者」（Freedom Riders）運動
的主要發起人之一，也是三K黨[2]（Ku
Klux Klan）於公元一九五七年試圖謀刺
的對象。

在公民權運動許多擔任聖職的領導
人物當中，最有名、也最受人尊敬，但最
終讓人哀悼不已的人，便是浸信會牧師馬
丁‧路德‧金（Rev. Dr Martin Luther King
Jr.，公元一九二九年～一九六八年）。他
運用本身的演說長才、孜孜不倦的努力、
以及個人的勇氣所達成的事，或許可說無人能及，公民
權運動也由此轉變為全國注目的焦點。他堅守和平抗爭
的原則，讓全國數百萬觀看和聆聽媒體報導的民眾，對
於反對運動人士的暴力行為感到強烈的反感；順帶一
提，這些暴力行為在芝加哥等北方城市要比在南方城市
嚴重得多。

公民權運動在公元一九六三年的「向華盛頓進軍」
（March on Washington）運動之後，明顯引起了全國的
響應。通常，無論什麼事件都無法讓一個社會運動的道
德訴求，強行撼動全國的良知，但或許，公元一九六八
年馬丁‧路德‧金在田納西州曼非斯市（Memphis）遇
刺身亡這件事，是個例外。

註2：三K黨，是美國一個奉行白人至
上主義、白人種族主義與反對移民
的組織。

斯科普斯審判案，教材風波

美國的福音基要主義和現代唯物主義思想的衝突之中，最有名的一頁應該是公元一九二五年在田納西州德頓市（Dayton）的「斯科普斯審判案」（Scopes Trial）。在這個案子中，美國法律與政治上的兩大傳奇人物——克拉倫斯·丹諾（Clarence Darrow，公元一八五七年～一九三八年）、威廉·詹寧斯·布萊恩（William Jennings Bryan，公元一八六〇年～一九二五年），就一名公立學校教師教授 「進化論」的權利，展開了一場勢均力敵的法庭戰。

這名身為案件關係人的老師，名字是約翰·斯科普斯（John Scopes，公元一九〇〇年～一九七〇年），他被控在課堂上使用內含「生物進化論」章節的教科書，那是喬治·杭特（George Hunter）所著的《大眾生物學》（Civic Biology）。技術上，這已違反了田納西州於該年初通過的《巴特勒法案》（Butler Act），法案中禁止教授任何否定聖經裡創世故事、以及人類是從較低等動物演化而來的理論。

而丹諾是一名不可知論者，也是美國公民自由聯盟（American Civil Liberties Union）的成員，他自願加入被告一方；在此同時，認同基要主義運動信仰的布萊恩，則參與了原告一方。當布萊恩宛如一個「聖經專家」站上證人席時，這場審判案件也深深吸引了全國觀眾的目光。他和丹諾針對聖經中記載的創造世界和一些神蹟的真實與否，

進行了交叉詰問，這場循環反覆且失焦的辯論最終自法庭記錄中刪除。斯科普斯被判有罪，但僅罰鍰一百美元，上訴亦遭到駁回。

這場審判在人們印象中不過是一場「舊式的宗教虔誠與不帶情感的科學」衝突，然而，這個案子的實情要複雜許多。布萊恩從年輕時便是位最有熱情、也最具民粹色彩的「改革」政治家，他積極支持勞工和窮人、嚴厲抨擊種族理論，並堅定地相信民主。

在他成長的年代，進化論無可避免地會與優生學產生關聯，從很早開始他便譴責達爾文主義是一種憎恨與壓迫的哲學，並由衷相信基督教宣揚上帝之愛的律法，是一個公平社會唯一適用的基礎。只是，在當時即便是達爾文派的科學家也並不明瞭一件相當明顯的事實——進化論的科學，根本無須和社會意識形態產生關聯。

不只如此，《大眾生物學》是一本帶有極端種族主義的教科書，書中將人類分為五個進化發展的分類（黑人在最底層，而白人在最上層），鼓吹種族保持優生學的純淨，譴責異族通婚與「低劣」血統的難以根絕，並建議採取「人道的」步驟清除社會的「害蟲」。

長久以來，布萊恩一直認為這些想法將導致人類進入戰爭、謀殺和暴政的時代，而單就審判結束之後數十年所發生的事情來看，不論他是對是錯，若說布萊恩是個示警的人，應該沒有人會反對。

二十世紀末期，
史上最血腥的一頁

公元1917年11月7日，以列寧為首的布爾什維克黨，領導俄國工人和農民展開了社會主義大革命。布爾什維克黨革命成功，創立了蘇維埃政權，而後開始大規模迫害教會和神職人員

啟蒙運動的極盛時期，許多人的希望是——一個擺脫了「迷信」與「神職人員爭權奪利」的沉痾世界，將發展成理性的社會，並有能力以和平、和諧、睿智的方式來自行規範。公元十九世紀裡，儘管人們出於某種人性陰暗面仍時不時會對信仰感到懷疑，但這同時也是個「改革創新」觀點依然深入人心的時代。科學的理性將如一陣淨化的狂風，一掃宗教的有害影響，而世俗社會將依其本質，證明這個時代比「信仰的年代」更公正、和平與人道。

但此後到公元二十世紀末爲止，這個世界上發生了許多戰爭，牽涉範圍之廣是從前無法想像的，在一些烏托邦主義者（嚴格說來是世俗意識形態者）的策畫下，總共殺害了大約十五億人。這些意識形態者都以各自的方式承繼了「依照啓蒙時代更具理性的模型來重建社會」的計畫，以及公元十九世紀末透過一個有遠見的國家機制，來「矯正」人類本質的目標。

過去三百年裡，基督教歷史中，宗教權力機構曾發生的最嚴重弊端，也就是西班牙皇家宗教裁判所造成的死亡人數，或許有三萬人；不過，在當時，經過法律程序被判無罪開釋的人要遠遠多於確定犯行的人。相較之下，蘇聯或中華人民共和國卻經常在三天之內就殺害同等數目的人民，完全無須經過審判。到了二十世紀末期，所有的安定已然支離破碎——西方「有組織的宗教力量」大幅削弱，而有組織的「反宗教」卻證明了它們本身是一個更爲專制、反覆無常且殘暴的歷史力量。

俄國，人民的革命

公元十五世紀之後，俄國能從諸多東正教國家脫穎而出，主要是因爲外來統治政權所賦予的自由。在信仰東正教的人之中，只有斯拉夫人是基督教政權的臣民，而在斯拉夫國家當中，以俄羅斯的國土面積最大，國力也最強盛。但到了十九世紀最後幾十年，俄羅斯各地出現了許多激進的無神論政治運動，其中有很多是受到「科學社會主義」理想所鼓舞，並致力於推翻「資產階級」組織如沙皇政府和教會。到了公元一八七〇年代，一些對俄羅斯現況有先見之明的人都看得出來，問題已經不是革命會不會發生，而是什麼時候開始。

公元一九一七年十一月，布爾什維克派奪取政權之後，新的蘇聯政府便開始對教會進行有系統的迫害行動，其中不只包括沒收教會財產，更監禁、折磨、謀殺爲數甚多的主教、牧師和神職人員。後來，其他的東歐「革命」政權興起，這種迫害的模式也被模仿，殘暴手段不一。

此爲俄羅斯後革命時期一張呼籲從軍的海報。這張招募新兵海報的日期約在公元1917年，海報中大聲疾呼：「尚未成爲協力軍的一員？立刻簽到！」

公元一九二七年，虔誠博學的都主教、後於布爾什維克派發動政變前幾個月成為莫斯科牧首的塞爾吉烏斯（Sergius，公元一八六七年～一九四四年），公開表明支持蘇聯政府，試圖藉此為教會爭取一些喘息的空間，但所獲得的僅有自公元一九四三年到公元一九五九年左右這一段對教會略微寬容的時期。但尼基塔‧赫魯雪夫（Nikita Khrushchev，公元一八九四年～一九七一年）上台後，又再度開始迫害教會；這種情況持續到公元一九八○年代末期蘇聯政權瀕臨瓦解之際，鎮壓的情況才見和緩。

一名東正教牧師學者的情操

於蘇維埃政權早期遭到謀殺的東正教牧師之中，以卓爾非凡的帕威爾‧弗羅倫斯基（Pavel Florensky，公元一八八二年～一九三七年）最有名，他不僅是一位神學家和哲學家（亦為文筆甚佳的作家），同時也是電子工程師和數學家。他仰慕弗拉基米爾‧索落維耶夫的學問，因此將其「蘇菲亞學說」發揚光大。他年輕時曾嘗試將索落維耶夫的社會理想，做為一場基督教革命運動的宗旨。

公元一九二四年，他出版了一生的代表作《真理的支柱與基石》（The Pillar and Ground of Truth），其中詳細闡述了基督教對於愛的形上學概念。而若非擁有電動力學和電子工程學方面的專才，或許他在革命發生之後不久就會被處決。當時的實際狀況是，新政府的偉大計畫「俄羅斯電氣化」（Electrification of Russia）需要他的參與，弗羅倫斯基答應了，但拒絕放棄傳統的牧師服裝，也不願意修剪他做為東正教牧師的毛髮和鬍子。公元一九三三年，他被判處在集中營服十年苦役；到了公元一九三七年，一場祕密審判將他判處死刑，判決確定後不久便遭到殺害。

▍假道學假科學，眞迫害猶太人

其實，東歐的共產主義者偏愛的是某種「國際主義者」的社會主義思想，關切重點在於階級，而非種族；在於社會的重整，而非人種的淨化。當它實行殺戮時，通常是以社會、政治或經濟原則之名。但其他派別的「改革」社會主義思想如種族理論、優生學、對「劣等人種」進行安樂死，以及強迫絕育等等，都在一九三〇年代被德國崇尚「國家主義」的社會主義者加以引用，且合併了德國種族與社會歧視的「哲學道理」，進而產生第三帝國（Third Reich）的種族滅絕政策。

六百萬名左右遭到納粹屠殺的猶太人，加上數百萬的其他國家和族群的人民，全都是一種意識形態之下的受害者；這種關連到種族和國家的意識形態，不僅自許其爲一種日耳曼新異教思想的神祕正統，更系出「科學」社會主義的名門。

德國許多教會對於納粹的興起，通常採取軟弱、甚至阿諛奉承的態度，這樣的態度有一部分是由於幾個世紀以來歐洲的反猶太思想，但更大的原因是膽小怕事的心態。國家社會主義工人黨（National Socialist Workers' Party）顯然是一個後基督教時期的政治運動，最終希望淘汰福音書所說的「猶太人的墮落」，並以「亞利安」文化與種族意識來加以取代。另一方面，在政黨接受國家轉型的過程中，它似乎又相當樂於讓大多數已經建立起來的組織維持不變。

不過在公元一九三三年，做爲帝國政策「強制一統」（德文爲「Gleichschaltung」）的一部分，德國所有的新教教會團體都被統一歸入單一「帝國新教教會」（Protestant Reich Church）之下，致力於清除混雜在基督教之中的猶太人成分，如《舊約聖經》。

年表

公元1944年
認信教會的成員和軍隊的內應，共謀刺殺希特勒。

公元1959年
尼基塔·赫魯雪夫掌權，進一步迫害俄羅斯教會。

公元1968年
拉丁美洲的主教們於哥倫比亞召開會議，提倡「解放神學」運動。

公元1933年，希特勒被任命爲德國總理時所發行的海報。畫面中央的演講台兩側，分別站著第一次世界大戰的德國士兵和納粹衝鋒隊隊員，講台前方則寫著「邁向新德國」字樣。

牧師潘霍華殉道

帝國教會這個概念很快就證明是失敗之舉，但在公元一九三四年確實引起了一場基督教抗爭運動。引領運動的組織稱爲「認信教會」（Confessing Church），領導人是一群知名的福音派牧師和神學家，它們是依循《巴門宣言》（Barmen Declaration）加以建構組織，這份宣言主要由偉大的瑞士神學家卡爾・巴特（Karl Barth，公元一八八六年～一九六八年）所寫。做爲一個地下組織，認信教會對於一般文化的影響力非常小，而一些公開爲猶太人說情的人士則經常對這個運動組織的無能表達惋惜。儘管如此，認信教會中較爲勇敢的成員確實參與了一些顛覆活動像是窩藏猶太人等等，一些著名的領導人則因加入這個運動付出了昂貴的代價。

在這些人之中，迪特里希・潘霍華（Dietrich Bon-hoeffer，公元一九○六年～一九四五年）理當享有特別榮譽的地位。他是路德派的神學家和牧師，也是認信教會的其中一名創始人。一九三○年代初期至中期，無論他身在德國或海外都不忘大聲疾呼反對新政權，而他也不時呼籲基督徒和猶太人應團結對抗納粹。潘霍華很快便引起蓋世太保的注意，他被禁止公開教學、傳道或演說。雖然潘霍華堅信，基督徒的職責在於宣揚和平，但他也相信在必要的時刻，有一些邪惡是基督徒無論如何都要本著良知去對抗的。公元一九三九年，他參與了一場謀刺希特勒的行動，參加這個行動的還有他的兄弟與兩位連襟，以及一些高階軍官。不過在公元一九四三年四月，行動尚未執行，他便被發現提供金錢援助猶太人逃往瑞士，而由此遭到囚禁。

「當納粹前來逮捕共產主義者，我保持沉默，因爲我不是共產主義者。當他們把社會民主主義者關起來，我保持沉默，因爲我不是社會民主主義者。當他們前來搜查工會成員，我沒有說話，因爲我不是工會成員。當他們來抓我的時候，已經沒有人能爲我說話了。」——馬丁・尼莫勒，遭納粹囚禁的路德派牧師，寫於公元1955年 | 1

註1：這首由馬丁・尼莫勒（Martin Niemöller）所寫的懺悔詩，名為〈起初他們來……〉（First They Came…）。本書作者所引用的這個版本與一般流傳的版本略有出入，如美國波士頓屠殺猶太人紀念碑上所刻的是：「當他們來逮捕共產主義者，我沒有說話，因為我不是共產主義者。／接著他們來逮捕猶太人，我沒有說話，因為我不是猶太人。／接著他們來逮捕工會成員，我沒有說話，因為我不是工會成員。／接著他們來逮捕天主教徒，我沒有說話，因為我是新教徒。／接著他們來逮捕我，到了那時已經沒有人為我說話了。」

解放神學運動，為窮人發聲

或許是因為教會的政治力量普遍衰退，公元二十世紀是一個「政治神學」特別豐富的時期。其中最具爭議的是，盛行於拉丁美洲的「解放神學」（Liberation Theology）運動；一般認為這個運動始於公元一九六八年一場召集了拉丁美洲主教的會議，地點位於哥倫比亞的麥德林（Medellin）。為了抗議眾多富裕國家所制定的政策，與會的主教亦制定了一份聲明——由於相信開發中國家的貧窮無法消除，呼籲由教會和政府做出新的承諾，為貧窮的人伸張公理。

不過，解放神學很快便推展出一套清晰的一般性原則。在它已然發展成熟的形式中，這個運動的中心圍繞著聖經裡頭上帝特別「偏愛」窮人的部分。擁護解放神學的人士認為，福音書中確確實實要求基督徒貢獻己力，援助那些受到壓迫的人面臨的社會和政治困境，即便很多人會說這可能牽涉某些革命行動。但他們認為，上帝對人類的拯救行動不僅僅只是「靈性上的」，或者這麼說更恰當——靈性上的救贖，不能和基督、先知、使徒所宣揚的公義，以及仁慈的先知性律法分離。

根據這個神學理論，上帝的國度並非人力可及，但除非一個人尋求前往天國，否則無法服事基督；這意味著，一個人無可避免地必須嘗試讓自身的社會、政治和經濟形態，完全符合上帝之國所要求的公理正義。而上帝在十字架上所譴責的邪惡，不只是人為的道德錯誤，還有讓人類社會偏離上帝的「結構性邪惡」。

解放神學之所以受到爭議，顯然不是因它為窮人出聲，或因這個運動催生了地方上的讀經會、社會服務組織等基層團體（Communidades）。其爭議點在於，投入這個運動的許多支持者傾向於採納馬克思主義者對經濟和社會歷史的分析理論，而且偶爾還會投身於馬克思主義者的革命組織。梵蒂岡因此於公元一九八〇年代限制了解放神學運動的發展，主要方法是透過主教的任命，不再寬容那些可能讓運動進一步發展的因素。儘管如此，解放神學在拉丁美洲國家依然是極受歡迎的神學運動。

公元一九四四年七月，刺殺希特勒的行動終於執行，也宣告失敗，調查結果很快地揭露了參與這場行動的人員姓名，所有人都遭到了處決。潘霍華於公元一九四五年四月九日凌晨被處以絞刑，地點就在弗洛森比爾格（Flossenbürg）的集中營裡，當時，距離盟軍攻陷這座城市僅剩下三個星期。

二十到二十一世紀，
新基督教國度的興起

此為紐約聖派翠克大教堂一景。聖派翠克當年憑著很少的資源在愛爾蘭境內四處傳教，廣收門徒，為人施洗，儘管曾被執政者逮捕十二次之多，但最終仍成功讓國王和部落首領都改信了基督教。

基督教誕生於東方，在剛開始的幾個世紀裡，它的發展重心是在近東地區、北非世界，不僅和歐洲世界並無二致，甚至有過之而無不及。堂堂進入中世紀之後，敘利亞基督徒的足跡往外延伸，抵達了「遙遠的中國」；而在歐洲，純粹就一些歷史的力量來看，但最主要的原因其實是公元七世紀強大的伊斯蘭帝國興起，導致基督教從此被視為一種專屬於歐洲的宗教。這些歷史力量也讓一種獨特的基督教文明，自此於歐洲成形茁壯，並自近代初期的歐洲向外探險，讓基督教得以進入更遼闊的世界。

如今，在這二十一世紀之初，基督教已然是個名副其實的全球化宗教。不過大多數的歐洲人儘管名義上仍是基督徒，但踴躍參與教會活動（也就是會上教堂）的人卻是少數中的少數；意即，除了美國，所有現代工業國家在過去五十年間全都經歷了——積極參與宗教活動的人數劇烈下滑的情況。但基督教在今日的傳播依然比歷史上任何一個時期都要快速，倘若一般估計的數字準確，約有三分之一的地球人口（也就是超過二十億人）選擇以基督教做為信仰。無論從人口統計學或文化面來看，教會內部的「權力平衡」肯定已經開始轉移。

▌ 各 教 派 之 間 積 極 交 流 對 話

儘管如此，古老的基督教國度並未在公元二十世紀末消失。戰後的年代，是許多基督教團體經歷巨大變遷的時期，對一些團體而言無疑具有劃時代的重要性，但對於許多古老的基督教會來說，如果說「具備適應潮流的能力，就是一種活力的象徵」，那麼有許多證據證明，這些古老的教會的確具備了繼續活存下去的生命力。

其中一個原因是，這些年來，基督教各主要教派很清楚地朝著普世教會合一的目標努力，也就是透過各個教派之間的對話，希望將所有分離的教派、以及各個不同教會所具備的原創精神，最終加以統合起來。像是創立於公元一九四八年的普世教會協會（World Council of Church，簡稱WCC），便是最龐大的單一普世教會運動團體。一開始，它是以新教的主流教派為主，但很快地也將東正教、「東方」教會（Oriental Church）囊括在內；雖然羅馬天主教會並不屬於這個組織的成員，但也經常與WCC在其他計畫中合作共事。

此外，東正教與許多的「東方」教會之間、「東方」教會與羅馬天主教會之間，也進行了普世教會的對話。至少從歷史意義來看，更重要的，或許是衷心推動教會合

註1：新經院哲學，興起於公元19世紀後半，主要是希望復興，並更進一步發展中世紀的經院哲學。

一的教宗保祿六世（Pope Paul VI，公元一八九七年～一九七八年）與同樣懷抱此理想的君士坦丁堡牧首雅典納哥拉一世（Athenagoras I，公元一八八六年～一九七二年），他們兩位之間所建立起的關係。公元一九六四年，兩人在耶路撒冷見面，這場會談是史無前例的，而結果便是公元一九六五年發表的共同聲明，廢止了公元一〇五四年時雙方互相革除教籍一事；然而，兩位並未重新建立一起領受聖餐的團契。

對於教宗保祿六世來說，他這麼做目的在於保持整個教宗任內的行事方針，也就是貢獻一己之力達成天主教會更新與基督徒團結的目標，以及第二次梵蒂岡大公會議（Second Vatican Council）的理想。這次的大公會議是由教宗若望二十三世（John XXIII，公元一八八一年～一九六三年）於公元一九六二年召開，而公元一九六三年教宗保祿六世當選教宗時，仍在會期期間。

召開第二次梵蒂岡大公會議

當然，這場大公會議是近代基督教歷史上最盛大的集會，也是發揮了最大改革作用的單一宗教事件——有一部分的原因是，幾個世紀以來，神學上呼籲的「回歸本源」（拉丁文為「Ad Fonte」）趨勢達到了頂點；所謂回歸本源，是指天主教學者一直在尋求一種像教父時代或中世紀早期思想的變通方案，以取代公元十七世紀以來獨霸天主教神學、但內容貧乏的「新經院哲學」[1]（Neo-Scholasticism）。而另一個重要原因是，會議結論包括——對禮拜儀式進行了制度上的根本修正，可使用當地語言進行儀式，並不非得要用拉丁文，還有就是讓平信徒能有更多的參與；對教會管理階層的修正，強調的重點是，恢復地方主教的尊嚴與權威；對天主教解經方式的修正，確認現代聖經學者的學術成就；以及修

教宗若望二十三世於聖彼得大教堂召開大公會議的情景。這場於公元1962年舉行、全世界天主教神職人員共襄盛舉 的集會，便是眾所周知的第二次梵蒂岡大公會議。

正和羅馬教廷、和其他派別的基督徒，甚至是與其他宗教信仰之間的關係。

至於東正教，來到二十世紀後半它本身也經歷了神學上的「回歸本源」運動。一群分別居住在西歐和美國的學者創造了一種通稱為「新教父哲學」（Neo-Patristic）的思想綜合體，這個思想結合了一些中世紀神學家的主張，尤其是公元十四世紀那位靜修主義的辯護者貴格利·帕拉瑪斯（Gregory Palamas）。展開此運動的學者們主要是俄羅斯裔，如弗拉基米爾·洛斯基（Vladimir Lossky，公元一九〇三年～一九五八年）和亞歷山大·舒梅曼（Alexander Schmemann，公元一九二一年～一九八三年）等等。他們選擇了一些非常特定的東正教教條，給予重新定義，將一大部分中世紀和現代的傳統予以忽略或否定。而這個運動帶來的影響是強大而深遠的，在東正教不時受到政治困境與制度混亂的年代裡，這個運動讓人耳目一新，帶來了復興的希望，此外也吸引已開發國家中其他基督教傳統的信徒，改信東正教。

▋ 發展中國家，新基督教國度興起

而無論歐洲與美洲的基督教擁有多大的活力，整個基督教世界最大的巨變將會在二十一世紀發生。所謂巨變，並非指無法預測和無法想像的事件，而是指位於全球南方[2]與東亞的新基督教國度的興起。這是因為，過去傳播到地球各個角落的基督教形式，在起源與本質上都是以歐洲與北美洲為主，然而各地區在文化上接受的方式，卻和富裕傳統的西方基督教截然不同；因此可以肯定的是，受到基督教扎根的地區，其所接受的影響將會逐漸反映出所謂的「文化生態學」（Cultural Ecology），由此讓基督教本土化將在這層影響下繼續

註2：全球南方（Global South）並非一定是地理上的南方國家，主要是指第三世界國家和開發中國家，概念上相對於已開發國家所在的「全球北方」（Global North）。這個詞彙的使用具有若干爭議，如歧視意味等。

發展。像是位於撒哈拉沙漠以南的非洲國
家，天主教會等等的傳統宗教團體幾乎無
可避免地得接納一種特性，那就是——非
洲人對神靈的期待。從許多方面來看，教
會所面對的群眾期待心理，反倒更接近早
期傳播福音時的情況，而非像現代西方世
界那樣。篤信神靈之間確實會發生戰爭的
人，自然就容易接受「靈恩派」或「五旬
節派」的禮拜儀式；由此，一個天主教的

> 「善勝於惡；愛勝於恨；光明勝於
> 黑暗；生命勝於死亡。經由熱愛我們
> 的祂，勝利是我們的。」——南非開
> 普敦聖公會大主教德斯蒙德·屠圖
> （Desmond Tutu），《一本非洲人的祈
> 禱書》（An African Prayer Book），
> 公元1995年

儀式中，也許會具備福音復興布道會的所有外表，而且
除了聖餐儀式，還包括驅魔儀式、治療儀式、預言，以
及說方言。

而且從全球南方地區基督徒改信的速度來看，要批
評這樣的儀式「古怪」或「異常」是不太合理的；因為
從統計數字來看，他們很快就會成為基督教信仰的主要
代言人。公元十九世紀一開始，整個非洲的基督徒人數
可能不到一千萬，但到了今天，這個數字已經在三億九
千萬左右，而且每個月增加的數字都以萬計。而在拉丁
美洲，由於其出生率相當強韌、天主教更新運動的成功
（其中有許多都是靈恩派），以及福音派和五旬節派傳
道的成功等種種因素，令基督徒的數目超過了五億。而

**一位牧師正在辛巴威的村落裡帶領
眾人進行祈禱儀式**，希望能結束旱
災。今日的辛巴威，約有百分之二
十五的人口是基督徒。

在亞洲，或許也有三億五千萬名基督徒。不過，這個數字精確與否有點存疑，因爲它除了包括歷史上一直屬於天主教國家的菲律賓，或實施民主制度、發展基督教極爲成功的南韓，更包括了不鼓勵信仰或甚至迫害信徒的國家。

今日，基督教信仰在中國

　　尤其難以精確估計的是中國基督徒的人數，政府方面對宗教的態度一直在「有限度的容許」與「殘酷迫害」之間，擺盪不定。在中國，受到官方認可的教會擁有超過兩千萬名支持者，然而信仰人數遠勝於此的非正式基督教團體如地下化的天主教會、新教的家庭教會，則是更多基督徒的心靈歸屬。若是從整個國家的大小加以預估基督徒的整體數目，應是在四千五百萬到九千萬人之間，但無論基督徒的實際人數如何難以估算，很少有人會懷疑這個數字正在成長，而且速度相當快。在中國，大多數支持教會的人都來自社會上教育程度最高的階層，這也是中國基督徒一個明顯的特徵；甚至有人說，執政黨裡有相當數量的人是基督教的祕密信徒。

　　基督教已經進入第三個千年，很明顯地，沒有人能預見它接下來將會變成什麼模樣，會出現什麼樣的更新，也不知道它自己能不能得知，未來將體驗到的會是更多的分裂或和解。但可以確定的是，那些曾經睿智自信預測這個信仰即將死亡的人，都將被證明他們錯了。這樣的言論曾於公元十九世紀末和二十世紀初風行一時，現在偶然也會從一些不夠嚴謹的觀察者口中聽到。無論是從

中國西南西藏自治區的上鹽井村的天主教堂一景。 這是西藏唯一一所天主教堂，目前已成爲六百多名西藏信徒進行禮拜的場所。

倪柝聲，中國籍殉道者

如果今天的基督教是成長最快速、遍布世界最廣的宗教，那麼它也是世界上最受到壓迫的宗教，而這並非偶然。在非洲、中東、亞洲，以及其他個別國家如蘇丹、印度、土耳其、巴基斯坦和中國……這些地方的許多教會都受到程度不一的壓迫。有些地方是積習已久或是附加的法律刁難，其他地方則會零星發生群眾暴力事件，而在一些地方是被奴役，更有一些地方是監禁、折磨和死亡。

不過，社會情況最接近早期教會的國家，幾乎可以肯定是中國。基督教於中國各個階層之間快速成長，尤其是都會的人口。但官方對信仰的政策卻懷抱強烈敵意，採取暴力脅迫手段時顯得矛盾而反覆無常；此外，絕大多數基督徒都在祕密私人的屋子裡進行禮拜儀式。當然，並不太適合以「早期教會」來作例子，它們之間的情況相似性不能一概而論。畢竟，古代的羅馬並沒有如「人民共和國」般的國家機器，也並不像今日中國經歷了如此激烈的社會與經濟改革。但如果教會能夠在中國證明自己的勝利，那麼或許可以從過去殉道者的歷史中看出一些端倪，一如公元四世紀時的教會。

有這樣一位殉道者，在中國基督徒之中特別受到敬重，而且或許是中國革命前後創建新教家庭教會網絡最有貢獻的人，他是倪柝聲（Watchman Nee，公元一九○三年～一九七二年）。他屬於自由的福音派教會，受到公理會的英國普利茅斯弟兄會影響甚深。

此人原名倪述祖，公元一九二○年改信基督教之後取了倪柝聲這個名字，並且成為一位努力不懈的福音派人士。他每到一個地方便創立教會，並協助建立「中國地方教會」（Chinese Local Church），此為一種福音派團體，致力於「一個城市一個教會」的目標。他也是一位多產的作家，寫下了許多聖經註釋和屬靈指引方面的書籍。他的著作極為清楚地強調靈魂與基督的團聚、在基督裡的榮耀；此外，也很重視靈性上寬容博愛的要求與喜悅。

共產黨掌權之後，倪柝聲並未放棄傳道和寫作。他經歷了各式各樣的困境憂煩，有一次甚至被驅離上海地區。最後，他於公元一九五二年遭到逮捕，被囚禁在情況相當惡劣的監獄。他於二十年後逝世，當時仍然被囚禁在監獄之中。

絕對或相對的數字來看，目前全世界基督徒的團體數量遠遠超過以往，擴展的速度亦前所未見。現在，這個信仰經過了兩千年之後，也許這麼形容是非常貼切的——基督教的故事，才剛剛開始。

名詞解釋

A

Apostasy｜背教或叛教｜一個人拋棄或背離了自己的信仰。

Apostolic church｜使徒教會｜教會在耶穌使徒的年代，由使徒和直接繼承人管理。

Ascetic｜禁慾主義者｜一個實踐禁慾主義的人。也就是過著苦行生活，以求「克制」或「淨化」自己的意志，進一步讓自己更專注於祈禱，並追求精神上的美德。

Asceticism｜禁慾主義｜經由身體、意志和心靈的磨練，來實踐自我克制的方式，也是隱士、僧侶或修女所採用的方法。

B

Bodhisattva｜菩薩｜大乘佛教裡的救世主。祂已經修成正果，能夠進入涅槃，但卻決定暫緩自己的救贖，希望能奉獻心力渡化世人。

Bull, papal｜教宗詔書／教宗訓諭｜由教宗發布的通告，上頭有教宗封印，象徵教宗的權威。

Byzantine｜拜占庭｜1. 以君士坦丁堡（古名「拜占庭」）為中心的東羅馬帝國或所屬地區。2. 東正教會或所屬的神學、藝術或文化。

C

c. (circa)｜約略｜一個大致上的時間點。

Caliphate｜哈里發｜1. 在伊斯蘭教中，合法繼承先知穆罕默德，做為伊斯蘭世界的統治者和立法者身分的人。2. 亦指伊斯蘭帝國。

Canon｜正典｜獲得正式認可納入聖經之中的經書，或指教會的法規或律法。

Catechist｜傳道者｜傳授基督教教義的老師。

Catholic｜天主教／公教會｜字面上的意義為「普世的」，代表屬於或直接繼承自古代基督教會的宗教團體。也代表行天主教禮的教會，包括了東正教會、羅馬天主教會、科普特教會、亞美尼亞教會、亞述教會、瑪蘭卡教會都可如此使用；聖公會成員則偶爾會使用。

Charism｜靈恩｜由上帝賜與的靈性才能或是禮物。

Christology｜基督論｜對基督，以及他身上「神與人」之間關係的神學研究。

Church, Eastern｜東方教會｜無論在公元1054年教會大分裂之前或之後，東羅馬世界的教會都稱為東方教會，如希臘教會、敘利亞教會、斯拉夫教會，也指東正教會。

Church, Western｜西方教會｜無論在公元1054年教會大分裂之前或之後，西羅馬世界的教會都稱為西方教會，也用來表示說拉丁語的教會，以及羅馬天主教會。

Coenobitic Monasticism｜1. 共同生活修道主義｜一起進行修行的修道主義，與隱士的修道磨練對應。2. 與共同生活、祈禱和工作相關的鍛鍊，並以共同規則來管理。

Confucianism

Confucianism｜儒家思想｜中國思想學派，致力於發揚孔子的教導和原則，以及一些傳統儀式。

Creed｜信條或信經｜關於信仰的教義之正式條文，或是信仰的一種系統化陳述。

D

d. (died)｜卒於。

Demiurge｜德謬哥｜字面上的意思為「造物主」。

Druids｜德魯伊｜前基督教時代，居爾特社會中的祭司。

E

Ecclesial｜教會的｜與教會或教會所屬相關的。

Episcopacy｜主教制度｜教會中，主教的制度。

Eschatological｜末世論的｜1. 代表最後的事物或時間終結等相關意義。2. 關於最後審判、上帝之國和靈魂的命運。3. 源自希臘文「exchatos」一字，意為「最後的」或「最終的」。

Eucharist｜聖餐禮｜基督徒領受聖體的神聖聚會，會中所吃的麵包和酒代表了基督的身體和血。

Evangel｜福音｜字面上的意義即為「好消息」或「福音」。

Exarchate｜總督轄區｜拜占庭的政治名詞，意指由行省總督管理的區域。

Exegesis｜注釋｜文章的解釋，尤其是聖經的文章。

Exegete｜注釋者｜進行注釋的人。

Exegetical｜和注釋相關的法則。

F

---

fl. (flourished)｜興盛於、活躍於。

G

Gentiles｜非猶太人或「外邦人」｜表示猶太人之外的民族或是國家，源自拉丁文「gens」，意為「國家」、「部族」，或「種族」。

Gesso｜石膏粉｜一種用來做為繪畫基底的灰泥，有時會加入雪花石膏或大理石粉一起混合。

Gnostics｜諾斯底派信徒｜屬於任何宗教推想學派的人（其中有很多都自稱基督徒），這些學派興盛於公元2世紀和3世紀，並主張通過「靈知」來獲得救贖。

H

Hellenistic｜希臘化｜被亞歷山大大帝及其繼承人征服之後，所創造出的跨國性希臘文化。

Hermeticism｜神祕學｜神祕的哲學，經常包含了煉金術、魔法和超自然智慧等元素，與以赫耳墨斯·特里斯墨吉斯忒斯（Hermes Trismegistus）為主體的思想著作體系也有關聯。

Hesychasm｜靜修主義｜一種拜占庭的神祕主義學派，自公元14世紀以後成為東正教最具影響力的神祕學派。

Humanist｜人文主義者｜在中世

紀末期，和近代拜占庭初期以及之後的西歐傳統中，一種追求古典語言、哲學和文學學問的人。

Hymnode｜讚美詩作者｜讚美詩的作者或作曲家。

Hypostasis｜本質｜1.一個希臘文詞彙，意為「本質」，在基督教神學中用來指稱三位一體的位格。2.三位一體（聖父、聖子、聖靈）中的位格，藉以區分三位一體中常常提到的「本質」（希臘文為「ousia」或「essence」）一字。

I

Icon｜聖像｜1.用來崇拜，以及因私人喜好而收藏的神聖畫像。2.東方基督教世界的基督像或聖人像。

Iconoclasm｜破除聖像｜1.摧毀聖像。2.出於宗教立場而對聖像懷有敵意。

Iconoclast｜破除聖像者｜支持破除聖像思想的人。

Iconodule｜擁護聖像｜對聖像行禮敬（並非崇拜）的人。

Iconolatry｜崇拜聖像｜崇拜聖像在歷史上受到所有神學派別的譴責。

L

Latin Church｜拉丁教會｜1.公元1054年教會大分裂之前和之後，西羅馬世界的教會。2.羅馬天主教會。

Logos｜邏各斯｜1.一個幾乎不可能完全翻譯出來的希臘字，它可以代表「道」、「字」、「

演講」、「心靈」、「原則」、「想法」、「靈」、「計畫」等許多意思。2.斯多噶學派認為，它是存在於萬物之中，賦予萬物活力，並將萬物緊緊相繫的精神與理智的實際力量。3.希臘化時期一種特定的猶太主義則認為，它是至高無上的上帝與萬物之間，由上帝從中顯現出來的一種發散物質或不太近似人類的形象。4.在基督教的思想裡是三位一體的第二位格（或說聖子），祂創造了萬物，並且化身為人類，祂便是拿撒勒的耶穌。

Lustration｜潔淨｜齋戒沐浴的儀式，或是為了獻祭而進行清潔。

M

Metaphysical｜形上學的｜1.和形上學相關的。2.超越物質的。

Metaphysics｜形上學｜研究或探討真實物質世界之外的事物，或是潛藏在真實之下的原則。

Monophysites｜一性論｜1.認為道成肉身的「神子」只有單一本質（Physis），也就是神性。科普特基督徒和其他基督徒的學術傳統中，對於「Physis」這個字有不同的詮釋，於是他們拒絕在公元451年迦克墩大公會議的「基督兩性論」（神性與人性）決議署名，因此「一性論」這個詞彙加在他們身上是一種誤用。2.亦指科普特教會、衣索比亞教會和亞美尼亞教會的基督徒。

N

Necromancy｜巫術｜與亡者的靈魂有魔法上的交流，是以巫術為工具，或者是使用陰間的力量而達致。

名詞解釋

Nestorian｜聶斯多留派信徒｜
1. 遵循聶斯多留思想的人，認為道成肉身的「神子」不只具有兩種本性，體內更包含了兩個人。2. 東敘利亞和波斯基督徒，對於「人」這個字有不同的詮釋，於是他們拒絕在公元451年迦克墩大公會議的「基督兩性論」（神性與人性）決議署名，因此「聶斯多留派信徒」這個詞彙加在他們身上是一種誤用。3. 亦指東方教會的東方敘利亞（或是亞述，或是迦勒底）基督徒。

Nihilism｜虛無主義｜虛無主義主張，真理並沒有超凡入聖的根源，存在沒有更深刻的意義，沒有形上學或精神國度，也沒有足以照亮世界的更高真理是需要去理解或批判的。

O

Ophite｜俄斐特教派｜一個崇拜蛇的諾斯底教派，他們認為蛇啟蒙了亞當和夏娃，並且幫助他們逃離德謬哥所施加的幻術。

Orthodox Church｜東正教會｜指東正教會或東方教會，也用來指稱科普特教會、亞美尼亞教會、衣索比亞教會。

P

Pagan(s)｜異教徒｜1. 非基督徒的非猶太人。2. 前基督教時代的神祇崇拜者，或是信仰歐洲、或印度宗教、或哲學的人，他本身不是基督徒或猶太人。3. 源自拉丁文「paganus」，意為鄉下來的人、農夫、粗人。4. 亦指蠻族。

Papal States｜教宗國｜歷史上以教宗做為政治領袖的義大利中部地區。

Patristic｜教父的｜和教會的教父相關的。

Pendentives｜穹隅｜在圓頂與底座支柱之間的凹型三角區域。

Platonism｜柏拉圖主義｜由柏拉圖思想演變出的哲學傳統，異教徒、猶太教徒、基督徒和伊斯蘭教徒的哲學表現方式，都和這個主義有關。

Polytheism｜多神論｜相信並崇拜多個神祇。

Protestant｜新教｜1. 公元十六世紀之後，西方基督教世界，自羅馬教會分離的教會與基督教團體。2. 公元1529年，神聖羅馬帝國皇帝查理五世通過決議，賦予天主教壓制新教各派的權力，因此受到少數反對派抗議譴責，這些人便是Protestant（原意為抗議者）。

Puritan｜清教徒｜1. 伊莉莎白時期，英國基督徒的一個派別，之後希望能「淨化」英國聖公會中的天主教色彩。2. 一支新教教派，偏好公理教會的制度（也就是不需要主教和牧師），以簡單樸素的方式進行崇拜，並強調道德的清廉與節制。

R

r. (reigned)｜在位期間。

S

See｜1. 主教的所在地或權力象徵。2. 主教的教區。
Simony｜買賣聖職｜1. 販賣或購買宗教職位或聖職。2. 出自西門‧馬吉斯試圖向使徒彼得和約翰購買聖靈力量一事。

SS (saints)｜聖人。

Syncretism｜融合主義｜各種宗教與哲學的元素互相融合或調和的實踐。

Syncretistic｜融合主義的｜與融合主義有關的。

Synoptic｜對觀的｜做一份摘要或是概觀。在基督教的傳統中，〈馬太福音〉〈馬可福音〉和〈路加福音〉稱為對觀福音書，這三本福音書為基督的生平提供了一種「平行觀點」。

T

Taoism｜道教思想｜1. 根據傳說或半傳說的人物——「老子」（傳統上認為他生於公元前604年），以其思想發展出來的中國哲學學派。2. 和「道」相關的神祕哲學。3.「道」是無所不在的，充滿神奇的力量，存在於萬物之中，在歷史上與煉金術、法術有所關連，並且涉及了神靈。

Theosophy｜神智學｜1. 一種精神哲學，一般認為包括了由上帝直接賦予的精神智慧。2. 一種神祕或與世隔絕的宗教哲學，由宣稱擁有這種智慧或甚至神力的人所提出。

U

Universalism｜普世主義｜1. 相信所有的理性生物，甚至惡魔，最終都將被拯救；而地獄是暫時的，目的是為了淨化。2. 相信基督是為了萬國的救贖而來，也相信基督的心中已經摒棄了猶太人與異教徒的差別。

Vatican｜梵蒂岡｜教宗的居所與世俗的領地，位於羅馬之內。但包括義大利在內，所有國家都承認它的獨立性。

Vicar of Christ｜基督的代理人｜教宗的一個稱號，最早可能出現於公元8世紀，到了中世紀晚期逐漸成為教宗宣稱其高於教會、擁有全部管轄權的象徵。

愛，是一種共通的束縛，將所有事物維繫在一起；而愛也是一種超凡的力量，能讓人類的靈魂與上帝同在。

參 考 閱 讀

Brown, P. *The Rise of Western Christendom: Triumph and Diversity 200-1000 AD* (Blackwell, Oxford, UK, 2002)

Clement, O. *The Roots of Christian Mysticism: Texts from the Patristic Era with Commentary* (New City Press, New York, NY, 1996)

Jenkins, P. *The Next Christendom: the Coming of Global Christianity* (Oxford University Press, New York, NY, 2007)

Kamen, H. *The Spanish Inquisition: A Historical Revision* (Yale University Press, New Haven, CT, 1999)

Lane-Fox, R. *Pagans and Christians* (Penguin, Harmondsworth, UK, 2006)

McGinn, B. *Presence of God: A History of Western Christian Mysticism, Volume 1: The Foundations of Mysticism* (Herder and Herder, New York, NY, 1994)

McGinn, B. *Presence of God: A History of Western Christian Mysticism, Volume 2: The Growth of Mysticism* (Herder and Herder, New York, NY, 1996)

McGinn, B. *Presence of God: A History of Western Christian Mysticism, Volume 3: The Flowering of Mysticism* (Herder and Herder, New York, NY, 1998)

McGinn, B. *Presence of God: A History of Western Christian Mysticism, Volume 4: The Harvesting of Mysticism in Medieval Germany* (Herder and Herder, New York, NY, 2005)

Meyendorff, J. *Byzantine Theology: Historical Trends and Doctrinal Themes* (Fordham University Press, New York, NY, 1987)

Ostrogorsky, G. *History of the Byzantine State* (Rutgers University Press, New Brunswick, NJ, 1984)

Pelikan, J. *The Christian Tradition: A History of the Development of Doctrine, Volume 1 : The Emergence of the Catholic Tradition (100-600)* (University of Chicago Press, Chicago, IL, 1973)

Pelikan, J. *The Christian Tradition: A History of the Development of Doctrine, Volume 2: The Spirit of Eastern Christendom (600-1700)* (University of Chicago Press, Chicago, IL, 1977)

Pelikan, J. *The Christian Tradition: A History of the Development of Doctrine, Volume 3 : The Growth of Medieval Theology (600-1300)* (University of Chicago Press, Chicago, IL, 1980)

Pelikan, J. *The Christian Tradition: A History of the Development of Doctrine, Volume 4 : Reformation of Church and Dogma (1300-1700)* (University of Chicago Press, Chicago, IL, 1985)

Pelikan, J. *The Christian Tradition: A History of the Development of Doctrine, Volume 5 : Christian Doctrine and Modern Culture (since 1700)* (University of Chicago Press, Chicago, IL, 1991)

Runciman, S. *A History of the Crusades Vol.1: The First Crusade and the Foundations of the Kingdom of Jerusalem* (Cambridge University Press, Cambridge, UK, 1987)

Runciman, S. *A History of the Crusades Vol.2: The Kingdom of Jerusalem and the Frankish East* (Cambridge University Press, Cambridge, UK, 1987)

Runciman, S. *A History of the Crusades Vol.3: The Kingdom of Acre and the Later Crusades* (Cambridge University Press, Cambridge, UK, 1987)

Wilken, R. *The Christians as the Romans Saw Them* (Yale University Press, New Haven, CT, 2003)

國家圖書館出版品預行編目資料

基督教的故事／大衛‧班特利‧哈特（David Bentley Hart）著；
王聖棻譯. —— 三版. —— 臺中市：好讀出版有限公司, 2024.07
面：　公分，——（圖說歷史 ；52）
譯自：The story of Christianity : an illustrated history of 2000 years
of the Christian faith.
ISBN 978-986-178-723-7（平裝）

　　1.基督教史　2.通俗作品

248.1　　　　　　　　　　　　　　　　113007261

好讀出版

圖說歷史 52

基督教的故事

The Story of Christianity: an illustrated history of 2000 years of the Christian faith

作　　者／大衛‧班特利‧哈特 David Bentley Hart
譯　　者／王聖棻
審訂者／鄭仰恩
總編輯／鄧茵茵
文字編輯／簡伊婕、王智群、鄧語葶
美術編輯／許志忠
發行所／好讀出版有限公司
　　　　台中市407西屯區工業30路1號
　　　　台中市407西屯區大有街13號（編輯部）
TEL:04-23157795 FAX:04-23144188 http://howdo.morningstar.com.tw
（如對本書編輯或內容有意見，請來電或上網告訴我們）
法律顧問　陳思成律師

讀者服務專線／ TEL：02-23672044 / 04-23595819#212
讀者傳眞專線／ FAX：02-23635741 / 04-23595493
讀者專用信箱／ E-mail：service@morningstar.com.tw
網路書店／ http : //www.morningstar.com.tw
郵政劃撥／ 15060393（知己圖書股份有限公司）
印刷／上好印刷股份有限公司
如有破損或裝訂錯誤，請寄回知己圖書更換

三版／西元2024年7月1日
定價／450元

填寫讀者回函
獲購書優惠卷